Die Tafelfreuden der preußischen Könige

Collection Rolf Heyne

Anja Knott

Die Tafelfreuden der preußischen Könige

COLLECTION ROLF HEYNE

Inhaltsverzeichnis

Vorwort

Preußen, das ist eigentlich der Inbegriff von Nüchternheit und Ordnung sowie Sparsamkeit. Der jeweilige Regent, der Kurfürst-König oder Kaiser, verlangte viel von seinem Volk, von den Soldaten und Beamten.

So gab es einige Herrscher, welche eher den Stil des Sonnenkönigs bevorzugten, andere lebten so, wie sie es von den Landeskindern verlangten, tolerant zwar, aber eher spartanisch. Doch eins war allen Regenten gleich: Sie liebten die Jagd und das gute, reichliche Essen. Das vorliegende Buch gibt Zeugnis von einer Kultur an den jeweiligen preußischen Höfen, die bisher so nicht genau beobachtet wurde.

Friedrich Wilhelm I., der Vater von Friedrich dem Großen und wohl der spartanischste Herrscher, aß noch ohne Besteck. Als er den französischen Botschafter zu Gast hatte, und dieser sein eigenes Besteck auspackte, raunte er ihn an: »Ein Hundsfott, der seinen Löffel nicht isst.«

Sein Sohn, Friedrich II., ein hochkultivierter Monarch, hielt seine berühmten Tafelrunden ab, und zwar mit allem, was Küche und Keller boten, das Geistige nicht zu vergessen!

Lassen Sie sich von diesem Buch begeistern. Es ist ein lebendiges Stück Geschichte meiner Familie: Aus diesem kulinarischen Blickwinkel habe ich sie auch noch nicht gesehen, aber es rundet das Bild ab und besticht durch brillante Geschichtserzählung und die perfekten Bilddokumente – man braucht die Rezepte nicht unbedingt nachzukochen, denn allein das Lesen ist schon ein Genuss!

Potsdam, im Januar 2005

Prinz Franz Friedrich von Preußen

KAPITEL I

Friedrich I.

Preußens erster König

(1701–1713)
11. Juli 1657 Königsberg – 25. Februar 1713 Berlin

»Friedrich war groß in den kleinen Sachen
und klein in den großen; er liebte die Blumen
und vernachlässigte die Früchte,
und sein Hof glich den Hauptströmen,
die das Wasser aller kleinerer Flüsse verbrauchen.«

Friedrich II. über seinen Großvater,
den ersten preußischen König, Friedrich I.

Der schiefe Fritz

Mit Schönheit ist Friedrich, der Sohn des Großen Kurfürsten Friedrich Wilhelm, wahrlich nicht gesegnet. Kleinwüchsig und unansehnlich, leidet der schiefe Fritz – wie das Volk ihn nennt – an einem Buckel, den er mit einer übergroßen Perücke zu verdecken sucht. Schuld an diesem Makel trägt die Hausamme, die ihren Schützling als Kleinkind in einer Kutsche rücklings fallen gelassen hat. Aus den dabei entstandenen Verletzungen der Wirbelsäule resultieren die fatalen Verwachsungen des Rückgrats. Ohne jeden Erfolg haben einige Ärzte in mehr als fraglichen medizinischen Experimenten versucht, den Buckel des armen Kindes zu kurieren.

Als Fritz fünf Jahre alt ist, bestimmt man den jungen Gelehrten Eberhard von Danckelmann, dessen stolze und melancholische Art dem anlehnungsbedürftigen kleinen Jungen imponiert, zu seinem Erzieher. Der Große Kurfürst kontrolliert die Ausbildung seiner Söhne gewissenhaft. Sein ältester Sohn, Karl Emil, der Anwärter auf den Kurfürstenstuhl, gilt als politisch begabt und als draufgängerischer Wildfang; sein Vater räumt ihm klar den Vorzug ein. Der zweitgeborene Fritz hingegen wird als fügsam und sanft beschrieben. In einer Art Tagebuch hält der Prinz seine Eindrücke fest: »Ich esse, trinke, spiele und schlafe sehr gern.« Er berichtet auch, dass er mit Erlaubnis des Oberjägermeisters Elstern, Wachteln und Kramsvögel gejagt hat, ihm die Krebse aus der Mark schmecken und er gesottenes Fleisch dem gebratenen vorzieht. Aufhorchen lässt folgender Satz des sich später verschwenderisch gebärdenden Fürsten: »Ich habe viel Geld.«

Dorothea von Holstein, zweite Gemahlin des Großen Kurfürsten, Friedrich Wilhelm. Sie gebärt ihrem Gatten sieben Kinder. Gemälde von Vaillant, um 1680.

Als seine Mutter, Louise Henriette von Oranien-Nassau, an Tuberkulose stirbt, übernimmt Dorothea von Holstein-Glücksburg als Stiefmutter deren Platz. Die zweite Gemahlin des Großen Kurfürsten gilt als machtgierig und erhält insgeheim den Beinamen Agrippina, die Giftmischerin. Sie gerät sogar in den Verdacht, den jüngsten der drei Söhne aus erster Ehe des Kurfürsten vergiftet zu haben. 1674 stirbt Kurprinz Karl Emil unerwartet im Alter von 19 Jahren in einem elsässischen Feldlager. Friedrich – der schiefe Fritz – ist jetzt Haupterbe seines Vaters.

Kurfürst Friedrich Wilhelm, der die Mark Brandenburg aus dem Chaos des Dreißigjährigen Krieges geführt hat und als Begründer des brandenburgisch-preußischen Gesamtstaates gilt, stirbt am 9. Mai 1688 in Potsdam. Sein Sohn Fritz tritt nun als Kurfürst Friedrich III. das Erbe an. Er entwickelt für Hofetikette und Machtgepränge eine größere Neigung als für die reale Politik. Die Staatsgeschäfte legt er in die Hände seines ehemaligen Erziehers Eberhard von Danckelmann. Kein anderer Hohenzoller wird je einen derart verschwenderischen Hof unterhalten wie der luxusverliebte Kurfürst, der 1701 als Friedrich I. zum ersten preußischen König gekrönt werden wird. Die Prachtliebe des neuen Herrschers ist typisch für seine Zeit: die Ära des Barocks. Allen europäischen Fürstenhäusern schwebt der luxuriöse Hofstaat des Sonnenkönigs Ludwig XIV. in Versailles als Ideal vor Augen. Preußen aber ist ein armes Land, das die Kosten der prächtigen Hofhaltung kaum schultern kann. Der Repräsentationsaufwand übersteigt die staatlichen Einnahmen um ein Vielfaches. Drückende Abgaben lasten auf der Bevölkerung. In der Geldbeschaffung jedoch erweist sich Friedrichs Erfindungsgeist als grenzenlos: Als Novum kreiert er die Jungfernsteuer für alle unverheirateten Frauen zwischen fünfzehn und vierzig Jahren, ebenso die Kleidungs- und Perückensteuer. Auch die neuen Modegetränke Kaffee, Tee und Schokolade lässt er mit einer Genusssteuer belegen. Sicherlich nicht um Steuern zu sparen, sondern aus gesundheitlichen Gründen warnen die Autoren von Kochbüchern ausdrücklich vor dem Kaffeetrinken. So heißt es in einem Kochbuch von 1712: »Der Coffee-Trank, der bei den Türken gemeine Trank, der jetzt auch in Holland, mehr noch in England und auch in etlichen Orten in Deutschland gebraucht wird, macht mager und unfruchtbar, führt Gicht und Zittern der Glieder ein, bringt Hauptweh, Schwindel und Herzklopfen hervor.«

Friedrich Wilhelm, Kurfürst von Brandenburg (Großer Kurfürst), 1644–1688. Während seiner 44-jährigen Regentschaft legt er das Fundament für Preußens Großmachtstellung.

Endlich König!

Sein ehrgeiziges Streben, unbedingt die Königswürde zu erlangen, bringt Friedrich viel Hohn und Spott ein. Die Beweggründe für seinen verbissenen Eifer erklären sich aus seiner Geltungssucht. Als Friedrich zu Gast beim Kaiser am Wiener Hof weilt, weist man ihm, ganz wie es dem Rang eines Kurfürsten zusteht, einen Sessel ohne Lehnen zu. Neidisch späht der Brandenburger zum Kurfürsten von Hannover hinüber, der wegen seiner engen Verwandtschaft mit dem englischen Königshaus auf einem Stuhl mit Armlehnen Platz nehmen darf. Vor allem aber wurmt den Hohenzoller die Wahl des sächsischen Kurfürsten zum König von Polen. Vergeblich be-

müht sich Friedrich, die Zustimmung zur Königswürde von Kaiser Leopold I. in Wien zu erreichen. Mit dem Spanischen Erbfolgekrieg wendet sich das Blatt. Dem brandenburgischen Kurfürsten eröffnet sich eine Chance, die er geistesgegenwärtig wahrnimmt. Nach dem Tod des letzten spanischen Habsburgers, Karls II., einigt er sich am 16. November 1700 mit dem Kaiser auf die wechselseitige Förderung ihrer Interessen. Kaiser Leopold I. braucht dringend Verbündete, da auch Frankreich Ansprüche auf den spanischen Thron erhebt. Gegen die Stellung eines Hilfskontingents von achttausend brandenburgischen Soldaten gibt Kaiser Leopold dem Hohenzollern seinen Segen: Friedrich darf König werden. Nicht von Brandenburg, aber in Preußen, das außerhalb des kaiserlichen Machtbereichs liegt. In Brandenburg, glaubt Friedrich zu wissen, wäre er nur ein vom Kaiser abhängiger Lehnskönig: »… Wenn ich aber wegen Preußen die königliche Dignitet annehme, so bin ich ein independanter König.« Einen Haken aber hat das Erreichte. Nicht König von Preußen darf er sich nennen, sondern nur König in Preußen – gehört doch der westliche Teil des Landes zu Polen. Erst Friedrich der Große wird 1772 mit der Annexion Westpreußens diesen »Schönheitsfehler« ausräumen.

Mit großartigem Gepränge reist Friedrich mit seinem Gefolge nach Ostpreußen. Fünfhundertfünfzig Personen des Berliner Hofes verteilen sich auf vier Züge

prachtvoll geschmückter Gefährte, die von über dreißigtausend Pferden gezogen werden. Ziel ist das achthundert Kilometer entfernte Königsberg, die Geburtsstadt des brandenburgischen Kurfürsten Friedrich III., der sich hier zum König krönen will. Friedrich möchte nicht auf den Frühling warten, sondern nimmt die Reise, nur einen Monat nach dem Kronvertrag, im ungemütlichen Winter auf sich. Die vierzehn Tage dauernde Reise folgt immer dem gleichen Rhythmus: Vormittags reist der Kurfürst in einem der größten Trosse, die man in deutschen Landen je gesehen hat, mittags ist Galatafel, am Nachmittag lässt er sich huldigen, und abends nimmt er die Einladungen der lokalen Honoratioren an, um mit ihnen zu speisen. Am 29. Dezember 1700 erreicht die Reisegesellschaft das festlich geschmückte Königsberg. Ein Meer bunter Fähnchen und schwenkender Hüte hüllt die Stadt in Festtaumel. Pauken- und Trompetenklänge begleiten den Tross, während die Passanten begeistert rufen: »Lang leben König und Königin!« Die offiziellen Räte der Stadt begrüßen die hohen Gäste und reichen ihnen Konfekt und Getränke in silbernen Körben.

Nachdem er sich am 18. Januar 1701 im Königsberger Schloss selbst zum ersten preußischen König gekrönt hat, empfängt Friedrich I. im Dom die Königssalbung durch einen lutherischen und einen reformierten Bischof.

Die Krönung findet am 18. Januar 1701 im Festsaal des Königsberger Schlosses statt. Friedrich erscheint kurz vor acht Uhr früh in einem scharlachroten, goldbestickten Gewand mit großen diamantenen Knöpfen. Eine mit drei großen

Diamanten besetzte Brosche dient als Verschluss des Purpurmantels – eine Pracht, die mehr als eine Tonne Gold wert ist. Während der prächtigen Zeremonie setzt sich der Monarch die Königskrone eigenhändig auf das Haupt und nicht – wie bei Krönungen üblich – ein hoher Geistlicher. Ein Affront gegenüber dem Klerus! Ein versöhnlicher Akt folgt, als sich der König im Dom segnen lässt. Einhundert Jahre später wird Kaiser Napoleon Bonaparte den Akt der Selbstkrönung nachahmen. Friedrich der Große, Enkel des ersten Preußenkönigs, kommentiert dessen Krönung später sehr kritisch: »30.000 Untertanen opferte er in den verschiedenen Kriegen des Kaisers und der Verbündeten, um sich die Königskrone zu verschaffen. Und er begehrte sie nur deshalb so heiß, weil er seinen Hang für das Zeremonienwesen befriedigen und seinen verschwenderischen Prunk durch Scheingründe rechtfertigen wollte.«

Bescheidenheit zählt nicht gerade zu Friedrichs Tugenden. Damit erweist er sich als Kind seiner Zeit. Das Barock singt, lacht und frisst, heißt es leger. Und tatsächlich, die preußischen Königsfeierlichkeiten mit all den Illuminationen, Feuerwerken, Dekorationen und Blumengestecken verschlingen die astronomische Summe von sechs Millionen Talern. Das Volk soll teilhaben und wird beschenkt: Zehntausend silberne und goldene Krönungstaler werden in die jubelnde Menge geworfen. Auf dem Schlossvorplatz dreht sich für die Allgemeinheit drei Tage lang ein preisgekrönter Ochse am Spieß, in dem als Füllung das Fleisch von Schafen, Rehen, Ferkeln, Hühnern, Gänsen und Wildbraten steckt. Das erste Stück geht an den König. Für das Volk sprudelt Wein aus zwei riesigen Springbrunnen in Adlerform. Aus den Schnäbeln der Adler, die jeweils Brandenburg und Preußen symbolisieren, fließen mehr als viertausendachthundert Liter Wein.

Das Krönungsmahl

Das Krönungsmahl im Schloss wird pompös begangen. Einhundertzwanzig Kronleuchter erhellen den mit prächtigen Vorhängen verdunkelten Festsaal. Im Hintergrund spielt eine Hofkapelle, deren Pauken und Trompeten den Klang dominieren. Für die Krönungsfeierlichkeiten hat Friedrich eigens ein kostbares Service anfertigen lassen. Die Schalen, Platten, Silberteller, Salzfässer und Terrinen mit einheitlichem Dekor strahlen in ihrer symmetrischen Anordnung barocke Pracht aus. Sechsundzwanzig Kammerjunker sind verantwortlich für das Auftragen der Speisen, die in vier Gängen serviert werden. König Friedrich I. und Königin Sophie Charlotte thronen auf mit Baldachinen bekrönten Sesseln. Als

Hauptgerichte serviert man Fasane und Kapaune (kastrierte Masthähne), die das Königspaar von Tellern aus massivem Gold verzehrt. Zu trinken gibt es Burgunder.

Bevor das Königspaar auch nur einen Bissen zu sich nimmt, erfolgt die Giftprobe. Der Vorschneider überprüft die Qualität und Unbedenklichkeit der festen Speisen, der Mundschenk ist für die gereichten Getränke zuständig. Kaum stehen die in abgedeckten Schüsseln aufgetragenen Gerichte auf der Tafel, nimmt der Vorschneider ein Stück Brot und streicht damit über alle Speisen. Nachdem er das Brot verzehrt hat, ist die Tafel eröffnet. Sobald der König trinken will, ruft er den Oberhofmarschall, der wiederum den Mundschenk auffordert, dem König das Getränk zu kredenzen. Der Mundschenk kostet den Wein am Kredenztisch vor, um ihn dann formvollendet zur königlichen Tafel zu tragen, wo er ihn nochmals vorkostet. Aufgetragen wird in der Art des »Service à la française«. Alle Speisen eines Ganges – und das können bis zu einhundert verschiedene Gerichte sein – werden gleichzeitig gereicht. Das Servieren der Getränke folgt einem strengen Zeremoniell, an dem sich die Hierarchie der Tafelgäste ablesen lässt. Die Getränke stehen nicht auf der Tafel, sondern auf dem beistehenden Kredenztisch bereit. Sobald der König seinen Pokal ansetzt, ertönen Salutschüsse, und der Vorschneider tranchiert den Fasan, wobei er als Virtuose seines Faches, das Geflügel »in alto«, das heißt an einer langen zweizinkigen Gabel in der Luft, zerlegt.

Das Servieren der Getränke folgt einem strengen Ritual. Will der König trinken, informiert er den Oberhofmarschall, der wiederum dem Mundschenk ein Zeichen gibt, dem König in einer feierlichen Prozession Wein zu servieren. Hat der König den ersten Schluck getätigt, verkünden Salutschüsse von dem Ereignis.

Kapaune und Fasane werden bei Festtafeln häufig gleichzeitig serviert. Aus kulinarischer Sicht wertet man den Fasan als den Aristokraten unter dem Geflügel, weil er aufgrund seines besonders hellen und zarten Fleisches mit keinem Birk- oder Auerwild gleichzusetzen ist. Diese außergewöhnliche Delikatesse füllt man gern mit Ochsenmark, Speck, Würzkräutern und Trüffeln. Der große Gourmet Jean Anthelme Brillat-Savarin beschreibt die so zubereiteten Fasane als »würdig, Engeln vorgesetzt zu werden, wenn diese noch zu Loths Zeiten auf Erden reisten«.

Der Kapaun wird nicht nur am Spieß gebraten, sondern auch mit Trüffeln, Champignons, Krebsen oder Austern gedämpft. In poetischer Kochsprache sagt man über ihn: »Der Kapaun ist der Hammel des Geflügelhofs, ein Heiliger unter den Hühnern, der es sich auf Erden gut gehen lässt und sich ein Ränzlein anmästet.«

Mit der Königsberger Krönung hat sich Kurfürst Friedrich III. von Brandenburg und frisch gebackene König Friedrich I. in Preußen seinen größten Wunsch erfüllt. Kaum jemand hatte ihm den Gewinn der Königskrone zugetraut. Sophie Charlotte scheint die ganze Angelegenheit gleichgültig zu sein. Während des Krönungsaktes demonstriert sie ihre Teilnahmslosigkeit, indem sie gelangweilt zu ihrem Schnupftabak greift, um sich ein wenig zu zerstreuen. Der sonst wenig nachtragende Friedrich I. ist derart außer sich, dass er mit der Gemahlin wochenlang kein Wort wechselt. Zum Zeitpunkt der Krönung sind die beiden bereits über sechzehn Jahre verheiratet.

Sophie Charlotte

Sophie Charlottes Vater ist der Herzog Ernst August von Braunschweig-Lüneburg, ihre Mutter, Sophie von der Pfalz, die Großenkelin der Schottenkönigin Maria Stuart. Seine Verwandtschaft mit dem englischen Königshaus bringt dem Haus Hannover 1701 die Anwartschaft auf die englische Krone. Sophie Charlotte wächst als einzige Tochter mit sechs Brüdern auf. Sie spricht Französisch, Englisch und Italienisch so gut wie ihre Muttersprache Deutsch, interessiert sich für Wissenschaften und Philosophie. Als junges Mädchen lebt sie ein Jahr am Versailler Hof Ludwigs XIV., wo sie allseitiges Erstaunen hervorruft. Der Sonnenkönig findet Gefallen an dem ebenso schönen wie klugen Mädchen, verheiratet sie aber aus politischen Rücksichten nicht, wie Sophies Familie gehofft hat, mit einem französischen Prinzen. Das Haus Hannover orientiert sich neu und gibt Sophie Charlotte kurz vor ihrem sechzehnten Geburtstag am 8. Oktober 1684 dem brandenburgischen Kurprinzen Friedrich zur Frau.

Sophie Charlotte. Als junges Mädchen fällt sie durch ihre Schönheit und ihren Esprit selbst dem französischen Sonnenkönig, Ludwig XIV., auf. Ihr Intellekt gilt damals in ganz Europa als unübertroffen.

Die Intelligenz und der Esprit der welfischen Prinzessin fallen auf. Der »Mercure galante« berichtet über sie: »Die Prinzessin von Hannover ist eine sehr liebenswürdige Person. Sie ist mittelgroß. Sie hat den schönsten Busen, den man je gesehen hat. Und die schönste Haut, die man je sehen konnte, sanfte große blaue Augen, wunderbares dichtes schwarzes Haar,

Augenbrauen, die mit dem Zirkel gezogen sind, eine wohlproportionierte Nase, einen rosaroten Mund, sehr schöne Zähne und einen sehr lebhaften Teint. Die Form ihres Gesichts ist weder oval noch rund, sie hat etwas von beidem. Sie besitzt viel Geist und eine sehr verführerische Freundlichkeit. Sie singt gut, spielt Cembalo, tanzt mit viel Anmut und weiß, was sehr wenige Personen in einem so wenig fortgeschrittenen Alter wie dem ihren wissen.«

Sophie Charlotte als Königin, Ölgemälde vom Hofmaler Friedrich Wilhelm Weidemann, nach 1902 im Schloss Charlottenburg. Porträt im englischen Stil.

Die hohenzollerisch-welfische Verbindung ist keine Liebesehe. Kurprinz Friedrich pocht auf seinen hohen Status, besteht auf steifer Etikette und dem Hofzeremoniell. Sophie Charlotte ist dagegen eine Freundin der heiteren Musen, des philosophischen Geistes und des geselligen, ungezwungenen Zusammenseins. Sie ziehe ein »liederlich Leben« allem anderen vor, lautet eine ihrer Maximen. Einer Freundin verrät sie, dass ihr Gemahl eine Kutsche mit Kissen vorausschickt, wenn er die ehelichen Pflichten einfordert. Die Kissen, so fährt sie fort, würden sie an einen Opferaltar erinnern. Ihrem Gatten an Intelligenz und Esprit überlegen, weiß sie sich mit ihrem missgestalteten Gemahl zu arrangieren. Sie nennt ihn Aesop, in Anspielung auf den hässlichen antiken Fabeldichter gleichen Namens. Der Volksmund verlacht das Paar als »die Schöne und der Bucklige« oder »La belle et la bête« (Die Schöne und das Biest). Sophie Charlotte bringt drei Kinder zur Welt, von denen nur das dritte überlebt: Friedrich Wilhelm, der als Thronfolger wie ein Augapfel behütet wird. Sophie Charlotte genießt als Landesherrin eine große Popularität. Parzellen ihres Gartens Monbijou verpachtet sie gegen einen geringen Grundzins an Berliner Bürger. Auch hat sie immer ein offenes Ohr für die Nöte des Volkes.

Mit dem Bau des Schlosses Charlottenburg verbindet sich eine zärtliche Mär. Als Kurfürst Friedrich III. 1694 auf der Jagd im Forst zwischen Berlin und Spandau weilt, picknicken die Kurfürstin und ihre Hofdamen in heiterer Stimmung an der Spree, nahe dem Dorf Lietze. »Hier möchte ich ein Schlösschen haben«, sagt Sophie Charlotte, als der Gatte hinzukommt. Der vernimmt es, ohne etwas zu erwidern. Zurück im Berliner Schloss, beauftragt er den dort tätigen Baumeister Johann Arnold Nering, ein Lustschloss zu entwerfen. Die Lage ist gün-

Rechte Seite:
Schloss Charlottenburg mit Turm. Der Turm wird erst 1710, nach dem Tod Sophie Charlottes, errichtet. Zwischen 1701 und 1713 erweitert Friedrich Eosander von Göthe das Schloss nach Versailler Vorbild.

stig, der Ort auch zu Wasser bequem zu erreichen. Später wird Eosander von Göthe das kürfürstliche Domizil um zwei Flügel erweitern. Schon 1698 sind Schloss und Parkanlagen nahezu vollendet. Der Sommersitz erhält den Namen Lietzenburg, wird aber nach dem frühen Tod der Hausherrin in Charlottenburg umbenannt. Die Kurfürstin beeilt sich, ihren Hof von Berlin in das ländliche Idyll zu verlegen. Standesgemäß erfolgt die offizielle Einweihung am 11. Juli 1699, dem 42. Geburtstag des Kurfürsten. Der Hofchronist über die Festausstattung: »Der Saal war mit geflochtenem Blumenwerk und mit dazwischen gesetzten Sinnenbildern ausgezieret und die Tafel darin also gesetzet, daß man ohne aufzustehen das hernachmals angesteckte Feuerwerk nebst der Illumination sehen konnte. Die Einfahrt zu dem Hause war ebenfalls mit allerhand Blumen ausgeflochten.« Über dem Tor prangt in goldenen Lettern:

Dies Haus von Dir erbaut, doch das soll mir gehören,
Will dein Geburtsfest heut, als seines Stifters ehren.
Sey gütig und laß zu, dass wir dir dankbar seyn,
Dies bittet Dein Gemahl, die Liebe stimmt mit ein.

(Die lateinische Inschrift in ihrer deutschen Übersetzung.)

In einem Heftchen, das ein Augenzeuge der Feierlichkeiten herausgibt, liest man, dass Kurfürst Friedrich über Tische und Bänke gesprungen sei und ausrief, sich noch nie zuvor so amüsiert zu haben.

Schloss Lietzenburg ist kostbar mit schönen Möbeln, Tapeten und Gemälden ausgestattet. Chinesisches oder japanisches Porzellan schmückt die Räume. In einem Zimmer sind die Leuchter, ein kleiner Kaffeetisch und ein vollständiges Kaffeeservice aus purem Gold. Orangenbäume und seltene Blumen zieren die Gärten. Schloss Lietzenburg wird zum Märchenland für gebildete, musische Menschen. Die heiteren Bälle und Maskeraden, die philosophischen Zirkel, die prächtigen Konzerte, Schauspiele und Opern sind bald in aller Munde. Zu einem kleinen Skandal gerät eine orientalische Nacht mit Feuerwerk. Die Gastgeberin lässt auf der Spree ein Schiff kreuzen, dessen Segel mit dem türkischen Halbmond bemalt sind. Und das versetzt die Berliner in helle Aufregung, denn die Belagerung Wiens und die Bedrohung der europäischen Christenheit durch den osmanischen Sultan lagen erst

Schloss Charlottenburg. Ansicht des Mittelbaus. Sophie Charlotte verlegt ihren Hof in das ländliche Idyll vom Lustschloss Lietzenburg. Erst nach dem Tod der Königin erhält das Schloss den Namen Charlottenburg.

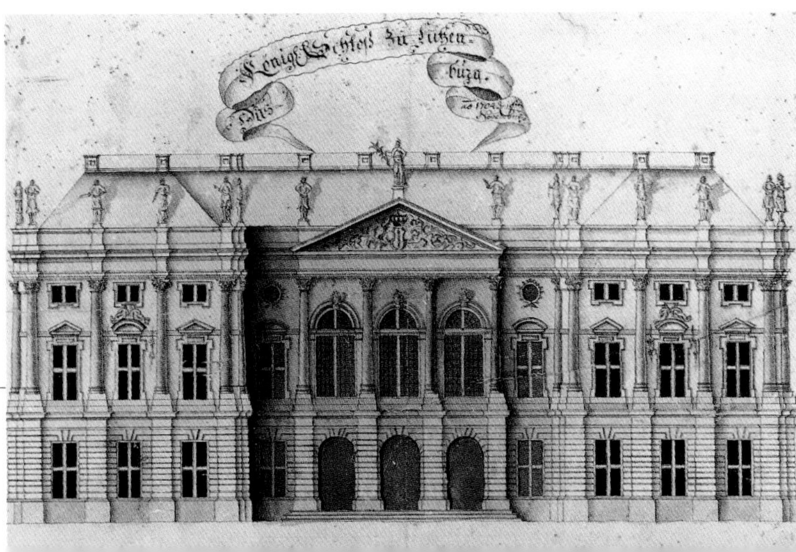

wenige Jahre zurück. Auch die Geburtstagsfeier des Kurfürsten wird mit großem Aufwand betrieben, wie der Gelehrte Leibniz berichtet: »Man stellte also einen Jahrmarkt dar, wie er auf einem Dorfe oder in einer kleinen Stadt abgehalten wird. Es waren Buden aufgeschlagen und man verkauft darin für nichts Schinken, Würste, Ochsenzungen, Weine und Limonaden, Tee, Kaffee, Schokolade und ähnliche Waren … Aber nichts war reizender als ein Taschenspieler, das war Seine Hoheit der Kurprinz Friedrich Wilhelm, welcher sich seine Zauberstücke wirklich einstudiert hatte.« Sophie Charlotte verkleidet sich als Heilkundige, die mit Universalmitteln handelt. Der Kurfürst spielt einen holländischen Matrosen, der – während das Orchester aufspielt – hier und da einkauft. Der Hof amüsiert sich blendend bei den aufwändigen Festen des Herrscherpaares. Von überall tonen laute Rufe: »Vivat Friedrich und Charlott, wer's nicht recht meint, ist ein Hundsfott!«

Der engste Vertraute von Sophie Charlotte, durch die gemeinsame Heimat Hannover mit ihr tief verbunden, ist der Universalgelehrte Gottfried Wilhelm Leibniz. Und dieser gebildete Mann beschwert sich scherzhaft über den Wissensdurst von Sophie Charlotte: »Es ist gar nicht möglich, Sie zufrieden zu stellen, Sie wollen das Warum des Warum wissen.« Leibnis berichtet über die nicht enden wollenden Abende bei ihr. Der Hof spottet, dass das Souper der Königin zur gleichen Zeit wie das Lever des Königs stattfindet.

Unten:
König Friedrich I. und Sophie Charlotte. Trotz gegensätzlicher Charaktere führen sie eine harmonische Ehe.

Ganz unten:
Gottfried Wilhelm Leibniz. Die Liebe für geistige Themen und die gemeinsame Heimat Hannover verbinden den Universalgelehrten und die preußische Königin.

Leibniz widmet Sophie Charlotte die »Theodicee« (Essais de théodicée sur la bonté de Dieu), die Gottesrechtfertigung, mit der er großen Einfluss auf seine Zeit ausübt. Im Herbst 1701 kommt der Freidenker und Philosoph John Toland nach Lietzenburg. Schnell entwickelt sich eine anregende Diskussion über das Christentum. Toland hinterlässt mit den »Letters to Serena« ein literarisches Zeugnis über die Königin: »Ja, ich muß frei und ohne die geringste Schmeichelei erkennen, daß ich in meinem Leben niemand gehört habe, der geschicktere Einwürfe hätte machen können … Alles, was lebhaft und gebildet ist, kommt an ihren Hof und sieht da zwei Dinge, die der Welt sonst füreinander ganz zuwider hält in vollkommener Einigkeit beisammen, die Studien und die Lustbarkeiten.« Im Sommer 1700 wird auf Initiative von Leibniz die Sozietät der Wissenschaften gegründet, aus der die Akademie der Wissenschaften hervorgeht. Leibniz wird Präsident der Gesellschaft.

Während eines Karnevalsbesuches in Hannover verstirbt Sophie Charlotte am 1. Februar 1705 unerwartet im jungen Alter von 36 Jahren. Vor ihrem Tod tröstet die Königin eine ihrer Hofdamen: »Beklagen Sie mich nicht, denn ich gehe jetzt meine Neugier zu befriedigen, über den Grund der Dinge, die mir Leibniz nie hat erklären können, über den Raum, das Unendliche, das Sein und das Nichts, und ich verschaffe dem König den Anblick eines Leichenbegängnisses, der ihm Gelegenheit geben wird, alle Pracht zu entfalten.« Leibniz notiert in seiner Bestürzung folgende Zeilen: »Nie hat man eine geistreichere und leutseligere Fürstin gesehen. Da ich mich oft ihrer Unterhaltung würdigte, habe ich den Verlust in der allgemeinen Trauer mehr wie andere empfunden.« Der König wird ohnmächtig, als man ihm die Todesbotschaft überbringt. So makaber es klingt, noch im Tod bleibt Sophie Charlotte im Wortsinn ein Sonntagskind. An einem Sonntag geboren, an einem Sonntag verheiratet, fallen auch ihr Sterbetag und die Beerdigung auf einen Sonntag. Wie es die Königin vorhergesagt hat, organisiert der verwitwete König ein pompöses Begräbnis.

Schlemmen wie Gott in Preußen

Der Tagesablauf Friedrichs I. ist streng geregelt und wird mit Übernahme der Königswürde noch formeller. Sein Tag beginnt um vier Uhr früh. Den morgendlichen Kaffee trinkt er aus einer massiv goldenen Tasse. Zum Frühstück bevorzugt der Monarch exotische Konfitüren und Obst. Konfekt ist eine beliebte Zwischenmahlzeit.

Bis zum Mittag beschäftigt sich der König mit Hofangelegenheiten, dann verkünden volltönende, im ganzen Berliner Zentrum deutlich zu vernehmende Paukenschläge vom Balkon des Stadtschlosses aus den Befehl zum Anrichten der Mittagstafel. Anschließend bitten vierundzwanzig schallende Trompeten zu Tisch. Sobald die königliche Familie erscheint, pocht der Obermarschall mit seinem Stab auf die Tafel und bekundet seinen Respekt durch eine tiefe Verneigung. Gespeist wird von vergoldeten Tellern. Der ersten Gang besteht aus einer Suppe, etwa einer Taubenbouillon mit grünen Erbsen und Spargel. Parallel serviert wird Gehacktes mit Erdschwämmen und Artischocken und ein Bisque, ein Püree aus Fisch und Geflügel. Im zweiten Gang gibt es in Brühe gesottenes oder gebratenes

»Bey der Königlichen Preußischen Reiseküche, Donnerstag, 16. Februar 1702.

Als Seiner Königlichen Majestät im Rosenthal Ablager gehalten, ist bey der Küche ausgegeben, an Gelde und verspeiset: Rindfleisch, Frischfleisch, 4 frische Ochsenzungen,
2 Schinken à 15 Pfund, 8 ½ Kälber,
3 Hammel, 1 ½ Rehe, 3 Hasen,
15 Rebhühner, 21 Haselhühner,
7 Kapaune, 11 frische Hühner,
39 Hühner, 11 frische Würste,
5 Dutzend Eier, 3 Pfund Butter,
6 Stücke frische Butter,
36 Stück Speck,
34 Zitronen, Zucker.«

Wildbret, Pasteten aus Blätterteig, Torten, Schnecken, Zungen, Würstchen, Melonen und Früchte. Im nächsten Gang kommen Fasane, Rebhühner, Schnepfen, Holztauben (eine Wildtaubenart), Kalkune (junge ganze Truthähne), Hühner oder Lamm auf den Tisch. Dazu werden in kleinen Schüsseln Oliven, Pomeranzen und Zitronen gereicht. Es folgen Wasserschnepfen, Krammetsvögel (Wacholderdrosseln), Lerchen, Ortolanen, »Kalbsschwedern« nebst allerhand »Gedräpelten«. Im fünften Gang wird Fisch serviert: Lachse, Forellen, Hechte, Karpfen, Fischpasteten und mehrere Schüsseln mit frikassierten Krebsen und Schildkröten. Der sechste Gang besteht aus Butter-Speck-Gerichten, wie etwa vermengte Gerichte aus Eiern, Schafkeulensaft und Zucker oder Pürees aus Artischocken oder Sellerie, mit Öl und Pfeffer zubereitet. Den siebenten Gang bilden gebackene Mandeln, Milchrahm, Fruchte der Jahreszeit sowie ausgeschälte Nüsse. Nasse und trockene Konfitüren, Marzipane, Kandiertes sowie Butter und Käse aus Holland, der Schweiz, Schweden, Parmesan und Limburger beschließen das reichhaltige Menü.

Friedrichs Leibgerichte sind Lamm mit Sellerie, Gänse mit Spargel, Bratwürste mit Spinat oder Sauerkohl, gebratenes Kalbfleisch, Frikassee von jungen Hühnern, Sardellen mit Zitronen, gebratene Fasane, junge Kapaune und Suppe mit Kalbfleisch und Huhn. Der Wein ist so erlesen wie teuer. Er wird in Karaffen, die auf goldenen Tellern stehen, serviert. Der König trinkt am liebsten edlen ungarischen Tokajer, der regelmäßig aus Ungarn als Präsentwein an den Berliner Hof geschickt wird. Auch französischer Burgunder, Champagner, St Laurent, Vino Tinto und Rheinweine finden sich auf der Liste der Tischweine. Sogar Bier trinkt Friedrich zuweilen.

Im Barock speist man viel mehr Fleisch als Fisch. Ein Kochbuch, das kurz nach 1700 erscheint, erklärt den Vorzug, dem man dem Fleisch beimisst. Darin heißt es, Fisch sei zweitrangig, da sich das Fischfleisch im menschlichen Körper in Schleim verwandle. Das gebratene Fleisch behalte mehr Nahrungssaft als das gekochte und sei daher besser bekömmlich. Krebssuppe eigne sich besonders für den Schwindsüchtigen, also Tuberkulosekranken. Abgeraten wird von Essig und Zitronensaft, denn alles, was sauer ist, »gibt übele Dauung, machet die Humores im Körper zäh, schleimig und gibt viele Verstopfung ...« Pfeffer empfiehlt der Autor, denn er sei gesund, »hilft dauen, machet Lust zum Essen, erhält die Humores in guter Bewegung«.

Die Einwanderung der hugenottischen Glaubensflüchtlinge bewirkt eine Verfeinerung der einheimischen Tischkultur. Die Mehrzahl der Hofköche sind Fran-

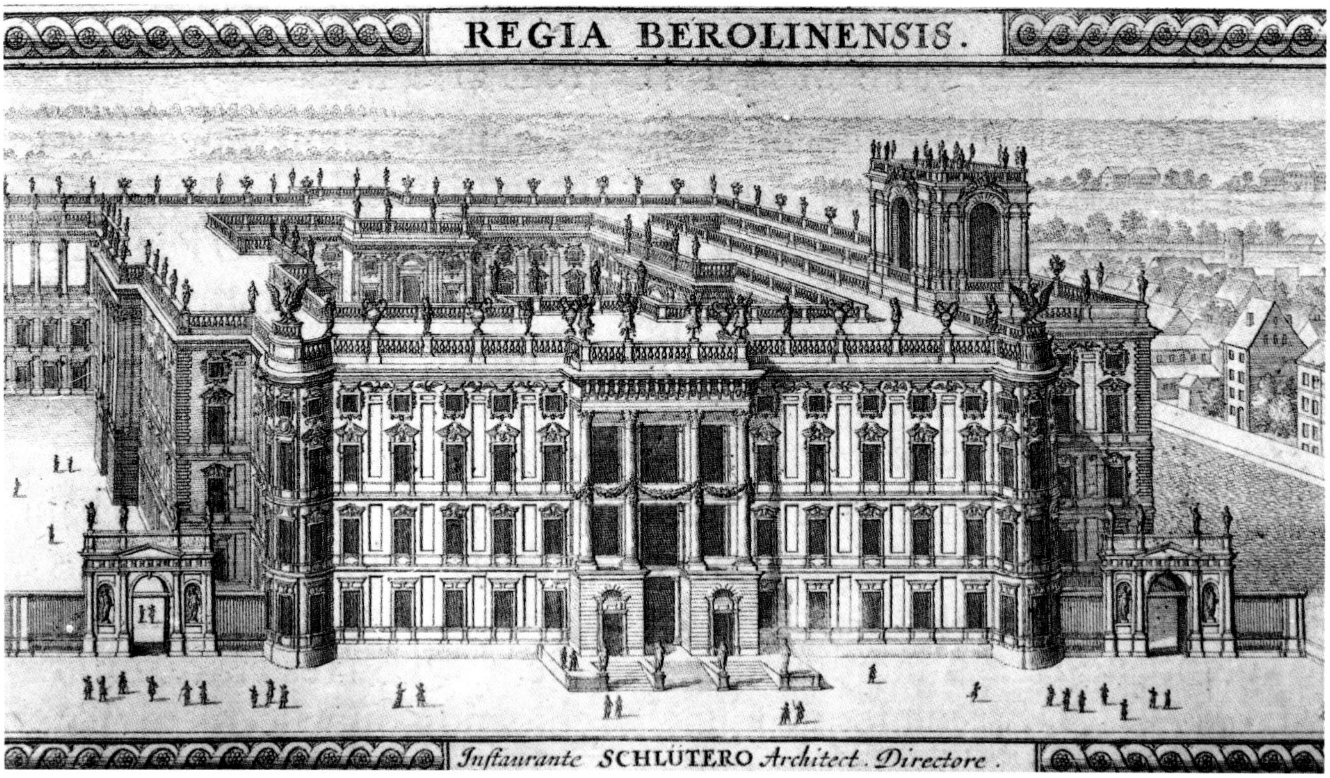

Friedrich I. beauftragt den renommierten Baumeister Andreas Schlüter mit dem Umbau des Berliner Schlosses. Modell von 1690.

zosen. Die königlichen Feste schwelgen in verschwenderischer Fülle. Anlässlich der Hochzeitsfeierlichkeiten von Kronprinz Friedrich Wilhelm werden vertilgt: 640 Kälber, 100 Mastochsen, über 1000 Truthähne, 650 Enten und 1000 Tauben. Die Lieferlisten von Backwaren, Festbraten, Striezeln, Fastenkringeln und Wein sind unüberschaubar, ebenso der gewöhnliche Verbrauch bei Hof. Ochsen, Kälber, Hammel, Lämmer, Schweine, Hahnfedervieh, Rinder, Kaldaunen, Nieren, Herzen und Hammelzungen landen zentnerweise in den Mägen des Hofstaats. Speisen und Getränke werden ohne Rücksicht auf saisonale Preise konsumiert und sind stets im Überfluss vorhanden. Das Wildbret und die Viktualien aus den Massenlieferungen der Forsten und Provinzen, die über den höfischen Eigenverbrauch hinausgehen, werden entweder verschenkt oder für einen symbolischen Preis an Berliner Bürger verkauft.

Beinahe täglich findet König Friedrich einen Anlass, ein glanzvolles Fest auszurichten. Hunderte Diener sorgen für das Wohl der Geladenen. Organisator der kostspieligen Bälle ist Zeremonienmeister Johann von Besser. Ihm verdanken wir eine detaillierte Beschreibung des Festmahls anlässlich der Hochzeit von Friedrichs ältester Tochter Luise Dorothea Sophie. Gespeist wurde im Oraniensaal des Berliner Stadtschlosses: »Die Tafel war länglich und die quer am Oberende des

Sales gesetzet, auf einem über den ganzen Boden reichenden Teppich, und unter einem Carmesin-Sammeten Himmel mit gold und silbernen Crepinen. Gegenüber, am anderen Ende, stand der Schenk-Tisch, mit denen von Augspurg nicht gespart nicht längst angekommenen theils ganz weissen, theils auch vergüldeten überaus grossen silbernen Gefässen, von unten bis oben aufgetürmet … Der Speisen wurden allemal 46 und in vier unterschiedlichen Gängen, ausser den Früchten und dem Confect, aufgetragen.«

Für die Hochzeitsgesellschaft hat sich König Friedrich eine besondere Überraschung ausgedacht. Er führt seine Gäste in eine geheimnisvolle, spärlich beleuchtete Küchenkammer, in der sie aber zu ihrem großen Bedauern keine Speisen vorfinden. Plötzlich flackern überall Kerzen auf, die Saaldecke klappt auf, und eine prächtig gedeckte Tafel schwebt langsam herab. Nach Ende des Speisegangs verschwindet der Tisch im Zimmerboden, während von oben die nächste Speisenfolge herabsinkt. Bei dieser Vertraulichkeitstafel sind die Anwesenden gänzlich ungestört, da kein Bediensteter Zutritt zu der Gesellschaft hat.

Ein grausames Schauspiel sind die blutigen Tierjagden, die in dem nach Art des römischen Kolosseums angelegten Hetzgarten veranstaltet werden. Exotische Tiere wie Löwen und Tiger, aber auch Bären und Wölfe kämpfen hier um ihr Leben oder jagen gefangene Wildschweine.

Schon als Kurfürst unternimmt Friedrich auf eigenen Lustjachten Schiffspartien auf Spree und Havel. Die Wasserfahrzeuge können bei Windstille vom Ufer her mit Zugtieren bewegt werden: »Sie ist gemacht zum trekken mit zwei Pferden, zum Rudern mit vier Riemen und auch zum Segeln.« Gemeint ist hier die Liburnica, das berühmteste Schiff, deren Rumpf mit goldenen Schnitzereien und dem Bild des Königs verziert ist. In der luxuriösen Kajüte mit gelbblauen Wandbespannungen aus Damast bieten weiche Kissen Gemütlichkeit, während an Deck eine Kapelle spielt. Außerdem sorgen kostbare Singvögel für Kurzweil. Als Friedrich einen Unterhändler beauftragt, einige rare westindische Vögel aus Amsterdam zu beschaffen, kauft er die Tiere nicht, weil sogar ihm der Preis von 500 Talern pro Stück zu teuer erscheint. Friedrichs sparsamer Sohn Friedrich Wilhelm wird die Liburnica Zar Peter dem Großen überlassen und dafür eine Sendung »Langer Kerls« für seine Garde erhalten.

Die hier abgebildete Jacht »Friedrich« hat die stattliche Summe von über 100.000 Talern gekostet und ist mit ihrem reichen Ausstattung und dem kostbaren Zierrat das Prunkschiff der Flotte. Sie wird gerne bei höfischen Festen genutzt, wie z. B. anlässlich des Besuchs Peter des Großen 1712.

Spree-Athen

Die Erlangung der preußischen Königswürde bleibt Friedrichs größte Leistung. Die Staatsgeschäfte erledigen diverse Günstlinge. Zunächst beruft Friedrich seinen ehemaligen Erzieher Eberhard von Danckelmann zum leitenden Minister. Als dieser einer höfischen Intrige zum Opfer fällt, avanciert der gefällige und ehrgeizige Johann Kasimir Kolbe, Reichsgraf von Wartenberg, zum landesherrlichen Protegé. Seinem Gönner führt er die eigene Ehefrau als Geliebte zu: Katharina von Wartenberg, die Tochter des Weinlieferanten des Großen Kurfürsten, wird zur verrufensten Dame bei Hofe. Mit Kolbes Aufstieg ufert der Repräsentationsaufwand schier ins Grenzenlose aus. Über die Hälfte aller Einnahmen fließen in den Ausbau der Berliner Residenz und der hiesigen Hofhaltung. In dem ehemaligen Pesthaus der Charité nimmt das erste öffentliche Krankenhaus mit Lehrauftrag den Betrieb auf. Das Stadtschloss, ehemals an der Peripherie der beiden Städte Berlin und Cölln gelegen, steht jetzt im Zentrum der Doppelstadt. Bereits Friedrichs Mutter, Louise Henriette, ließ die Umgebung des Schlosses verschönern. Den Reitweg Unter den Linden erweitert man zu einer das Schloss und den Tiergarten verbindenden Allee. Neue Straßen werden nach holländischem Vorbild im Schachbrettmuster angelegt. Der Bildhauer Andreas Schlüter erhält den Auftrag, die kurfürstliche Residenz zu einem königlichen Schloss umzugestalten. Er wird 1699 zum Hofbaumeister ernannt. Ihm gelingt es, die unterschiedlichen Epochenstile der alten Hohenzollernburg zu einem homogenen Ganzen zu vereinen.

Das Ergebnis ist ein Prachtbau im Stil des italienischen Hochbarock. Als größtes Barockschloss nördlich der Alpen verfügt es an die 1200 Räume. In unmittelbarer Nähe entsteht das Zeughaus als Waffenarsenal. Andreas Schlüters »Sterbende Krieger« im Innenhof symbolisieren den für den Kriegsruhm des Herrschers notwendigen Heldentod der Soldaten. Mit dem renovierten Berliner Stadtschloss, den Schlössern Köpenick, Monbijou und Charlottenburg, dem Zeughaus sowie den zahlreichen Parks und Gärten wird der Großraum Berlin zum Schwerpunkt fürstlicher Prachtentfaltung. Preußen erlebt einen Aufschwung der Wissenschaften. Die ausschweifende Hofhaltung und Repräsentationswut fordern ihren Tribut. Am Ende der Regentschaft des Preußenkönigs sind die Kassen leer, und das Land leidet unter Epidemien und schlechten Ernten. Als König Friedrich I. am 25. Februar 1713 stirbt, hinterlässt er seinem Sohn einen riesigen Schuldenberg.

Wiegenlied für den Kurprinzen Karl Emil von Nicolaus Peucker, 1702 veröffentlicht

Den Garten, den dein Vater hat,
so wunderschön gebaut,
desgleichen Babylon die Stadt
kaum jemals angeschaut
Du wirst dich wundern
um den Mann
Mit einem Gabelstiel,
der Wasser von sich sprützen kann
Sobald der Gärtner will,
Du siehst den wunderschönen
Klee dem Lenz entgegen gehen,
Und Männerchen,
weiß als der Schnee,
Nach guter Ordnung stehn.
Du kommst ins Pomeranzen-Haus
Und probest den Geschmack,
Und liesest die Zitronen aus,
Die Welschland kaum vermag …
Schlaf also, lieber Kurprinz, schlaf,
so sollst Du alles sehn,
wird das nicht stattlich sein
und brav?
Ja, ja, es soll geschehn!

Folgende Doppelseite:
1673 schenkt der Große Kurfürst das Barockschloss Caputh seiner Gemahlin Dorothea, die es nach dem Tod des Gatten als Witwensitz bezieht. Später nutzt Königin Sophie Charlotte das Gut als Sommerresidenz, bis sie dann in das fertiggestellte Schloss Lietzenburg übersiedelt. Auf Schloss Caputh empfangen Preußens Herrscher regelmäßig ausländische Monarchen.

Pastetchen mit Geflügelragoutfüllung

Für die Füllung:
30 g Mehl
25 g Butter
1/4 l Fleischbrühe
4 EL Tomatenpüree
200 g gegartes Geflügelfleisch
100 g gegarte Gänseleber
100 g gegarte Pökelzunge
4 gebratene Champignons
1 mittelgroße Trüffel
2 cl Madeira
Salz und Pfeffer

4 fertige Blätterteigpasteten
(Königinpasteten)

Mehl und Butter in einem Topf zu einer hellen Mehlschwitze verrühren. Die Geflügelbrühe und das Tomatenpüree einrühren und zum Kochen bringen. Bei geringer Hitze 20 Minuten leise sieden lassen, dabei den sich bildenden Schaum abschöpfen.

Für das Ragout Fleisch, Leber, Zunge, Champignons und Trüffel in 1 cm große Würfel schneiden.

Die Sauce nochmals zum Kochen bringen, den Madeira zugießen und das Ganze um etwa ein Drittel einkochen lassen. Mit Salz und Pfeffer abschmecken. Die gewürfelten Ragoutzutaten hinzufügen und ein paar Minuten ziehen lassen, bis sie richtig heiß sind.

Die Pasteten samt »Deckelchen« gemäß Gebrauchsanleitung auf der Packung backen.

Zum Servieren die noch heißen Pasteten mit dem Ragout füllen, die »Deckelchen« auflegen und auf vorgewärmten Tellern anrichten.

Wachtelbrüstchen

In einer Pfanne die Butter erhitzen und darin die Wachteln rundum anbraten. Herausnehmen und etwas abkühlen lassen. Die Wachtelbrüstchen vorsichtig ablösen und zusammen mit den Champignons in dem Rotwein etwa 5 Minuten gar dünsten. Pilze und Brüstchen herausnehmen und gut warm halten. Den Rotwein im Topf belassen.

Das restliche Fleisch von den Wachteln in den Mixer geben. Leber, Weißbrot, Speck, Zwiebeln und Thymian hinzufügen und mittelfein zerkleinern. Die Masse in den Topf mit dem Rotwein geben und das Ganze zum Kochen bringen (eventuell noch etwas kochendes Wasser zugießen). Die Hitze verringern und die Mischung 15 Minuten köcheln lassen. Die Sauce durch ein feines Sieb passieren, anschließend einkochen lassen, bis sie die Konsistenz eines recht dicken Pürees hat.

Zum Servieren die Brotscheiben mit der Sauce bestreichen und auf Teller geben. Die Brüstchen obenauf legen und mit Sauce beträufeln. Mit frischen Kräutern garnieren.

4 bratfertige Wachteln
1–2 EL Olivenöl
1/4 l Rotwein
8 Champignons, in feine Scheiben geschnitten
100 g Gänseleber, grob zerkleinert
2 Scheiben geröstetes Weißbrot, zerkleinert
80 g Speck, grob zerkleinert
1 mittelgroße Zwiebel, in große Würfel geschnitten
2 frische Thymianzweige
Salz und Pfeffer

Zum Servieren:
4 Weißbrot- oder Landbrotscheiben, in Butter geröstet
Frische Kräuter

Fasan mit Orangensauce und Sellerie

Für den Fasanenfond:
Parüren (Skelett und andere Abfälle) von 1 Fasan
1 Bund Suppengrün, gewürfelt
Salz

1 küchenfertiger Fasan
Salz
Pfeffer aus der Mühle
100 g Speck, in feine Scheiben geschnitten
1 Staudensellerie, in feine Scheiben geschnitten
Hausgemachter Fasanenfond
Saft von 1 großen unbehandelten Orange
2 cl Madeira
Stärkemehl (nach Belieben)
1 Orange, geschält, filetiert und die Filets von den Innenhäuten befreit

Zum Garnieren:
Gartenkresse
1 Orange, geschält und in feine Scheiben geschnitten
Blaue Weintrauben

Die Parüren mit dem Suppengrün, etwas Salz und 1 Liter Wasser in einem Topf zum Kochen bringen und 1 bis 1,5 Stunden köcheln lassen, bis ein kräftiger Fond entstanden ist.

Den Backofen auf 200 °C (Gas Stufe 3) vorheizen.

Den Fasan waschen, gründlich trocknen und innen wie außen mit Salz und Pfeffer einreiben. Mit Kuchenzwirn die Keulen zusammenbinden. Die Flügel entweder entfernen und separat braten oder über dem Rücken verschränkt zusammenschnüren. Den Fasan mit Speckscheiben umwickeln und in einen Bräter geben. Im vorgeheizten Ofen 30 bis 45 Minuten braten, bis das Fleisch weich ist; dabei ein- oder zweimal wenden und immer wieder mit ein wenig Fasanenfond übergießen.

Von dem Fasanenfond einen guten Viertelliter zurückbehalten und in dem Rest (eventuell unter Hinzufügung von Wasser) den Sellerie bissfest garen. Beiseite stellen.

Den fertigen Fasan aus dem Ofen und dem Bräter nehmen. Ein paar Minuten ruhen lassen. Für die Sauce den Bratensud entfetten und den Bratansatz mit dem Orangensaft ablösen. Den Madeira zugießen und kräftig aufkochen lassen. Einen Viertelliter Fasanenfond hinzufügen und auf die Hälfte einkochen lassen. Die Sauce durch ein feines Sieb passieren und nach Belieben mit Stärkemehl binden. Mit Salz und Pfeffer abschmecken. Den Sellerie und die Orangenfilets zum Erwärmen zugeben.

Zum Servieren das Gemüse in eine Servierschale geben und den Fasan obenauf setzen. Den Fasan mit etwas Sauce beträufeln und mit Kresse und Orangenscheiben garnieren. Die Weintrauben hinzufügen. Die restliche Sauce in einer Sauciere reichen. Man kann den Fasan auch bereits in der Küche tranchieren und portionsweise mit dem Gemüse auf vorgewärmten Tellern anrichten.

Lammbrust mit Krebsfarce und Spinat

5 Krebse
Butter
200 g Kalbfleisch, grob gewürfelt
150 g Butter
1 Ei
50 ml Crème fraîche
Salz und Pfeffer
Muskatnuss
2 ausgelöste Lammbrüste
1/4 l Fleischfond
2 El fein zerkleinerter frischer Kerbel
250 ml Sahne
Zitronensaft
800 g Blattspinat, grob zerkleinert

Zum Garnieren:
Gartenkresse

Die Krebse in kochendem Wasser garen und das Fleisch aus den Schalen lösen und in kleine Würfel schneiden. Beiseite legen.

Aus den Schalen eine Krebsbutter zubereiten. Dafür die Schalen im Mörser oder Mixer sehr fein zerkleinern und mit der volumenmäßig gleichen Menge Butter in einem Topf bei mäßiger Hitze dünsten. So viel Wasser zugießen, dass die Masse gut bedeckt ist. Das Ganze 30 Minuten köcheln lassen. Durch ein feines Sieb in Eiswasser streichen. Die Butter lässt sich nach dem Erkalten als Scheibe abheben.

Aus dem Kalbfleisch eine Farce herstellen. Dafür das Fleisch mit 150 Gramm Butter und dem Ei im Mixer pürieren, dann die Crème fraîche einarbeiten. Mit Salz, Pfeffer und frisch geriebener Muskatnuss würzen.

Die Lammbrüste von ihrer Mitte her einschneiden, sodass sich eine größere Fläche ergibt. Das Fleisch mit Salz und Pfeffer einreiben. Kalbfleischfarce, Krebsfleischwürfel und Kerbel auf die Lammbrüste verteilen. Das Fleisch zusammenrollen und die Rolle mit Küchenzwirn gut verschnüren.

Die Krebsbutter in einer Kasserolle erhitzen und darin die Lammbrustrollen 15 bis 20 Minuten gar braten (die Garzeit hängt von der Größe der Lammbrüste ab). Herausnehmen und 10 Minuten ruhen lassen, dann die Schnüre entfernen und das Fleisch gut warm halten.

Den Bratansatz in der Kasserolle mit dem Fleischfond ablösen und um ein Drittel einkochen lassen. Durch ein Sieb passieren, dann 200 Milliliter Sahne unterrühren. Mit Salz, Pfeffer und Zitronensaft abschmecken.

Den Spinat in wenig Wasser weich garen und mit Salz, Pfeffer und frisch geriebener Muskatnuss würzen und die restliche Sahne unterheben.

Zum Servieren die Lammbrustrollen in 2 cm dicke Scheiben schneiden und auf einer vorgewärmten Servierplatte anrichten. Mit Kressesträußchen garnieren. Sauce und Spinat separat dazu reichen.

Tipp: Krebsbutter gibt es in gut sortierten Supermärkten fertig zu kaufen.

Gebratener Kapaun

Den Backofen auf 200 °C (Gas Stufe 3) vorheizen.

Den Kapaun mit Salz und Pfeffer einreiben. Butter und Öl in einer Kasserolle erhitzen und den Kapaun rundum anbraten. In einen Bräter geben und im vorgeheizten Backofen 1 bis 1,5 Stunden braten, bis das Fleisch weich ist; dabei mehrmals wenden und immer wieder mit etwas Geflügelbrühe übergießen. Nach 30 Minuten Bratzeit die Zwiebel-, Sellerie- und Möhrenwürfel hinzufügen.

Den Kapaun aus dem Bräter nehmen und ein paar Minuten ruhen lassen. Für eine Sauce einen guten Viertelliter Gemüsebrühe zugießen und um ein Drittel einkochen lassen. Die Sauce durch ein feines Sieb passieren und mit Butterflöckchen aufschlagen, bis sie cremig-schaumig ist.

Zum Servieren den Kapaun im Ganzen – mit Papilloten an den Beinen – auf eine Servierplatte setzen und mit Kresse garnieren. Den Feldsalat und die Sauce separat dazu reichen. Oder man tranchiert ihn in der Küche und richtet die Portionen auf Tellern mit Feldsalat und Kresse an.

1 küchenfertiger Kapaun (etwa 2 kg schwer)
Salz und Pfeffer
1 EL Butter
2 EL Olivenöl
1/2 l Geflügelbrühe
1 Zwiebel, gewürfelt
1 kleines Stück Sellerie, gewürfelt
1 Möhre, gewürfelt
50 g Butter

Zum Servieren:
Gartenkresse
Feldsalat, mit Schalotten, Essig und Öl angemacht

Apfelspeise auf Konstantinopeler Art

150 g getrocknete Apfelscheiben
Saft von 2 Blutorangen
Zucker
1 Blutorange
4 cl Slibowitz (Pflaumenschnaps)
1/4 l Weißwein
6 Blätter rote Gelatine, eingeweicht
200 ml Schlagsahne

Zum Garnieren:
60 g zerkleinerte Pistazien
60 g kandierte Walnüsse
4 dünne kandierte Apfelscheiben

Die Apfelscheiben, ein paar Stunden in einem Viertelliter Wasser eingeweicht, mit ihrem Einweichwasser, dem Orangensaft und 150 Gramm Zucker in einem Topf bei geringer Hitze weich garen. Herausheben und abtropfen lassen.

Den Slibowitz in den Saftsud geben und aufkochen lassen. Den Weißwein hinzufügen und das Ganze etwas einkochen lassen. Die ausgedrückte Gelatine einrühren. Abkühlen lassen. Sobald der Saftsud beginnt zu gelieren, die Sahne steif schlagen und unterheben.

Die Orange schälen und in feine Scheiben schneiden und zuckern. Die Apfel- und Orangenscheiben einander abwechselnd in vier kleine Glasschalen auftürmen. Die Fruchttürmchen mit dem Sahnegelee überziehen und zum Durchkühlen in den Kühlschrank stellen.

Zum Servieren die Apfelspeise mit Pistazien, Walnüssen und den kandierten Apfelscheiben garnieren.

Coupe nach Art der Königin Charlotte

2 Pfirsiche
100 ml Grand Marnier
100 g Zucker
500 g Zitroneneis
100 g Erdbeereis
2 Aprikosen, gewürfelt
200 g frische Ananas, gewürfelt
30 Maraschinokirschen

Die Pfirsiche schälen und halbieren. Zucker und Grand Marnier in einer Schüssel mischen und darin die Pfirsiche ein paar Stunden (am besten über Nacht) marinieren.

Zum Servieren die Pfirsiche aus der Marinade nehmen, in die Mitte von Glastellern legen und mit Aprikosen- und Ananasstückchen abstützen. Eine Kugel Erdbeereis in die Pfirsichhöhlung geben und eine Maraschinokirsche obenauf setzen. Das Zitroneneis in Kugeln (oder mit einem Esslöffel abgestochen) jeweils um den Pfirsich arrangieren und ebenfalls mit Maraschinokirschen krönen. Das Ganze dekorativ mit Grand-Marnier-Zucker-Marinade beträufeln.

KAPITEL II

Friedrich Wilhelm I.

Der Soldatenkönig

(1713–1740)
15. August 1688 Cölln/Spree – 31. Mai 1740 Potsdam

»Mein Gott! Geizig schon in einem so zarten Alter! Andere Laster kann man verringern, dieses aber wächst und wächst.«

Königin Sophie Charlotte über ihren vierzehnjährigen Sohn Friedrich Wilhelm

Der neue König

»Meine Herren! Unser guter Herr ist tot, und der neue König schickt euch zum Teufel.« Mit diesen Worten beginnt am 25. Februar 1713 die Regentschaft des vierundzwanzigjährigen Friedrich Wilhelm I. Mit einem Federstrich löst der neue König den luxuriösen Hofapparat des verstorbenen Vaters auf. Anders als der prunksüchtige Vater denkt sein Nachfolger in nüchternen Kategorien. War Friedrich I. ein schwacher Charakter, ein verschwenderischer Barockfürst, ist sein Sohn genau das Gegenteil. Friedrich Wilhelm erweist sich als auffallend vitaler Monarch, der hellsichtig regiert, fromm und uneitel lebt, dessen Jähzorn jedoch alle fürchten. Wichtigste Maxime des neuen Königs ist die Wirtschaftlichkeit. Er entwirft ein rigoroses Sparprogramm, dem er selbst mit bestem Beispiel vorangeht. Seine pragmatische Führung zeigt bald Ergebnisse. Er senkt die Gehälter der verbliebenen Angestellten des Hofes und beginnt einen erbarmungslosen Ausverkauf, um Geld in die leeren Kassen zu bringen. Er veräußert den größten Teil der königlichen Liegenschaften sowie das kostbare Mobiliar und die Kleinodien. Sogar der Krönungsmantel seines Vaters mit den großen Diamantknöpfen bleibt nicht verschont. Die königlichen Lustschlösser werden bis auf wenige Ausnahmen (Charlottenburg, Königs Wusterhausen, Schloss Caputh) vermietet, als königliche Dienstwohnungen genutzt oder in Lazarette umgewandelt. Der Umbau des Berliner Schlosses wird abgebrochen. Mit August dem Starken schließt Friedrich Wilhelm einen denkwürdigen Handel: Im Tausch gegen eine wertvolle Porzellansammlung (der so genannten Dragonervasen) übernimmt der Preußenkönig vom sächsischen Kurfürsten sechshundert Reitersoldaten, die bald überall nur »Porzellandragoner« genannt werden. In den planvollen Ausbau Potsdams investiert der König zeitlebens größere Summen. Friedrich Wilhelm I. macht keinen Hehl daraus, dass ihm Festlichkeiten zu teuer sind. Den traditionell mit großem Aufwand zelebrierten Krönungstag des ersten Preußenkönigs Friedrich I. begeht der »Plusmacher« nicht wie gewohnt am 18. Januar, sondern stets am darauf folgenden Sonntag. Die Gedenkveranstaltung beschränkt sich auf einen glanzlosen Kirchengottesdienst. Auch im Staat beginnt das große Aufräumen. Die Verwaltung wird durch die Einrichtung des Generaldirektoriums 1723 als oberste Zentrale gestrafft. Neue Manufakturen

Kronprinz Friedrich Wilhelm im Alter von 13 Jahren in einem Gemälde von Friedrich Wilhelm Weidemann. Von frühester Kindheit an entwickelt Friedrich Wilhelm ein Faible für alles Soldatische.

kurbeln die Wirtschaft an. Der öffentliche Etat gibt nur das aus, was er an Steuern eingenommen hat. Die Ausgaben für Kunst und Kultur werden gestrichen. Überschüsse wandern in den Staatsschatz. Protestantische Religionsflüchtlinge aus Salzburg und Böhmen besiedeln zu Tausenden menschenleere Landstriche wie das von Krieg und Hungersnot gezeichnete Ostpreußen. Die Einwanderer machen die Felder urbar und steigern gleichzeitig das Steueraufkommen. Am Ende seiner Regentschaft hat »Preußens größter Staatswirt« eine Meisterleistung vollbracht. Er wandelt den vom Vater geerbten Schuldenberg von 20 Millionen Talern in einen Überschuss von 8,7 Millionen Talern um.

Jugend mit Prinzipien

Friedrich Wilhelm, der einzige überlebende Sohn von Friedrich I. und Sophie Charlotte, wird am 14. August 1688 in Berlin geboren. Der Kronprinz ist robust, kräftig, widerspenstig und besitzt das Naturell eines Wildfangs. Friedrich Wilhelms Großmutter, die Kurfürstin Sophie von Hannover ist vernarrt in ihren eigensinnigen Enkel. Während eines mehrwöchigen Besuches des kleinen preußischen Kronprinzen bei seiner Großmutter in Hannover kommt es andauernd zu handfesten Streitereien mit seinem fünf Jahre älteren Vetter Georg. Wegen der ständigen Raufereien schickt man den Berliner Raufbold vorzeitig nach Hause. Die gegenseitige Abneigung sollte zeitlebens das Verhältnis der beiden Verwandten bestimmen. Friedrich Wilhelm tituliert den Cousin als »mein Bruder der Tanzmeister, der Komödiant«. Georg revanchiert sich mit: »mein Bruder, der Sergeant«.

Die Gouvernanten leiden unter den Streichen und dem cholerischen Temperament des Kronprinzen. Mal verschluckt er aus Trotz eine silberne Schnalle, dann wieder droht er, aus dem Fenster in die Spree zu springen, wenn ihm die Strafe nicht erlassen werde. Schon früh demonstriert der Hohenzollernerbe seine Abneigung gegen Pomp. Als man ihn zwingen will, einen Schlafrock aus goldenem Brokat überzuziehen, wirft der jähzornige Prinz das kostbare Gewand kurzerhand in das Kaminfeuer. Den aufwändigen Hofbällen und Festlichkeiten kann der nüchterne Friedrich Wilhelm nichts abgewinnen. Allein kulinarische Genüsse reizen ihn. Zwar verdammt er teure Delikatessen als Verschwendung, doch lässt sich der Feinschmecker nur zu gerne die reichhaltige Küche seiner Eltern munden. Vor allem liebt der Kronprinz Froschschenkel. Bis zu seinem Tod bleibt Friedrich Wilhelm ein Freund üppiger Mahlzeiten mit reichlich Bier und Wein.

Nur 1,65 Meter groß, bringt er als Erwachsener weit über 120 Kilogramm auf die Waage! Der Hang zur Völlerei harmoniert nur schwerlich mit dem puritanisch-genussfeindlichen Glaubensideal, dem Friedrich Wilhelm anhängt und das vom pietistischen Postulat eines tätigen Christentums bestimmt ist.

Das andere Geschlecht scheint dem jungen Mann gleichgültig zu sein. Vielmehr verschreckt er die Damenwelt durch ein unflätiges und barsches Verhalten. Einer schönen Verführerin, die Sophie Charlotte auf ihren Sohn angesetzt hat, erteilt der Kronprinz eine harsche Abfuhr. Als sich der preußische Kronprinz dann doch noch verliebt, gewinnt ausgerechnet sein verhasster Vetter Georg die Gunst der Angebeteten. Schließlich heiratet Friedrich Wilhelm Georgs Schwester Sophie Dorothea. Noch am Sterbebett schwört er, nie eine andere als seine Frau angerührt zu haben.

Das Rechentalent Friedrich Wilhelms

Große Freude bereitet dem jungen Prinzen die Mathematik, bald rechnet er schneller als seine Lehrer. Das Jagdschloss Wusterhausen, das der zehnjährige Junge als Weihnachtsgeschenk zur eigenen Bewirtschaftung erhält, gestaltet er zu einem Mustergut um. Hier entwickelt der Thronfolger sein ökonomisches Talent, das ihn später zum größten Staatswirt Preußens werden lässt. Eine Meierei, eine Schäferei, eine Ziegelei werden errichtet, ebenso eine nach eigenem Rezept produzierende Bierbrauerei. Wusterhausen bleibt das Refugium des späteren Königs. Er nutzt es intensiv als Jagdrevier. An einem Tag werden hier bis zu fünfzehnhundert Hirsche und Rehe sowie drei- bis vierhundert Wildschweine erlegt. Der König stillt nicht nur seine Jagdleidenschaft, sondern er wandelt die geschossenen Tiere gleich in bare Münze um. Was über den königlichen Eigenbedarf geht, wird wohlhabenden Bürgern aufgenötigt, die für das Wildbret zwischen drei und sieben Taler das Stück berappen müssen. Das entspricht in etwa dem einfachen bis doppelten Monatslohn eines ungelernten Arbeiters! Seine Tochter Wilhelmine unterzieht in ihren Memoiren das Leben des Königs in Wusterhausen einer kritischen Bilanz: »… mitten im Hof befand sich ein mit vieler Kunst angelegter Springbrunnen zum Gebrauch für die Küche. Er war mit Stufen umgeben und eine eiserne Brücke führte hinüber.

Hirschhetze bei Wusterhausen. Die Jagd gehört zu den bevorzugten Freizeitbeschäftigungen des Adels.

Hier war das Plätzchen, das sich der König des Abends zum Tabakrauchen auswählte. Meine Schwester und ich, wir hatten für unser ganzes Gefolge nicht mehr als zwei Zimmer, oder vielmehr zwei Dachstübchen. Wie auch das Wetter sein mochte, wir aßen zu Mittag immer im Freien unter einem Zelte, das unter einer großen Linde aufgeschlagen war. Bei starken Regen saßen wir bis an die Waden im Wasser, da der Platz vertieft war. Wir waren immer vierundzwanzig Personen zu Tisch, an denen drei Viertel fasteten, da gewöhnlich nur sechs Schüsseln mit viel Ökonomie aufgetragen wurden. Der König saß nie länger bei Tisch als bis ein Uhr (die Speisestunde war in der Regel zwölf).«

Jagdschloss Wusterhausen ist die Lieblingsresidenz von Friedrich Wilhelm I. Hier verbringt er regelmäßig die Zeit zwischen September und November. Theodor Fontane bewertet das Anwesen als »mehr originell als häßlich, und in seiner Apartheit nicht ohne Interesse«.

Der Soldatenkönig

Friedrich Wilhelms Leidenschaft ist das Militär. Gegen den Wunsch seiner Familie bräunt sich der Kronprinz im Schlosshof, um das wettergegerbte Gesicht eines Soldaten zu bekommen. Die vornehme Blässe, Kennzeichen des Adels, bedeutet ihm nichts. Mit sechs Jahren ist er nomineller Chef des Infanterieregiments Kronprinz, mit dreizehn Jahren kommandiert und exerziert er die königliche Kadettenkompanie. 1709 gesellt sich das bis heute berühmte Bataillon

Riesengrenadiere zu Friedrich Wilhelms kleiner »Armee«. Von 1725 an wird er ständig Uniform tragen.

Als Teilnehmer der Schlacht von Malplaquet verbindet Friedrich Wilhelm seit 1709 eine lebenslange Freundschaft mit Fürst Leopold von Anhalt-Dessau (später der Alte Dessauer genannt). Die blutigste Schlacht des Spanischen Erbfolgekrieges kostet 60.000 Menschen das Leben. Den Jahrestag von Malplaquet werden die beiden Vertrauten zukünftig alljährlich gemeinsam begehen. Die beiden Männer sind sich ähnlich, lieben eine derbe Sprache und treiben makabre Späße. Ein alter Invalide erzählt Friedrich dem Großen einen Streich der beiden Freunde: »Als Ihr Vater noch Kronprinz war, war ich bei ihm in der Ordonnanz. Eines Tages reisten wir mit dem Fürsten von Dessau nach Potsdam. Unterwegs bei Zehlendorf trafen sie einen Kuhhirten bei seiner Herde schlafend und machten sich den Spaß, den Kühen die Schwänze abzuschneiden.«

Der »Alte Dessauer«. Ebenso klug wie rücksichtslos, gehört Fürst Leopold von Anhalt-Dessau zu den besten Freunden Friedrich Wilhelms I. Der General führt den Gleichschritt und den eisernen Ladestock in die preußische Armee ein.

Auch nach der Thronbesteigung bleibt der Alte Dessauer Friedrich Wilhelms engster Berater. Wilhelmine, Friedrich Wilhelms Tochter, berichtet hierzu: »Wer des Königs Gunst erlangen wollte, musste Sturmhaube und Küraß anlegen, alles war Offizier und Soldat, von dem alten Hof blieb keine Spur übrig. Generalmajor von Grumbkow kam an die Spitze und besaß das ganze Vertrauen des Königs nebst dem Fürsten Leopold von Anhalt-Dessau.«

Friedrich Wilhelms größtes Anliegen ist eine starke Armee. Bis 1740 verdoppelt sich die Zahl der Soldaten auf 80.000 Mann. Preußen wird zu einem überdimensionierten Heerlager. Beinahe in jeder Stadt bestimmen Uniformen das Straßenbild. Der Landadel muss den Offiziersnachwuchs stellen und wird so der militärischen Disziplin unterworfen. Die Truppen werden regelmäßig exerziert, unterstehen strengstem Gehorsam, und bald gebietet der preußische König über die am besten organisierte Armee des Kontinents. In Europa hat Friedrich Wilhelm seinen Spitznamen weg: Als »Soldatenkönig« wird er belächelt – und gefürchtet.

Geradezu manische Züge entwickelt Friedrich Wilhelms Leidenschaft für seine »Langen Kerls«. Seit seiner Rückkehr aus dem Spanischen Erbfolgekrieg im Aufbau begriffen, finanziert Friedrich Wilhelm die als »Rote Grenadiere« oder »Potsdamer Riesengarde« bekannte Truppe aus seiner Privatschatulle. Jeder Soldat dieser Einheit misst vom Scheitel bis zur Sohle mindestes sechs preußische Fuß (188 Zentimeter). Für die Anwerbung neuer Rekruten scheut der sonst so sparsame Hohenzoller weder Mühen noch Kosten. In ganz Europa schwärmen die Agenten des »roi sergeant« inkognito aus, locken groß gewachsene Männer mit obskuren Versprechungen nach Potsdam oder wenden schlicht rohe Gewalt an. Freiwillige erhalten oft mehrere hundert Taler Handgeld. Größtes »Prachtstück« der Riesengarde wird der Ire James Kirkland. Er bringt es auf alle überragende 217 Zentimeter Körpergröße, kostet den König aber auch stolze 9000 Taler. Der illegale Menschenhandel wird als Kunsttransfer getarnt. In Korrespondenzen ist von schönen »Statuen« oder »Gemälden« für die »Sammlung« des Königs die Rede. Erfolgreiche Werber dürfen auf Orden, Adelstitel und reiche Geldgeschenke hoffen.

Roter Grenadier. Die Potsdamer Riesengarde ist das berühmte Steckenpferd des Soldatenkönigs. Für die Anwerbung großer Rekruten scheut der sonst so knausrige König keine Kosten. Über Entführungen ausländischer Kandidaten riskiert er sogar internationale Konflikte.

Ihre Verpflegung bestreiten die Grenadiere vom schmalen Sold und in Eigenregie. Die Kost ist die des einfachen Volkes. Zum Frühstück gibt es einen Humpen Dünnbier und Brot, dazu Käse und manchmal ein Stück Fleisch. Zu Mittag isst man in einer der vielen Garküchen, wo eine preiswerte Gemüsesuppe selten mehr als sechs Pfennige kostet. Beliebt sind Möhren-, Erbsen- und Kohleintöpfe mit Hammelfleisch oder Speck. Auch gekochtes Schweine- und Rindfleisch wird gerne gegessen, ebenso süßsauer zubereitete Innereien. Das Abendbrot gleicht in seiner Zusammensetzung häufig dem Frühstück.

Paradox ist, dass ausgerechnet der Soldatenkönig keine Angriffskriege führen wird. Abgesehen von Engagements im Nordischen Krieg und im Polnischen Thronfolgekrieg ist Preußen unter seiner Regentschaft in keine größeren militärischen Konflikte verwickelt.

Tabakskollegium

Von seinem Vater Friedrich I. als galante Zusammenkunft edle Tabake rauchender höfischer Kreise konzipiert, verwandelt der Soldatenkönig das Tabakskollegium in eine grobschlächtige Männerrunde, in der »scharff getrunken« wird. Mit Ausnahme der Wochenenden tagt die »Rauch- und Saufgesellschaft« allabendlich, im Sommer in Wusterhausen abends um sieben Uhr, im Winter im Berliner oder Potsdamer Stadtschloss nachmittags um fünf Uhr. Geladen sind die Minister, die auswärtigen Gesandten, vor allem aber die preußischen Generäle und

Schloss Wusterhausen, Tabakskollegium. Im Bildvordergrund der Schemel des Königs, der als einzige über eine Sitzgelegenheit mit Armlehnen verfügte.

Obristen. Um ungestört zu sein, wird auf Bedienstete verzichtet. In einem schlicht gehaltenen Raum nimmt die Runde auf blank gesessenen Holzschemeln Platz und gruppiert sich um eine lang gestreckte Holztafel. Für jeden Gast stehen ein Krug Bier und eine lange weiße Tonpfeife bereit. Geraucht wird billiger Hollandtabak, der in geflochtenen Körben griffbereit vor jedem Teilnehmer lagert. Glimmender Torf in Kupferschalen dient als Anzünder. Nichtraucher müssen an der kalten Pfeife ziehen; selbst bei des Königs Freund, dem Alten Dessauer, kennt die Regel keine Ausnahme. Der König ergötzt sich, wenn Fremde betrunken werden oder ihnen durch den strengen Tabak speiübel wird. Er selbst raucht jeden Abend an die 30 Pfeifen. Ein eigener, an Bierfässer im Keller angeschlossener Zapfhahn steht im Versammlungsraum. Das Kollegium trinkt schäumendes Bier aus Potsdam oder Köpenick, und zwar in unvorstellbaren Mengen. Saufen gehört zum guten Ton in Preußen. Der Alkohol löst manche Zunge. Zwar soll jeder Teilnehmer seine Meinung frei äußern, doch gilt Kritik am König als nicht ratsam. Wohl wissend, dass in seiner Abwesenheit freier gesprochen

Ein Abend im Tabakskollegium. Hier versammeln sich allabendlich Friedrich Wilhelm I. und seine Offiziere zum Rauchen und Biertrinken. Rechts neben dem König sitzt Kronprinz Friedrich. Links im Bild die jüngeren Söhne Heinrich und August Wilhelm.

wird, verlässt der Monarch zeitweilig den Raum. Indes halten platzierte Spitzel den König über alles Gesagte auf dem Laufenden. Gegen acht Uhr erscheinen die königlichen Prinzen im Kollegium und sagen gute Nacht.

In einem Nebenraum ist ein kaltes Büffett angerichtet: Butterbrote, westfälischer Schinken, Kalbsbraten und Lüneburger Mettwurst sättigen die hungrigen Zecher. Gelegentlich bereitet der König eine Extra-Mahlzeit, indem er einen riesigen Karpfen oder Hecht selbst schlachtet. Ein Zeitgenosse berichtet: »Der König begann damit, daß er sich die Hände wusch, bevor er den Fisch schlachtete, dann wiederum, bevor er die Stücke in den Kessel tat, zum dritten Mal, um den Salat mit Salz und Essig anzumachen, dann wusch er sich, ehe er das Öl daran tat, und dann noch zweimal, bevor er den Fisch anrichtete und sich zu Tisch setzte.«

Einer hat wenig zu lachen im Tabakskollegium. Es ist der bedauernswerte Jakob Paul Freiherr von Gundling, ein Intellektueller, angestellt als Zeitungsvorleser bei Hof und als Gelehrter ein natürlicher Feind des Soldatenkönigs. Die Gelehrten sind für den König Tintenkleckser, Pedanten, Schmierer. Zu seinem Pech verträgt Gundling nur wenig Alkohol, weshalb er fast immer erstes Opfer der Trunkenheitsattacken seiner Kumpane wird. Mit derben herabsetzenden Späßen fallen sie über ihn her, präsentieren ihm einen bekleideten Affen als seinen Sohn, legen einen brüllenden Bären in sein Bett oder machen ihm wegen einer angeblichen Affäre mit der Königin einen Scheinprozess.

Hier liegt in seiner
Haut halb Schwein,
halb Mensch ein Wunderling/
In seiner Jugend klar
In seinem Alter toll/
Des Morgens voller Witz,
des Abends toll und voll/
Bereits ruft Bacchus laut:
»Das theure Ding heißt Gundeling.«

(Inschrift auf dem Weinfass, in dem Gundling begraben wurde.)

Vom König zum Hofnarren ernannt, stirbt Gundling 1731 in Berlin. Selbst vor dem Tod macht der grausame Spott des Kollegiums nicht Halt. Beigesetzt wird er in einem Weinfass.

Auch außerhalb des Tabakskollegiums verkehrt Friedrich Wilhelm am liebsten mit seinen Offizieren, zu denen er sich gern zum Essen einlädt. Oft treten Schauspieler, Harlekine und Possenreißer auf, die frivole Späße treiben. Wenn der Gastgeber während des Desserts ein paar junge Rekruten aufmarschieren lässt, ist das Glück des Königs vollkommen. Mit dem Löffel klopft er auf dem Tisch den Marschtakt und kommandiert mit lauter Stimme die Exerzierübungen der Soldaten.

Im Potsdamschen Marly, wo er im Küchengarten Spargel, Spinat und Kohl züchtet, veranstaltet der Hohenzoller laute Schützen- und Kegelfeste. An dem Platz, an dem Friedrich Wilhelm IV. später die Friedenskirche

Spottbild auf Jakob Paul Freiherr von Gundling. Den Gelehrten und Präsidenten der Akademie der Wissenschaften degradiert Friedrich Wilhelm I. zum Hofnarren.

erbauen lassen wird, schieben die Wettkampfteilnehmer polternd Kegel. Die Siegespreise fallen bescheiden aus. Zwei silberne Hemdknöpfe für den Sieger, eine Münze von geringem Wert beziehungsweise eine Flasche Bier für den Zweit- und Drittplatzierten.

Die Königin Sophie Dorothea

Mit achtzehn Jahren heiratet Kronprinz Friedrich Wilhelm seine ein Jahr ältere Cousine Sophie Dorothea von Hannover. Die Ehe mit der Kurfürstentochter ist keine Liebesverbindung. Sophie Dorothea, Prunk und Glanz von Kindesbeinen an zugetan, stößt sich an dem ihr vom Gemahl aufgezwungenen spartanischen Lebenswandel. Für königliche Hoheiten herrscht zwischen den beiden ein erstaunlich vertraulicher Umgangston. Im Gespräch spricht er sie schlicht mit »Madame« an, sie erwidert allerdings »Ihro Majestät«. In offiziellen Urkunden nennt Friedrich Wilhelm Sophie Dorothea einfach »meine Frau«, in besonders guter Laune ruft er sie mit dem Kosenamen »Fiekchen«. Wahrscheinlich hat es im damaligen Europa kein anderes Paar gegeben, in dessen Naturell und Neigungen derart starke Kontraste bestehen. Er, der zechfreudige, militärverbundene, extrem sparsame und jähzornige Biedermann. Sie, eine gebildete, literarisch interessierte, machtorientierte Fürstentochter von einem der glanzvollsten Fürstenhöfe Europas. Wegen ihres majestätischen Auftretens, aber auch aufgrund ihres vollen Dekolletees, kürt die Hofgesellschaft Sophie Dorothea zur »Olympia«. Sophie Dorothea gebärt ihrem Mann vierzehn Kinder, die sie in ehrgeizige Heiratspläne einspinnt. Ihre beiden ältesten Kinder, Friedrich und Wilhelmine, möchte sie nach England verheiraten. Doch Friedrich Wilhelm sperrt sich, zu groß scheint immer noch die Abneigung gegenüber seinem hannoveranischen Vetter zu sein, der seit 1727 als König Georg II. von England amtiert. So muss Kronprinz Friedrich nach Braunschweig heiraten, Wilhelmine ehelicht den Markgrafen von Bayreuth.

Königin Sophie Dorothea 1737, im Alter von 50 Jahren. Die kluge Welfin stößt sich an dem spartanischen Lebensstil ihres Gatten, des »Soldatenkönigs«.

Sophie Dorothea unterhält ihren Hof im idyllisch am Spreeufer gelegenen Schloss Monbijou, wo sie kleine Gesellschaften und Feste veranstaltet. Zu größeren Festlichkeiten ist sie finanziell nicht in der Lage, da ihr der sparsame Gatte nur einen begrenzten Etat bewilligt. Sophie Dorothea meidet den Umgang mit Offi-

Ansicht von Schloss Monbijou um 1735, seit 1711 im Besitz Sophie Dorotheas. In dem Boot mit der schwarz-weißen Preußen-Flagge ist Friedrich Wilhelm I. zu erkennen.

zieren. Ihre Gäste sind Diplomaten, Geistliche und höhere Beamte. Das Schloss bildet eine Front gegen Wusterhausen. In Monbijou finden bei Abwesenheit des Königs heimliche Festlichkeiten, verbotene Glücksspiele und ausgelassene Tänze statt. In Monbijou laufen auch die Fäden zwischen Kronprinz Friedrich und seinem Freund Hermann von Katte zusammen, die gemeinsam und vermutlich mit Wissen der Hannoveranerin Sophie Dorothea ihre Flucht nach England planen. Betritt der König überraschend das Haus, was häufig vorkommt, verschwinden Bücher und Briefe eilends in geheimen Verstecken.

Monbijou ist die Lieblingsresidenz der Königin. In ihrem Schloss speist die Königin mit den älteren beiden Kindern an ihrer Tafel, »lauter niedliche und auserlesene Gerichte«, wie ein Zeitgenosse urteilt, der auch bemerkt, dass bei ihr edlere Menüs aufgetafelt werden, als das beim König der Fall ist. Friedrich Wilhelm stellt Bedingungen für die Gewährung ihres Etat, so muss für ihn »allemal ein Platz parat« bleiben. Weilt er in den Wintermonaten im Berliner Stadtschloss, entfernt er sich häufig vom obligatorischen abendlichen Tabakskollegium, um gegen sieben Uhr eine halbe Stunde mit der Königin und den Kindern zu verbringen. Bei dieser Gelegenheit wird er stets die eine oder andere kulinarische Köstlichkeit von der Tafel erhascht haben.

Der königliche Hofstaat

Abendtafel der Königin, 27.7.1735

Damhirschrücken
Drei gebratene fette Hühner auf moskowitisch
Farcierte Hammelkarbonade
Gespickte Fricandeaux von Kalbfleisch mit Champignons
Pastete von sechs Nesttauben au naturell mit Pfeffer und Salz
Giebeln (eine Karauschenart, auch Bauernkarpfen genannt) mit dicker Butter und Majoran
Farcierte Semmeln mit Pflückhecht und Krebsschwänzen
Zwei Teller: a) mit zwei Pfund gebratenen Kälberbrösen
b) mit gedämpften grünen Erbsen, Salat und frischen Heringen

An Dienern hat Friedrich Wilhelm zwei Pagen, chirurgisch ausgebildete Kammerdiener und fünf Leibjäger. Sie müssen die cholerischen Wutausbrüche ihres Dienstherrn erdulden, werden aber nach einigen Jahren großzügig abgefunden. Die Jäger erhalten oft Oberförstereien. Einen Kammerdiener ernennt der König sogar zum Doktor und vermacht ihm ein Rittergut. Der Hofstaat der königlichen Familie ist ungewöhnlich klein. Nur einige Hofdamen, Pagen und Lakaien sorgen für das königliche Wohl, wobei sie vor allem sein ausgeprägtes Hygieneempfinden fürchten. Jeder Schmutzfleck, jedes Staubkorn sowie Unordnung und Unpünktlichkeit drohen den Zorn des Monarchen zu provozieren. Aus dem Speisesaal lässt er die edlen gepolsterten Kanapees und Sessel seines Vaters entfernen und durch hölzerne Stühle und Bänke ersetzen. Zu viel Schmutz könnte sich im Stoff sammeln.

Nach Hohenzollern-Tradition steht Friedrich Wilhelm I. im Sommer um vier Uhr früh, im Winter um sechs Uhr auf. Waschen, Morgengebet und Kaffeetrinken dauern nicht länger als eine Stunde. Der König ist ein Arbeitstier, ein Workaholic. Bis zwölf Uhr arbeitet er, um sich dann zur Mittagsgesellschaft einzufinden. Für die Königin, ihre Kinder, die ausländischen Gesandten, die Minister, Generäle und Geheimen Räte werden vierzig Couverts (Gedecke) platziert.

Die Küche Friedrich Wilhelms I. genießt einen zweifelhaften Ruf, der weit über die Grenzen Berlins hinaus reicht. Sie gilt als sehr einfach und nährt den Klatsch an den anderen Fürstenhöfen. Denn statt erlesener Delikatessen bekommen die Gäste des Soldatenkönigs preiswerte Hausmannskost vorgesetzt. Den an exquisite kulinarische Genüsse gewöhnten Besuchern serviert der König Erbsen mit Speck, Kaldaunen mit weißen Rüben oder Weißkohl mit Rindfleisch.

Wilhelmines Memoiren berichten von wochenlangen Hungerkuren der Königstochter angesichts der schlichten Qualität der Menüs. Auch Gemahlin Sophie Dorothea klagt, dass ihr der Geiz ihres Mannes unerträglich und die Speisen einer königlichen Tafel unwürdig seien. Er selbst langt als kräftiger Esser gerne zu, während seine Familie missmutig auf ihren Tellern herumstochert. Während Friedrich Wilhelm in rascher Folge große Bissen vertilgt, beobachtet er seine Tischgäste, ob ihnen das Vorgesetzte auch mundet.

Das königliche Essen beginnt mit dem Auftragen von zwei silbernen Schüsseln, in denen eine dicke Suppe schwappt. Sie basiert entweder auf gekochtem Fleisch, Fisch oder Geflügel. Anschließend kommen als zweiter Gang wieder zwei Schüsseln auf die Tafel, in der sich zwei große Stücke gekochtes Fleisch, meist vom Rind, befinden. Der dritte Gang besteht aus Schinken, geräucherten Gänsen oder geräucherten Würsten mit braunem Kohl. Dann wird eine Schüssel mit Lachs, Karpfen, Hecht oder Seefischen, die bis zu 40 Pfund schwer sein können, gereicht. Der fünfte Gang besteht aus Pastete oder Torte. Anschließend kommt ein Nebengericht wie Ragout oder Spargel auf den Tisch. Es folgen Salate, Butter und verschiedene Käsesorten. Äpfel und Birnen beschließen das Mahl. Für die Königin und die Kinder gibt es noch Zuckerbrot und Biskuits. Konfekt ist tabu. Reste vom Braten oder der Pastete werden aufbewahrt, um später kalt gegessen oder im Tabakskollegium kredenzt zu werden. Der König bestimmt den Speiseplan nach der Saison.

Das Mahl dauert zwei bis drei Stunden. Französischer Wein ist dem König zu kostspielig, also wird jedem Gast eine Flasche Rheinwein zugeteilt. Die rustikalen Tropfen lagern in großen Mengen in Berlin und Potsdam. Jedes Jahr reist der königliche Kellermeister mit seinem Stab in das Rheinland und erwirbt große Mengen Wein. Nur der kurfürstliche Keller in Mainz verfügt über einen größeren Vorrat. Nachdem jeder seiner Gäste die ihm zugedachte Flasche geleert hat, lässt der Gastgeber abstimmen, ob noch eine zweite Flasche (Rheinwein) geöffnet werden soll. Gelegentlich werden auch »halbe Massows«, kleinere Weinflaschen, geordert. Damit spielt Friedrich Wilhelm auf den ihm bekannten Oberst Massow an, der auf Anraten eines Geistlichen seinen Alkoholkonsum beträchtlich reduzierte und dem König fortan als pietistischer Mucker gilt. Bei besonderen Anlässen lässt der König ungarischen Tokajer kommen, versäumt es jedoch nicht, sich über den hohen Preis auszulassen. Der Tokajer ist ihm lieb und teuer: »Wollte Gott, ich könnte jeden Tag so ein Fläschchen trinken.« Frivole Scherze und Anzüglichkeiten duldet der Soldatenkönig nur, wenn die Königin und die Kinder nicht anwesend sind. In guter Stimmung ergreift der König das Glas und bringt Trinksprüche aus. »Auf Germania teutscher Nation! Ein Hundsfott, der's nicht von Herzen meint«, lautet sein Lieblingstoast.

Mittagstafel des Königs, 27. 7. 1735

Suppe von Kalbsfleisch mit Hechtklößen, Sauerampfer und Kerbel
Kleine Stückchen Rindfleisch mit Weißkohl
Gestopfte grüne Erbsen mit Hammelkarbonade
Großer Spreekarpfen mit Kirschmus
Zander mit Mostrichsauce
Krebse mit Butter und Petersilie
Frikassee von jungen Hühnern mit frischen Champignons
Mariniertes Rindsmaul und Füße
Hammelbraten mit Gurkensauce

Die geliehene Gourmet-Küche

Sein Silberschatz, rühmt sich Friedrich Wilhelm, sei mehr wert als der des prunksüchtigen Dresdner Hofes. Die weiß gekalkten Gemächer des Königs scheinen in ihrer Schlichtheit wie Kasernenzimmer, doch die Repräsentationsräume erstrahlen in hellem Silber. Selbst die Tische und Kronleuchter bestehen

Jagdschloss Stern, Küche. Hier bereitet Friedrich Wilhelm I. gelegentlich selbst kleine Mahlzeiten zu. Die Hofgesellschaft wird über eine gesonderte große Wirtschaftsküche versorgt.

aus Silber. Für den stets ökonomisch denkenden König deckt das edle Mobiliar einen Teil des Staatsschatzes ab. Allein der Metallwert des Silbers beträgt zu dieser Zeit über eine Million Taler. In Potsdam, wo sich der König im Frühling und Sommer häufig aufhält, krönt eine silberne, fünf Viertel Ellen (83 Zentimeter) lange Plat-Menage die königliche Tafel. Obenauf befindet sich ein silberner Aufsatz, der mit Zitronen und silbernen Gefäßen für Pfeffer, Baumöl (Olivenöl), Essig und Zucker verziert ist. Auch Blumen der Saison schmücken die Tafel.

Den Posten des Etat- und Kriegsministers bekleidet Friedrich Wilhelm von Grumbkow, der als Gourmet stadtbekannt ist und ungemein viel Wein vertragen kann, was ihm den Ehrennamen »Biberius« einbringt. Gegen die Zahlung von jährlich 12.000 Talern Tafelgeld übernimmt Grumbkow die Bewirtung der fremden Prinzen, Gesandten und Standespersonen für den König. Sein französischer Koch bezieht das stattliche Gehalt von 400 Talern. Grumbkows exquisite Küche wird auch vom König regelmäßig genutzt, der so in den Genuss von Hummern, Austern, Schinken in Champagner und Krammetsvögeln kommt. Grumbkow schreibt an den österreichischen Gesandten Graf Seckendorff: »Seine Majestät hat gestern wie ein Wolf bei mir zu Mittag und ebenfalls zu Abend gegessen; er besoff sich und ging um Mitternacht fort.« Der König selbst sagt: »Wer besser essen will als bei mir, der muß zu Grumbkow gehen.«

Täglich inspiziert der König den Küchenzettel und rechnet, mit dem Federkiel in der Hand, jeden Posten persönlich nach. Die Ausgaben der Hofküche kontrolliert er, indem er sich persönlich auf den umliegenden Märkten über die aktuellen Lebensmittelpreise informiert. Erscheint ihm danach ein Einkaufsposten als zu teuer bezahlt, kürzt er dem Koch schlichtweg das Gehalt. Immer wieder unternimmt Friedrich Wilhelm Streifzüge, um die Küche seiner Untertanen zu erkunden. Steigt ihm ein leckerer Braten- oder Gemüseduft in die Nase, verschafft sich seine Majestät Eintritt und schaut ungeniert in die Kochtöpfe der Bauern und Bürger. Nur zu gern probiert er die Hausmannskost und diskutiert mit den Hausfrauen die Marktpreise von Gemüse und Fleisch. So erfährt Friedrich Wilhelm eines Tages auch den Preis für Weißkohl mit Hammelinnereien (1,50 Groschen). Zurück im Schloss, befiehlt er seinem Küchenchef, das Gericht am nächsten Tag zu servieren. Über den Preis des Gerichts befragt, nennt der Küchenchef den Betrag von drei Talern. Friedrich Wilhelm springt auf und »zahlt ihm die Differenz mit seinem Buchenstock« aus.

Auch essbare Geschenke für die Hofküche nimmt er gern an. Ein Kaufmann beglückt den König mit einer großen Sendung Austern. Ein Koch mit weißer Schürze und Zipfelmütze öffnet die über hundert Schalentiere und reicht sie Friedrich Wilhelm, der sie pur, ohne Zitronensaft, herunterschlürft.

Friedrich Wilhelm ist ein starker Zecher und damit ganz Fürst aus alter Zeit. Majestät trinkt an der Tafel bisweilen etwas stark, heißt es. Bei Festlichkeiten gehört es in Berlin zum guten Ton, »die gewöhnlich teutsche Höflichkeit« zu pflegen, den Gast »wohl bezecht nach haus zu schicken«. So entschuldigt sich der österreichische Gesandte Graf Seckendorff in einer Depesche, er könne nicht viel schreiben, da er am Abend zuvor den König bewirtet habe und »excessive trunken gemacht worden sei«. Friedrich Wilhelm schließt ein Trinkbündnis mit dem zechfreudigen August II. von Polen. Sie gründen die »societe de antisobre« (Gesellschaft gegen die Nüchternheit), deren oberstes Gesetz darin besteht, zu jeder sich bietenden Gelegenheit eine Flasche Wein auf das Wohl des jeweils anderen »Patrons« zu öffnen. August schenkt dem Soldatenkönig zwei silberne Trinkgefäße in der Form eines Mörsers mit der dazugehörigen Granate, die bei jedem Toast »ex rasibus« geleert werden musste.

Detail eines Silberdekors. Friedrich Wilhelm zahlt große Summen für sein Silberinventar: eine Geldanlage, die gleichzeitig repräsentative Zwecke erfüllt.

Der Zar und der Soldatenkönig

Mit Zar Peter I. (genannt der Große) verbindet den Soldatenkönig eine tiefe Freundschaft. Beide teilen die Begeisterung für die Niederlande. Dorthin unternehmen sie gemeinsame Reisen, treffen sich aber auch in Berlin und Potsdam. Ihre Gastgeschenke sind legendär. Bei einem Treffen in Havelberg 1716 vermacht Friedrich Wilhelm dem Zaren das legendäre Bernsteinzimmer aus dem Berliner Schloss sowie die 100.000 Taler teure königliche Jacht Liburnica. Im Gegenzug erhält der Preuße russische Braunbären. Er lässt ihnen die Krallen stutzen und die Zähne ziehen. Die immer noch gefährlichen Tiere halten Wache in Wusterhausen oder werden für derbe Streiche genutzt. Weit mehr noch dürfte sich Friedrich Wilhelm aber über die insgesamt 248 »Langen Kerls« gefreut haben, die ihm Zar Peter bis zu seinem eigenen Tod 1725 schubweise übersendet.

Gegenüber: Marlygarten, Blick in Richtung Glockenturm. Friedrich Wilhelm I. nutzt die Anlage als Ort für polternde Kegelfeste und als Gemüsegarten.

Anlässlich seines Berliner Aufenthalts 1717 logiert Peter im Schloss Monbijou – entgegen Sophie Dorotheas Wünschen. Der russische Monarch erscheint in Begleitung von sechzig jungen Hofdamen, von denen die meisten ein Wickelkind auf dem Arm halten. Die Russen amüsieren sich köstlich. Allein die Königin grämt sich. Kaum sind die Staatsgäste abgereist, rücken zahlreiche Tischler, Maler, Schreiner, Glaser und Stuckateure an, um die hinterlassenen Schäden zu reparieren.

Zar Peter I. Der Russenherrscher und der preußische König sind eng befreundet. Der Modernisierer des russischen Reiches ist das große Vorbild des Hohenzollers.

Die letzten Lebensjahre

Seit 1734 leidet Friedrich Wilhelm an der hohenzollernschen Erbkrankheit, der Wassersucht. Erschwerend hinzu gesellt sich die Gicht. Um seine sich versteifenden Finger geschmeidig zu halten, versucht sich der König in der Malerei. Vor allem in den letzten Lebensjahren entstehen eine Fülle von Bildern naiver Qualität. Er leidet unter starken Schmerzen, die seine Ärzte kaum zu lindern imstande sind. Seinen massigen Körper bewegt er zuletzt nur noch im Rollstuhl. Die Vorkehrungen zu seinem Begräbnis regelt der König dennoch höchstpersönlich und bis ins Detail.

Am 31. Mai 1740 stirbt der König im Alter von 52 Jahren. Seinem Wunsch gemäß wird er in voller Uniform bestattet.

Suppe von Kalbfleisch mit Hechtklößchen

Für die Suppe:
2 kg Kalbsknochen
1 Möhre, zerkleinert
1 kleine Stange Porree, zerkleinert
1 Zwiebel, zerkleinert
1 kleines Stück Knollensellerie, zerkleinert
Salz und Pfeffer
½ TL Muskat
500 g Rinderhackfleisch
4 Eiweiße
1 Bund Petersilie, mittelfein zerkleinert

Für die Hechtklößchen:
250 g Hechtfilet oder Zander, Forelle, Karpfen
200 g Sahne
2 cl Pernod oder ein anderer Anislikör
Salz
1 Prise Zucker

Zum Servieren:
1 Bund Sauerampfer, in feine Streifen geschnitten
1 Bund Kerbel, Blättchen abgezupft

Die Knochen mit kochendem Wasser übergießen, dann in einen großen Topf mit etwa 5 Litern kaltem Wasser geben. Bei mittlerer Hitze zum Kochen bringen. Die Hitze so verringern, dass das Wasser nur leicht sprudelt. Etwa 3 Stunden köcheln lassen; dabei immer wieder den aufsteigenden Schaum abschöpfen. Möhre, Porree, Zwiebel, Sellerie sowie eine kräftige Prise Salz und Pfeffer zugeben und weitere 1 bis 1,5 Stunden köcheln lassen. Darauf achten, dass während des Kochvorgangs die Knochen immer mit Flüssigkeit bedeckt sind, bei Bedarf sprudelnd kochendes Wasser nachgießen.

Die Brühe in einen sauberen Topf abgießen und bis auf 2 Liter einkochen lassen. Vom Herd nehmen. Die Knochen samt dem Gemüse nochmals in 2 Litern kaltem Wasser etwa 2 Stunden köcheln lassen, dann durch ein feines Sieb abgießen (diese Nachbrühe wird für die Hechtklößchen gebraucht). Beide Brühen über Nacht stehen lassen.

Am nächsten Tag in die kalte Erstbrühe das Hackfleisch in Bröckchen geben und die Eiweiße einrühren. Unter vorsichtigem Umrühren langsam erhitzen und etwa 30 Minuten köcheln lassen. Aufsteigenden Schaum abschöpfen. Das geronnene Eiweiß und das Hackfleisch mit dem Schaumlöffel aus der Brühe heben. Das Fleisch warm halten, das Eiweiß (nach Belieben) wegwerfen.

Zum Klären der Brühe die Petersilie und den Muskat in ein feines Sieb (oder ein Tuch) geben und die Brühe durchgießen. Die nun klare Brühe auf die Hälfte einkochen lassen. Mit Salz abschmecken.

Für die Hechtklößchen den Fisch und die Hälfte der Sahne mit zwei Eiswürfeln im Mixer zu einer Farce pürieren. Mit Salz würzen und die Farce durch ein Sieb passieren. Die restliche Sahne steif schlagen und unter die Farce heben, dabei den Pernod langsam zulaufen lassen. Mit Zucker und Salz abschmecken. Die Nachbrühe erhitzen und die Farce in Nocken zugeben (die Nocken mit Hilfe von zwei Teelöffeln formen). Wenn die Hechtklößchen an die Oberfläche steigen, mit dem Schaumlöffel herausheben und in ein Sieb geben.

Zum Servieren die klare Brühe nochmals kurz zum Kochen bringen und in Suppenteller geben. Ein paar Hechtklößchen hinzufügen und reichlich Kräuter über die Suppe streuen. Sehr heiß servieren. Nach Belieben das Hackfleisch mit Kräutern vermischt dazu reichen.

Tipps: Der Fisch und die Sahne sollten so kalt wie möglich sein (ideal sind 0 °C). Am besten legt man es kurz vor dem Zubereiten ein paar Minuten in das Eisfach oder ins Tiefkühlgerät. Statt Sauerampfer und Kerbel kann man auch Schnittlauch und glatte Petersilie oder Bärlauch verwenden.

Warmer Weißkrautsalat

1 mittelgroßer Weißkohl
Salz und Pfeffer
4 Zwiebeln, in sehr feine Würfel geschnitten
80 g Schmalz oder fein gewürfelter durchwachsener geräucherter Speck
Essig

Den Weißkohl auf dem Gemüsehobel in sehr feine Streifen hobeln. In eine große Schüssel geben. Mit Salz und Pfeffer würzen. Die Zwiebelwürfelchen untermischen. Das Schmalz in einer kleinen Pfanne erhitzen (den Speck auslassen) und mit einem kräftigen Schuss Essig ablöschen. Etwa Wasser zugießen und kurz aufkochen lassen. Das Ganze kochend heiß gründlich unter das Kraut mischen. Sofort servieren.

Birnen mit Speck und Bratwurst

1 frische grobe Bratwurst
2 große Birnen, halbiert und entkernt
8 dünne Scheiben magerer durchwachsener geräucherter Speck oder 4 Scheiben roher Schinken

Zum Garnieren:
Zucker (nach Belieben)

Das Brät aus dem Wurstdarm drücken und in einer Pfanne ohne Fett braten, dabei das Brät nicht zu stark zerkleinern. Mit dem Schaumlöffel herausheben und auf Küchenpapier abtropfen lassen. Die Pfanne mit dem Fett kurz beiseite stellen. Den Backofen auf 200 °C (Gas Stufe 3) vorheizen.

Die Schnittseiten der Birnen in dem nochmals erhitzten Brätfett anbraten. Die Früchte mit dem Bratwurstbrät füllen und mit jeweils zwei Speckscheiben umwickeln. Im vorgeheizten Ofen unter Wenden backen, bis der Speck kross ist.

Zum Servieren die Birnen auf Teller setzen und sofort servieren.

Zanderpastete

2 EL Butter
1 kg Zanderfilet ($^1/_2$ grob zerkleinert, $^1/_2$ in dünne Scheiben geschnitten)
4–5 EL frische Kräuter, z.B. eine Mischung aus Petersilie, Thymian, Majoran und Kerbel, zerkleinert
1 Ei oder 125 ml Crème fraîche
Salz, Pfeffer aus der Mühle

Zum Servieren:
3 EL Butter
Salz und Pfeffer
6 Champignons, in feine Scheiben geschnitten
6 Austern, ausgelöst, geputzt und halbiert
6 kleine Krebsschwänze, ausgelöst
Frische Kräutertriebe

Eine eckige Pastetenform mit zerlassener Butter ausstreichen. Die zerkleinerten Fischfilets mit den Kräutern im Mixer pürieren. Mit Salz und Pfeffer kräftig würzen. Das Ei und ein wenig Butter in Flocken zugeben, bis ein weicher, glatter Teig entstanden ist. Mit Salz und Pfeffer die Filetscheiben würzen und in reichlich heißer Butter auf beiden Seiten kurz anbraten. Auf dem Boden der Form eine 1 cm dicke Schicht der Farce gleichmäßig verteilen. Im Wechsel die Zanderschnitten und die Farce in die Form schichten und mit einer Schicht Farce abschließen. Die Form in die Fettauffangschale des Backofens stellen und so viel heißes Wasser zugießen, dass es bis zur halben Höhe der Form reicht. Die Pastete im Backofen bei 180 °C (Gas Stufe 2) etwa 2 Stunden garen. Herausnehmen, 1 Stunde ruhen lassen, dann für 12 Stunden in den Kühlschrank geben. Vor dem Servieren die Butter in einer Pfanne zerlassen und darin Pilze, Austern und Krebsschwänze unter Rühren weich garen. Mit Salz und Pfeffer würzen. Zum Servieren die Pastete aus der Form stürzen, in Scheiben schneiden und auf Teller setzen. Aus der Mitte der Scheibe mit einem runden Ausstecher eine kleine Scheibe ausschneiden und mit einer Palette herausheben. In das Loch das Ragout füllen und die ausgestochene Scheibe obenauf setzen. Mit frischen Kräutern garnieren.

Spreekarpfen mit Kirschmus

1 kleiner küchenfertiger Karpfen, 1,2–1,5 kg schwer, Kopf entfernt
Zitronensaft
2 Gläser Sauerkirschen, abgegossen und abgetropft
4 altbackene, nicht zu harte Brötchen
250 ml Milch
1 Ei, verquirlt
1 Prise Salz
1 Prise Zucker
Butter oder Schmalz

Den Karpfen der Länge nach in vier Filets zerlegen und die Haut abziehen. Die Filets auf beiden Seiten mit etwas Zitrone und Salz einreiben. Beiseite stellen. Die Sauerkirschen (bis auf einige Früchte) im Mixer pürieren. Beiseite stellen.

Die Brötchen in 1,5 cm große Würfel schneiden und in eine Schüssel geben. Die Milch zum Kochen bringen und über die Brötchenwürfel gießen. Die Würfel sollten die Flüssigkeit aufsaugen, aber nicht darin aufweichen, bei Bedarf überschüssige Milch rasch abgießen. Das Ei unterrühren sowie Salz und Zucker unterrühren. In einer großen Pfanne reichlich Butter erhitzen und darin die Brötchenwürfel goldbraun ausbacken. Herausnehmen und auf Küchenpapier abtropfen lassen.

Etwa 1 Esslöffel Butter in einer Pfanne erhitzen und darin den Fisch braten, bis er durchgegart ist (aufpassen, er darf nicht zu trocken werden).

Zum Servieren die Karpfenfilets in die Mitte von vorgewärmten Tellern legen. Auf die eine Seite das Kirschmus und auf die andere die Brötchenwürfel geben. Mit den restlichen Früchten garnieren.

Gedünstete Rebhühner à la Beaucaire

Die Rebhühner waschen, halbieren und die Keulen sowie die Flügel abtrennen. Gut trocknen und alle Stücke mit etwas Salz und Pfeffer einreiben.

In einer flachen Kasserolle das Schmalz erhitzen und darin den Schinken braten, bis er seine Farbe verändert. Herausnehmen. In dem heißen Fett die Rebhuhnteile scharf anbraten. Ebenfalls herausnehmen. Die Zwiebel- und Schalottenwürfel in das Fett geben und glasig werden lassen. Mit Weißwein ablöschen und kräftig aufkochen lassen. Den Fond zugießen, die Pilze, das Kräutersträußchen, den Schinken sowie die Rebhuhnteile hinzufügen und das Ganze kurz aufkochen lassen. Die Hitze verringern und den Deckel auflegen. Etwa 20 Minuten schmoren lassen, bis das Rebhuhnfleisch weich ist. Bei Bedarf ein wenig Wasser zugießen.

Inzwischen mit Hilfe eines Ausstechers aus den Teigplatten Halbmonde stechen und gemäß Anweisung auf der Packung im Ofen goldgelb backen. Herausnehmen und auf einem Kuchengitter abkühlen lassen.

Die Rebhuhnkeulen und -flügel aus der Kasserolle nehmen und das Fleisch ablösen und grob zerkleinern. Die Geflügellebern mit 2 Teelöffeln Butter in einer Pfanne anschwitzen, dann zusammen mit dem zerkleinerten Rebhuhnfleisch, etwas Salz und Pfeffer im Mixer zu einer glatten Farce verarbeiten.

Zum Servieren die Sauce mit einem nussgroßen Stück Butter aufschlagen. Die Farce auf die Halbmonde streichen und mit den Zungenwürfelchen bestreuen. Die Rebhuhnhälften auf vorgewärmten Tellern anrichten und mit Sauce beträufeln. Jeweils einige der Halbmonde dazulegen. Die restliche Sauce separat dazu reichen.

2 küchenfertige Rebhühner
Salz und Pfeffer
80 g Schmalz
100 g roher Schinken, in breite Streifen geschnitten
1 Zwiebel, fein gewürfelt
1 Schalotte, fein gewürfelt
2 cl Weißwein
250 ml Geflügelfond
1 Kräutersträußchen (Bouquet garni)
100 g Mousserons (Maipilze) oder Steinpilze
150 g Blätterteig (TK-Teigplatten aus dem Kühlregal)
2 Geflügellebern, grob zerkleinert
Butter

Zum Servieren:
200 g Pökelzunge, in feine Würfel geschnitten

Hammelschulter mit Gurken und Wirsingkohl

1 kg gut abgehangene entbeinte Hammelschulter
Salz und Pfeffer
Butter
2 Tomaten, enthäutet, entkernt und fein gewürfelt
2 rohe grobe Bratwürste
1 Salatgurke (unbehandelt!)
Hausgemachte kräftige Fleisch- oder Gemüsebrühe
1 Kopf Wirsing, fein zerkleinert
500 g Kartoffeln
250–300 ml heiße Milch
Muskatnuss (nach Belieben)
2–3 EL Kartoffelstärke

Für die Wirsingröllchen (nach Belieben):
1 altbackenes Brötchen, fein gerieben
1 Ei
Den Backofen auf 200 °C (Gas Stufe 3) vorheizen.

Die Hammelschulter mit etwas Salz und Pfeffer einreiben. Das Fleisch fest zusammenrollen und mit Küchenzwirn verschnüren. Etwa 2 Esslöffel Butter in einer Kasserolle zerlassen und darin das Fleisch scharf anbraten. Die Tomatenwürfel hinzufügen und andünsten. Mit einem Viertelliter Wasser ablöschen und das Fleisch im vorgeheizten Ofen etwa 2 Stunden garen, bis es sehr weich ist, dabei mehrfach wenden und immer wieder mit dem Bratensud übergießen.

Inzwischen das Brät aus dem Wurstdarm drücken und in einer Pfanne ohne Fett braten. Herausnehmen und auf Küchenpapier abtropfen lassen. Die Gurke gründlich waschen und trocknen. An einer Seite der Länge nach aufschneiden, vorsichtig entkernen und mit dem Bratwurstbrät füllen. Die gefüllte Gurke in reichlich Brühe weich garen.

Den Wirsing mit etwas Salz und Pfeffer in Brühe bissfest garen, dabei die Flüssigkeit weitgehend verdampfen lassen. Wenn gewünscht, für die Wirsingröllchen den nicht zu weich gegarten, gut abgetropften oder ausgedrückten Wirsing mit den Brötchenbröseln und dem Ei gründlich mischen. Röllchen formen und in einer Pfanne mit etwas heißer Butter braten.

Die Kartoffeln in Salzwasser garen, etwas ausdampfen lassen, schälen und durch die Kartoffelpresse drücken. Mit der Milch und einigen Butterflocken zu einem glatten Kartoffelbrei verrühren. Mit Salz, Pfeffer und nach Belieben mit frisch geriebener Muskatnuss abschmecken.

Den fertigen Braten aus dem Ofen nehmen. Das Fleisch auf einer Platte etwas ruhen lassen. Für die Sauce den Bratensud entfetten. Zum Verfeinern mit einem Achtelliter Brühe auffüllen und um ein gutes Drittel einkochen. Die Sauce mit Kartoffelmehl binden.

Zum Servieren das Fleisch und die Gurke in Scheiben schneiden und beides im Wechsel auf vorgewärmten Tellern anrichten. Den Kartoffelbrei mit Hilfe einer Spritztüte dekorativ darauf setzen und den Wirsing beziehungsweise die Wirsingröllchen hinzufügen.

Rindfleisch mit Weißkohl

Das Rindfleisch in kleine Würfel schneiden. Den Senf in eine Schüssel geben und darin die Fleischwürfel gründlich wenden. Mit einem Teller abdecken und über Nacht im Kühlschrank ziehen lassen.

Den Weißkohl in feine Streifen schneiden. Diese in eine Schüssel füllen und mit 40 Gramm Salz kräftig durchkneten. Auf ein Sieb geben und 2 bis 3 Stunden abtropfen lassen.

Für das Dressing Essig, Öl, Brühe, Majoran, Paprikapulver und Senf gründlich mischen. Mit Pfeffer und Salz abschmecken. Den abgetropften Weißkohl in eine Schüssel geben und das Dressing untermischen. Den Salat über Nacht bei Zimmertemperatur ziehen lassen.

Zum Servieren die Fleischwürfel in einer großen Pfanne rundum scharf anbraten. Den Weißkohlsalat auf Tellern anrichten und die Fleischwürfel obenauf setzen. Mit Kräutern garnieren.

Tipp: Dieses Rezept kann man auch mit Chinakohl zubereiten. Er muss nicht über Nacht in dem Dressing ziehen. Allerdings sollte man dann einen milden Weinessig verwenden.

400 g Rindfleisch (Hüfte, Rumpsteak oder Filet)
Senf
600 g Weißkohl
Salz
3 EL Branntweinessig
4 EL Olivenöl
60 ml heiße gekörnte Brühe
1/2 TL getrockneter Majoran
1/2 TL Paprikapulver edelsüß
1 TL Senf
Pfeffer aus der Mühle
Zum Garnieren:
Frische fein gehackte Kräuter. z. B. Petersilie, Schnittlauch, Majoran

KAPITEL III

Friedrich II.

Der aufgeklärte Monarch

(1740–1786)

24. Januar 1712 Berlin – 17. August 1786 Potsdam

»Ein großer Herrscher bis zur Mittagsstunde,
Am Nachmittag Schriftsteller ersten Ranges,
Tagsüber Philosoph voll edlen Dranges
Und abends göttlich bei der Tafelrunde.«

Voltaire über Friedrich den Großen

Die harte Jugendzeit

Fritz, wie der Thronfolger Friedrich in der königlichen Familie gerufen wird, ist ein hübsches Kind mit einem pausbäckigen Engelsgesicht und strahlend blauen Augen. Ein poesiebegeisterter Bücherwurm, der virtuos die Flöte spielt. Kleine bleierne Soldaten, die Weihnachten auf seinem Gabentisch stehen – von seinem Vater sorgsam ausgewählt –, ignoriert Fritz. Der Vater findet keinen Gefallen an dem »effiminierten« Sohn und versucht mit brutalen Methoden das Naturell des Sohnes zu ändern. Mit drei Jahren muss der schmächtige Thronfolger das Reiten lernen, mit neun das Exerzieren.

Der Soldatenkönig regelt den Tagesablauf des Sohnes minutiös. Um sieben Uhr früh bleiben Fritz fünfzehn Minuten für Aufstehen, Beten, Waschen und Ankleiden, sieben Minuten müssen zum Frühstücken genügen. Es folgt der vom Vater streng überwachte Unterricht. Aus dem väterlichen Reglement für den zehnjährigen Kronprinzen: »Des Montags um 6 Uhr wird er gewecket, … indes er sich kämmen und einschwänzen läßt, soll er sogleich Tee und Frühstück nehmen.« Deutsch spricht Friedrich sehr schlecht, Französisch perfekt, dank der französischen Amme. Sein Leben lang wird Friedrich ein schlechteres Deutsch als die Kutscher sprechen. Die Prinzenmutter ist machtlos gegen den Züchtigungswillen ihres autoritären Gatten. Nach ihren erfolglosen Interventionen wird ihr kurzerhand verboten, den Sohn ohne Aufsicht zu sehen. Der Thronfolger selbst kann die gewalttätige Erziehung nicht mehr ertragen und bittet den sächsischen Gesandten Ulrich Friedrich von Suhm, eine Reiseerlaubnis beim König zu erwirken – vergeblich. Suhm schildert im Oktober 1728 eine Szene bei der Abendtafel, die eindrucksvoll die angespannte Lage in der Familie widerspiegelt: »Endlich kam die St. Hubertusjagd. Die Etikette schreibt vor, dass der Kronprinz bei der Tafel dem König gegenübersitzt und Wirt macht. Ich saß neben ihm, also der Königin gegenüber. Sämtliche Tischgenossen mußten gleichen Zug mit dem Könige im Trinken halten. Der Kronprinz trank viel, aber nur mit Widerwillen, wie er mir gegenüber aussprach. Er sprach ziemlich laut von all den Gründen, die er habe, mit seinem Schicksale unzufrieden zu sein. Die Königin winkte mir fortwährend zu, ihn zum Schweigen zu bringen.«

Kronprinz Friedrich 1724, in Offiziersuniform. Zum Missvergnügen seines Vaters verachtet Friedrich alles Militärische. Lieber spielt er die Querflöte und kleidet sich in teure französische Stoffe.

Friedrich mit dem Schulterband des Ordens vom Schwarzen Adler. Die höchste preußische Auszeichnung ist mit der Vergabe des Adelstitels an bürgerliche Inhaber verknüpft. Die königlichen Prinzen bekommen den Orden bereits im Kindesalter verliehen.

Zum tragischen Höhepunkt der Auseinandersetzung zwischen Vater und Sohn gerät die Katte-Affäre. Der harten Erziehung seines Vaters überdrüssig, plant der achtzehnjährige Friedrich gemeinsam mit seinem Freund, Leutnant Hans Hermann von Katte, die Flucht zu seinem Onkel nach England, der dort als König Georg II. auf dem Thron sitzt. Das Vorhaben wird verraten, die beiden Gefährten kommen in Haft. Der zutiefst erbitterte Preußenkönig fordert für den Sohn und dessen Helfer das übliche Urteil für Deserteure: die Todesstrafe. Als sich die Richter weigern, das Todesurteil auch für den Kronprinzen auszusprechen, bestimmt der König, dass Katte »vor den Fenstern des Kronprinzen« hingerichtet werden soll. Das väterliche Urteil bleibt diabolisch. Friedrich, der in Küstrin in Haft sitzt, muss am 6. November 1730 der Hinrichtung seines Freundes Katte zusehen. Mit lauter Stimme grüßt er ein letztes Mal den todgeweihten Freund: *»Pardonnez moi, mon chér Katte!«* (Verzeih mir, mein lieber Katte!) Der Verurteilte trägt sein Schicksal mit bewundernswerter Gefasstheit: *»La mort est douce pour un si aimable prince.«* (Der Tod für einen so liebenswürdigen Prinzen ist sanft.) Friedrich wird ohnmächtig, noch bevor Kattes Kopf unter dem Schwert fällt. Die Erwähnung des Jahres 1730 wird in Friedrichs Umgebung für immer ein Tabu bleiben.

Kronprinzessin Elisabeth Christine. Die Prinzessin von Braunschweig-Bevern wird Friedrich von seinem Vater als Braut aufgenötigt. Nur widerwillig stimmt der Kronprinz der Zwangsehe zu: »Ich werde mein Wort halten, ich werde mich verheiraten, aber nachher sehen sie zu, was geschehen wird: Guten Tag, Madame, und guten Weg.«

Mittlerweile begnadigt, steht der preußische Kronprinz unter strenger Aufsicht. Sein Unterhalt darf nicht mehr als 147 Taler monatlich kosten. Durch reumütige Unterwerfungsgesten erwirkt der Thronfolger vom Vater weitere Erleichterungen. Er studiert die Viehwirtschaft, darf jagen, spazieren gehen und zwei Gäste zu Tisch empfangen. 1732 wird Friedrich in die kleine Garnisonsstadt Ruppin versetzt, um das Kommando über ein Infanterieregiment zu übernehmen. Der neue Befehlshaber treibt sich bald lärmend mit den jüngeren Offizieren herum. Zweimal die Woche erreichen ihn Postsendungen aus Hamburg, die Kapaune, Steinbutte und Austern enthalten – eine willkommene Bereicherung der einfachen Alltagskost. Diese Schlemmereien bilden den Höhepunkt der Woche. In Ruppin lebt der Kronprinz nach eigenem Geschmack. Er richtet sich im Amalthea-Garten ein und lasst dort Obst und Gemüse anpflanzen. Als Liebhaber von frischem Obst und Südfrüchten kultiviert er in neu errichteten Treibhäusern seltene Importfrüchte. Von der Qualität der landwirtschaftlichen Erzeugnisse seiner Gärten, die seine Küche mit Spargel, Erdbeeren, Kirschen, Melonen und Blumenkohl beliefern, überzeugt er sich persönlich. Kaum erwarten kann Friedrich die Melonenernte, sein Lieblingsobst und eine Seltenheit in Preußen. Am 22. 6. 1737 meldet Friedrich dem sächsischen Gesandten Suhm: »Ich reise am 25. nach Amalthea, meinem lieben Garten in Ruppin. Ich brenne vor Ungeduld, meinen Weinberg, meine Kirschen und meine Melonen wiederzusehen.« Seinem Vater schickt der erfolgreiche Agrarwirt immer wieder Präsente aus seinen Gärten.

Die aufgezwungene Gattin

Gegen seinen ausdrücklichen Willen wird Friedrich zur Vermählung mit Elisabeth Christine von Braunschweig-Bevern gezwungen. Der Soldatenkönig wählt die Prinzessin aus zwei Gründen: Von schlichtem, dafür aber von umso gottesfürchtigerem Naturell, soll die Prinzessin den libertären Lebenswandel ihres zukünftigen Gemahls in ruhigere Bahnen lenken. Zudem könnte die Hochzeit mit der sechzehnjährigen Nichte Kaiser Karls VI. das preußische Bündnis mit der Habsburgermonarchie festigen. Die Verlobung findet am 10. März 1732 im Berliner Schloss statt. Friedrich äußert sein Missfallen an seiner Zukünftigen in einem Brief an den leitenden Minister

Grumbkow: »Die schlechteste Berliner Hure wäre mir lieber als eine Heilige, der ein halb Dutzend Frömmler an der Schürze hängen. Wenn es nur möglich wäre, ihr etwas Bildung zu geben.«

Friedrichs Lieblingsschwester Wilhelmine, seit 1731 selbst in einer Zweckehe mit dem späteren Markgrafen Friedrich von Bayreuth verbunden, charakterisiert ihre Schwägerin wie folgt: »... all ihre Züge sind niedlich, ohne schön zu sein ... Ihre Haare sind blond und natürlich gelockt. Aber all ihre Schönheiten sind durch schwarze und übelgestaltete Zähne entstellt. Sie hat wenig Anstand, ist im Sprechen sehr unbehülflich ...«

Königin Sophie Dorotheas Urteil über das neue Familienmitglied fällt vernichtend aus: »Die Prinzessin ist schön, aber dumm wie ein Bund Stroh ohne die geringste Erziehung. Ich weiß nicht wie Ihr Bruder sich mit dem Dummbart vertragen wird.«

Alle Einwände helfen nichts. Am 12. Juni 1733 läuten auf Schloss Salzdahlum bei Braunschweig für Friedrich und Elisabeth Christine die Hochzeitsglocken.

Rheinsberg

Dennoch beginnt für das junge Kronprinzenpaar zunächst eine Phase unbeschwerter Freuden.

Zur Vermählung erhält es von Friedrich Wilhelm das kleine Renaissanceschloss Rheinsberg als Zeichen der Versöhnung geschenkt. Die Zeit in Rheinsberg bedeutet für Friedrich den Bruch mit den bedrückenden Erfahrungen von Küstrin. Der Kronprinz lässt die verfallene Wasserburg vom Baumeister Wenzeslaus von Knobelsdorff restaurieren und mit einem zweiten Turm versehen. Die vier Jahre, die er mit seiner Gattin am idyllischen Grienericksee verbringt, wird

Schloss Rheinsberg. Den eingeschossigen Renaissancebau lässt Friedrich nach seinen Vorstellungen umbauen. Hier verlebt der Kronprinz die glücklichsten Jahre seines Lebens.

Friedrich später als die glücklichsten in seinem Leben bezeichnen. Er umgibt sich mit Gleichgesinnten, philosophiert, liest, dichtet und musiziert. Im kleinen Kreis pflegt er einen ungezwungenen Umgang an der Tafelrunde ohne steife Etikette, Damen sind willkommene und gleichberechtigte Gesprächspartner. Den sächsischen Gesandten Suhm unterrichtet Friedrich über seinen Zeitvertreib: »Wir haben unsere Beschäftigungen in zwei Klassen geteilt, deren erste die nützlichen und deren zweite die angenehmen umfasst. Unter die Zahl der nützlichen rechne ich das Studium der Philosophie, der Geschichte und der Sprachen; die angenehmen sind die Musik, die Aufführung von Tragödien und Komödien, die Maskeraden und die Gastmähler, die wir geben.«

Im Rheinsberger Kreis lebt ein jeder, wie es ihm gefällt. Nach der Tafel geht man im Garten spazieren, unternimmt Wasserfahrten oder bestaunt wissenschaftliche Experimente und künstlerische Darbietungen. Auch Elisabeth Christine fühlt sich äußerst wohl. Ihrer Großmutter berichtet sie über den Tagesablauf in Rheinsberg: »Von halb zwei bis drei Uhr ist Mittagstafel, danach trinken wir bis vier Uhr gemeinsam Kaffee; dann setzt er sich bis sieben Uhr wieder an die Arbeit. Hierauf beginnt die Musik; sie dauert bis neun Uhr. Dann schreibt er und kommt zum Spiel; die Abendtafel ist gewöhnlich um halb elf Uhr.«

Schloss Rheinsberg, Parkansicht. Der Grienericksee dient dem Kronprinzen und seiner Hofgesellschaft zu Lustfahrten. Später geht Rheinsberg an Friedrichs Bruder Heinrich über.

Wie sein Vater bevorzugt Friedrich zum Mittagstisch deftige Speisen, die aber von erlesener Qualität sind. Zu seinen kulinarischen Favoriten zählen in seinen jungen Jahren Sardellen-Salat mit Oliven und Kapern, Ochsenzunge mit Braunschweiger Wurst, Lachs, Aal, Fischpasteten, Kanapees mit Sardellen, Rindfleisch, frische Leberwurst mit Bratwürstchen, italienische Polenta, Gurken, Champignons und Parmesankäse. In jüngeren Jahren gibt es an Friedrichs Tafel auch süßes Dessert, wie Zitronentorte, Englische Johannesbeertorte oder auch gebackene Waffeln. Friedrichs Weine werden als Götterweine gerühmt. Auch Champagner fließt reichlich, obgleich Friedrich ein mäßiger Trinker ist.

In Rheinsberg ist Friedrich autonomer Fürst, spielt Flöte, komponiert und schreibt mit dem »Anti-Machiavell« ein Aufsehen erregendes Buch, das einen aufgeklärt-vernunftgeleiteten Herrschertypus einfordert. Mit dem Tod des Soldatenkönigs am 30. Mai 1740 und der Thronbesteigung Friedrichs endet die Rheinsberger Idylle. Preußens Wohl steht über den persönlichen Wünschen des neuen Königs.

Friedrich als Staatenlenker

Kaum ist Friedrich Landesherr, schiebt er Elisabeth Christine auf Schloss Niederschönhausen ab, wo sie bis zu des Gatten Tod getrennt von ihm leben wird. Den Beginn seiner Regentschaft leitet der neue König mit populären Entscheidungen ein. Das kostspielige Regiment der »Langen Kerls« wird aufgelöst, Folter und Zensur werden abgeschafft, Religionsfreiheit verkündet und Getreide an Bedürftige verteilt. Friedrich begreift sich als erster Diener seines Staates, in dem jeder »nach seiner Façon selig« werden soll. Europa ist neugierig auf den Autor des »Anti-Machiavell«, der in seiner Schrift einen friedliebenden, aufgeklärten Absolutismus propagiert. Doch wieder sorgt Friedrich für eine Überraschung: Kaum auf dem Thron, bricht er einen Eroberungskrieg vom Zaun. Als am 20. November 1740 der Habsburgerkaiser Karl VI. ohne männlichen Nachfolger stirbt, tritt seine Tochter Maria Theresia gemäß der Pragmatischen Sanktion die Regentschaft in Österreich an. Doch Bayern und Sachsen reklamieren ältere Rechte auf das Erbe. Den ausbrechenden Streit nutzt Friedrich, um unter fadenscheinigen Gründen Ansprüche auf das reiche Schlesien geltend zu machen und schließlich überfallartig in die Provinz einzufallen. Im Berliner Frieden vom 28. Juli 1742 bekommt Preußen die Beute zugesprochen, deren Besitz, nach einem weiteren Krieg, der am 25. Dezember 1745 geschlossene Frieden zu Dresden vorerst garantiert. Nach den beiden Schlesischen Kriegen beginnt eine elfjährige Friedensphase, die Preußen und Österreich zum Aufrüsten nutzen. Der darauf folgende Siebenjährige Krieg bringt Preußen an den Rand der Katastrophe. Nur knapp – und mit englischer Finanzhilfe – kann Friedrich der feindlichen Übermacht aus Frankreich, Russland, Österreich, Schweden und Sachsen trotzen. Der Friede von Hubertusburg 1763 bedeutet jedoch den endgültigen Aufstieg Preußens, das bis dahin ein Zwittergeschöpf zwischen Kurfürstentum und Königreich war, zur fünften europäischen Großmacht. Seinen Staat lenkt der mit dem Beinamen »der Große« bedachte Monarch mit absolutistischer Strenge, treibt aber zahlreiche Reformen voran. Er bereitet der Modernisierung des Rechtswesens den Weg, die mit der Verabschiedung des Allgemeinen Preußischen Landrechts im Jahr 1794 allerdings erst nach seinem Tod vollendet wird. Gemäß der preußischen Herrschertradition besiedelt er das Land mit Tausenden angeworbenen Kolonisten. Das Werk seines Vaters führt Friedrich fort, indem er Verwaltung und Beamtenwesen weiter ausbaut und umfassende Neuerungen im Heeres-, Rechts- und Erziehungswesen sowie in der Landwirtschaft anstößt.

Ein Ort ohne Sorge: Sanssouci

Im August 1743 beschließt der König – nach einem Frühstück im Freien mit Blick auf das Havelland –, nahe Potsdam ein Refugium für sich zu schaffen, wo er »sans souci« (ohne Sorge) leben will. Das Schloss Sanssouci wird nach Friedrichs Wunsch von Chevalier Bernini, wie er Knobelsdorff liebevoll nennt, auf einem Weinberg errichtet. Für die Anlage des Terrassengartens ordert der König Weinstöcke und Feigenbäume aus Frankreich und importiert Obstbäume aus Algerien. Die besondere Vorliebe des Hohenzollern für Reben und Früchte dokumentiert sich in einer eigenhändigen Skizze der Gewächshäuser. Sanssouci wird in den Folgejahren durch zahlreiche Schlösser und kleinere Gebäude erweitert. Der Maler Adolf Menzel hat das Leben des Königs in Sanssouci in zahlreichen Illustrationen festgehalten.

Kaum fallen die ersten Sonnenstrahlen auf die Terrasse von Sanssouci, sitzt Seine Majestät bereits am Toilettentisch und studiert die eingegangene Post. Noch im Bett hat ihm ein Lakai ein feuchtes Tuch auf das Gesicht gelegt. Jeden Morgen brennt ein Kaminfeuer, winters wie sommers. Zum Aufstehen wird der für Friedrich unverzichtbare Morgenkaffee serviert. Dann wandelt der König

Schloss Sanssouci, Blick auf Brücke, Fontäne und Terrassen. Nachdem Friedrich das Grundstück von dem Potsdamer Militär erwirbt, wird 1743 der Terrassengarten angelegt.

Flöte spielend und Obst essend, das auf den Kaminkonsolen und Spiegeltischen überall in Körben bereitsteht, umher. Um neun Uhr erscheinen die Kabinettsräte zum Vortrag. Von zehn bis zwölf gibt er Audienzen oder geht spazieren. Punkt zwölf Uhr beginnt die Mittagstafel, die drei, manchmal auch bis vier Stunden dauern kann. Friedrich glaubt fest daran, dass ein Mensch bei Tisch nicht älter wird.

Friedrichs Tischgesellschaften sind berühmt. Gewöhnlich lädt er sieben bis zehn Gäste, meist Offiziere und Gelehrte, ein, die der Tischsprache Französisch mächtig sein müssen. Der Monarch ist ein liebenswürdiger Wirt und eloquenter Gastgeber. In der Regel werden acht Schüsseln in zwei Gängen aufgetragen. Ein Bonmot von Friedrich ist erhalten: »Wer sich nicht an acht Gerichten satt ißt, hat auch an achtzig nicht genug.« Zwölf Köche aus Frankreich Italien, Russland, England und Deutschland wirken seit 1740 in der Hofküche, wobei jeder ein Meister für spezielle Gerichte ist. Die Oberleitung hat der Küchenchef Joyard aus Lyon, der Schwiegersohn des Hofmalers Antoine Pesne. Ihm folgt Andreas Noel aus Perigeux im Amt. Vom jährlichen Küchenetat von 12.000 Talern müssen täglich acht Schüsseln für die Königstafel, acht für die Marschalltafel, mittags und abends drei Schüsseln für die zehn bis zwölf Bedienten sowie die kalte Küche für die Hunde des Königs bezahlt werden. Bei besonderen Anlässen kommen bis zu dreißig Schüsseln auf die Tafel, die der König extra bezahlt. Für jede Schüssel berechnet Friedrich 365 Taler im Jahr. In einem Brief an die kranke Witwe eines Rittmeisters, die er wegen ihrer Pension um Aufschub bittet, schreibt er: »Ich werde mir täglich eine Schüssel auf meiner Tafel entziehen, dieses beträgt jährlich 365 Taler.« Diszipliniert und gewissenhaft kontrolliert Friedrich II. die Küchenführung. Morgens bespricht er mit dem Oberküchenmeister den Speiseplan. In einem Brief, der wie immer mit katastrophaler Rechtschreibung »glänzt«, beschwert er sich bei seinem Schatzmeister Fredersdorff über den Lebensmittelschwund in seinen Küchen: »Ich kann recht guht eßen und die Köche könn die Selbige eßen machen, nuhr Müssen Sie nicht die Helfte von denen Ingredientzen Stehlen, sonsten gehen alle Thage 11 Thaler mehr drauf, ich versichere dier das unser Fras nicht kostbar, aber nur Delicat ist.« Unter eine Küchenrechnung von 25 Talern schreibt Friedrich 1784: »Gestohlen, denn ungefähr 100 Austern sind auf dem Tisch gewesen, kosten 4 Taler; die Kuchen 2 Taler; Quappenleber 1 Taler; der Fisch 2 Taler; die Kuchen auf Russisch 2 Taler, macht 11 Taler, das Übrige gestohlen. Da ein Essen mehr heute ist gewesen, Hering und Erbsen kann 1 Taler kosten, also was über 12 Taler, ist impertinent gestohlen. Friedrich.«

Gegenüber:
Schloss Sanssouci, Marmorsaal, der Ort von Friedrichs berühmter Tafelrunde.

Schloss Sanssouci, Audienzzimmer. Friedrich empfängt hier zwischen zehn und zwölf Uhr Besucher.

Geschenke für die Hofküche nimmt Friedrich gern an, quittiert derlei Aufmerksamkeiten aber auch mit Witz. Als der ewig verschuldete und umtriebige Baron Pöllnitz dem König einen prächtigen, mit Nüssen gemästeten Truthahn schenkt, bedankt sich Seine Majestät mit einem großen Ochsen. Lieber noch hätte er einen weißen Elefanten des Schahs von Persien geschickt, lässt er ausrichten, hätte er ihn bloß auftreiben können.

Die Mittagstafel Friedrichs dauert in der Regel von zwölf bis drei Uhr. Im Anschluss musiziert der König erneut eine halbe Stunde auf der Flöte. Hierbei kämen ihm, wie er leutselig gesteht, die besten Gedanken. Bis zum Kaffee arbeitet der Monarch die restlichen Briefe und Petitionen des Tages auf. Die Musikstunde folgt um sechs, zuvor liest er oder empfängt Besuche. Nach dem Konzert geht der König spazieren, um dann die legendäre Tafelrunde zu eröffnen.

Die Tafelrunde von Sanssouci, zu der Friedrich der Große eine gelehrte und lebhafte Tischgesellschaft versammelt, gilt in ganz Europa als eine der geistreichsten, amüsantesten und lebhaftesten Soireen überhaupt. Adolph von Menzel setzte ihr in einem seit 1945 verschollenen Gemälde ein Denkmal: Friedrich der Große im angeregten Gespräch mit Voltaire, Lord George Keith, Ludwig von Stille, Marquis d'Argens, James Keith, Algarotti, Graf von Rothenburg und La Mettrie.

Die Zusammenkünfte dieser Freigeister im Marmorsaal von Sanssouci sind von besonderer Heiterkeit. Selbst der gewohnheitsmäßige Spötter Voltaire erinnert sich ihrer voller Anerkennung. Die Tafel dauert oft bis nach Mitternacht.

Zu den Pflichten des Küchenmeisters zählt auch die Leitung der aufwartenden Bedienten. Nach Aufhebung der königlichen Tafel folgt allabendlich das gleiche Ritual: In einem tressenbesetzten Rock stellt sich der Küchenchef der Kritik der Bewirteten. Dann überreicht er dem König eine Tafel mit der Menüfolge des nächsten Tages. Als 1772 Maître Noel, Sohn eines weltberühmten Pastetenbäckers aus Angoulême, für Friedrich ein neues Gericht mit dem poetischen Namen »Bombe de Sardanapale« kreiert, ist der König dermaßen erfreut, dass er dem Koch spontan ein Gedicht widmet:

Wie schön begeisterten Sie mich!
Auch Sie, auch Sie, Herr Noel, haben sich
Des Namens Ewigkeit erworben;
Gestorben oder nicht gestorben!
Solch einen Held recht meisterlich
Zu singen, ha! Wär' ich,
Der aufgelegteste der Welt!
Sie sind ein großer Held!
Was kochen kann, in allen Küchen
Der alten und der neuen Welt,
Der muß vor Ihnen sich verkriechen;
Sie sind ein großer Küchenheld!

Des alten Roms berühmter erster Prasser,
Lucullus, aß auf seinem Götter-Saal,
Auf welchen Cicero, der Redner, auch einmal
Zu Gaste war, allein auf Brodt und Wasser,
Nichts so vortreffliches als ich!
Heut' übertrafen Sie, Herr Noel, sich!
Womit, womit tractireten Sie mich?
O, dieser Bomben-Ball, auf Sardanapals Weise,
War Wunderkost, war Götterspeise!

Mit seinem König in vertrautem Ton verkehrend, bereitet Noel mit Vorliebe deftige Gerichte und provoziert damit bei Friedrichs Ärzten entsetztes Kopfschüt-

Schloss Sanssouci, Gartenfassade mit oberster Terrasse. Die Hauptfassade des Schlosses ist den Terrassen zugekehrt. Der steinerne Schmuck zeigt Bacchanten und Reben.

teln. Von den vielen Feinden des Königs, so munkelt man, seien seine Mundköche die gefährlichsten.

Berühmtester Tischgast ist der Franzose François Marie Arouet Voltaire. In seinem scharfzüngigen Witz dem König ebenbürtig, verbringt der Philosoph zwei Jahre am preußischen Hof, bevor er sich 1753 im Streit von seinem königlichen Gastgeber trennt. Zur Tafelrunde genießt Voltaire das seltene Privileg eines Spezialmenüs. Der Speiseplan für eine Mittagstafel von 1752 verrät, dass für den Gelehrten Rindfleisch naturell und Kalbsbraten angerichtet wird, während die übrigen Gäste Huhn, Lamm, Hecht und Spargel schmausen. Aber auch dem auf Diät gesetzten Schatzmeister Fredersdorff wird ein Sondergericht gekocht.

Lieblingsgerichte des Königs

Kohl und Schinken finden sich häufig auf Friedrichs Speisezetteln. Je älter der Monarch wird, desto mehr schwärmt er für deftige, scharf gewürzte Gerichte, wie zum Beispiel Aal, Hering, Hechtsuppe, Ente, Selleriesuppe, Sardellen, Rindfleisch, saure Gurken, aber er mag auch Kuchen und Mehlspeisen. Leibgerichte sind Aalpastete, Spargel und italienische Polenta, die aus Mais, Parmesan und

Knoblauch zubereitet wird. Ist kein hoher Besuch zugegen, wird der Tafelrunde schlicht Obst zum Nachtisch gereicht. Der Tischwein ist meist französischer Herkunft, in der Regel sind es Bergerac- oder Bordeaux-Weine, gelegentlich gibt es auch Moselweine. Rheinweine, die Lieblingsweine Friedrich Wilhelms I., verschmäht der Preußenkönig, glaubt er doch in ihm die Ursache für die Gicht des Vaters erkannt zu haben. Rheinwein bezeichnet Friedrich als so sauer, dass er den Hals zusammenziehe: »Si on veut avoir un avantgout de la pendaison on n'a du'a boire du vin de Rhina.« (Wer einen Vorgeschmack auf das Gehenktwerden bekommen will, muss nichts anderes tun als Rheinwein trinken.)

Zur Tafelrunde trinkt Friedrich eine Flasche Wein, den er mit Wasser mischt. Bei besonderen Gelegenheiten schenkt er ungarischen Tokajer aus. In jungen Jahren köpft er manche Champagnerflasche. Auf besorgtes Anraten von Freunden und Ärzten schränkt er den Konsum von Champagner ein, da sich bei ihm nach dem prickelnden Genuss regelmäßig Magenkrämpfe einstellen. Allerdings muss jeden Abend auf dem Nachttisch des Königs je eine Flasche Champagner, Burgunder und Wasser bereitstehen.

»Kartoffeln sollt ihr essen!«, rät Friedrich seinen Untertanen. In der Landwirtschaft setzt sich der König für die gehaltvolle, aus Südamerika stammende

Mittagstafel in Sanssouci, 8. 6. 1752

Suppe à la Suice, mit Porree,
Parmesan und Huhn
Schinken mit Mohrrüben à l'Anglaise
Tourte von Hühnerklein
Granade von Kalbfleisch gefüllt,
mit Ragout von Tauben
Fulm à l'Espagnol, mit grünen Erbsen
Hecht mit Sardellen-Sauce
und Kapern
Rindfleisch mit Meerrettich
Gebratene Hühner
Gebratenes Lamm, mit grüner Sauce
Spargel à la Sauce
Flemisch Baunu garniert,
mit Roti au lard (Braten mit Speck)
Mandeln, Waffeln
Ravioli à l'Espagnol, mit Kerbelbutter
Braunschweigische Wurst
Monsieur de Voltaire
Suppe von Kalbfleisch
Rindfleisch naturell
Kalbsbraten

Kartoffel ein. Der Irrglaube, nicht die Frucht unter der Erde, sondern das giftige Grünzeug sei die Kartoffel, blockiert lange die Verbreitung des exotischen Nahrungsmittels. Mit einer gezielten Kampagne erreicht der König die Popularität der nahrhaften Erdfrucht, die er allerdings nicht ißt – auf seinen Speisezetteln sind Kartoffeln nicht zu finden.

Umso mehr liebt er die Kaffeebohne. Neben dem Kakao gilt der Kaffee als das Modegetränk des Rokoko. Zum Kaffee kleidet man sich gern orientalisch oder lässt sich Räume mit bunt gemusterter Seide zu Sultanszelten oder Ähnlichem ausstaffieren. Gefragte Bedienungen sind mit Turbanen bekleidete Mohren und orientalische Dienerinnen, die ihren Mitmenschen die Zukunft aus dem Kaffeesatz weissagen können. Der Triumphzug des Kaffees ärgert allerdings den im Alter immer geiziger werdenden Preußenkönig über alle Maßen. »Kaffeesachsen!«, wütet Friedrich im Siebenjährigen Krieg verdrießlich über seine Feinde, denn die sächsischen Soldaten erhalten für das Feld Kaffeerationen und einfache Espressokannen. »Das Volk soll Bier trinken, wie es zu dem preußischen Klima passt«, fordert der König. Für privates Kaffeerösten verlangt der König seit 1781 den Nachweis von Brennscheinen, die teuer bezahlt werden müssen. Ein Pfund Kaffee kostet so viel wie ein Pferd. Trotz des Verbots blüht der Schmuggel mit den aromatischen Bohnen. Friedrich der Große setzt nun »Kaffeeschnüffler« ein, die in den Straßen illegal geröstetem Kaffee nachspüren. Aufgrund der Restriktionen wird bald auch falscher Kaffee salonfähig, der »Mocca Faux«, auch Muckefuck genannt. Der preußische König selbst trinkt regelmäßig Kaffee. Ihn lässt er ab und an sogar mit Champagner statt mit Wasser zubereiten. Eingerührter Senf soll für die nötige Würze gesorgt haben.

Schloss Schönhausen – der goldene Käfig der Königin

Königin Elisabeth Christine hat Sanssouci nie betreten. Nur in Rheinsberg ist sie ihrem Mann eine Zeit lang nahe gekommen und hat wohl auch die ehelichen Freuden genossen. Kinder bringt sie jedoch nicht zur Welt, der Thronfolger bleibt aus. Kurz nach seiner Thronbesteigung schenkt ihr Friedrich Schloss Schönhausen, das nun zum Lebensmittelpunkt Elisabeths wird. Von des Königs öffentlichem und privatem Leben bleibt sie ausgeschlossen. Nur in großen Abständen erhält sie Besuch von ihrem Gatten, der dann auch noch die Konversation auf ein Minimum beschränkt. Elisabeth Christine arrangiert sich mit der Situation, gibt Empfänge, veranstaltet Konzerte und empfängt Besucher, darunter auch Voltaire. Dennoch bleibt Schloss Schönhausen ein Ort, an dem das Leben in gleichförmigen, ja, langweiligen Kreisen verläuft. Einmal bemerkt ein französischer Diplomat spitzzüngig, als er eine alte Lampe beim Schloss Schönhausen brennen sah, habe er dort eine große Gala vermutet. Hinter vorgehaltener Hand rät man einander, vor einer Einladung bei Elisabeth Christine unbedingt genug zu essen, da es bei ihr nur Gerichte aus Porzellan, also Schaugerichte, gäbe. Diese Schaugerichte können sowohl Zuckerbackwerke sein als auch Tafeln, die nur mit bemaltem Geschirr gedeckt werden. Teller mit naturgetreuen Darstellungen von Fischen, Wild oder Geflügel sind im 18. Jahrhundert sehr in Mode.

Dass der König seine Gemahlin ganz bewusst finanziell an der kurzen Leine hält, um neben Sanssouci kein zweites kulturelles und politisches Zentrum entstehen zu lassen, ist eine unbewiesene Hypothese. Den Um- und Ausbau von Schönhausen bewilligt er jedenfalls erst nach der Fertigstellung von Schloss Sanssouci. Für Elisabeth Christine beginnt eine bessere Zeit, als der König 1786 stirbt und zur Legende wird. Ist sie zu Lebzeiten des großen Königs die verstoßene Ehefrau, avanciert sie nach seinem Tod zur hoch geachteten Witwe des verstorbenen Monarchen.

Der Alte Fritz

Während des Siebenjährigen Krieges reist der König in einer achtspännigen Kutsche mit Eskorte und nächtigt in Gasthöfen, wo er für sein Gefolge 50 Taler für die Mittagsbewirtung und 100 Taler für die Übernachtung zahlt. Das Abendessen fällt meist aus. Unterwegs sättigt sich der König mit Brezeln, Käse und Tiroler Wein oder einer Tasse Schokolade, die auch mal das Mittagessen ersetzt. Im Dezember 1757 lässt Friedrich seinen Leibkoch Andreas Noel nach Breslau kommen. Im Oktober 1759 schreibt der König an den Marquis d'Argens: »Nehmt Noel zu Euch, vielleicht kann er mir meine Kräfte erhalten.« Gebeugt und gichtgeplagt kehrt der Alte Fritz, wie man den Preußenherrscher nun allgemein nennt, aus dem Siebenjährigen Krieg zurück. Aus dem jugendlich frischen, lebensfreudigen Hohenzollern ist ein alternder, verbitterter Mann geworden. Entgegen seinem Plan, nach dem Krieg die Regierung niederzulegen und ein ruhiges Leben der Muße auf dem Lande zu genießen, führt er die Staatsgeschäfte aus Pflichtgefühl Preußen gegenüber weiter. Das zerrüttete Land muss wieder aufgebaut werden.

Friedrich hat im Krieg viele seiner Freunde verloren, seine Gesundheit ist angegriffen, sein Charakter sarkastisch geworden. Ein ungeselliger Alter, der das Spiel mit seinen Windhunden dem Umgang mit Menschen bevorzugt. Am 28. Mai 1759 schreibt er in einem Brief an d'Argens: »Fast weiß ich nicht mehr, ob es Sanssouci noch in der Welt gibt; der Ort sei wie er wollte, für mich ist der Name nicht mehr passend. Ich rede aufrichtig mit Ihnen: Ich habe meinen frohen Sinn, mein Feuer, meine Lebhaftigkeit verloren.«

Die Versuche, die alte Tafelrunde von Sanssouci wiederzubeleben, scheitern am Sarkasmus des Königs, der keine freundliche Atmosphäre aufkommen lässt. An der Abendtafel nimmt das preußische Oberhaupt nur noch selten teil. Gegen Ende des Siebenjährigen Krieges konzentriert er seinen Appetit auf den üppig gedeckten Mittagstisch. Für seine Gäste richtet er eine Abendtafel ein, die um halb neun beginnt. Manchmal setzt er sich dazu, trinkt ein Glas Wein oder nascht aus der Konfitürenschale.

Aus Friedrichs Vorliebe für scharfe Speisen entwickelt sich im Alter eine Lust auf allerschärfste, schwer verdauliche Speisen. Der kulinarisch raffinierte Koch Noel kreiert Pimentsuppen, die er mit zerstoßener Muskatnuss und Ingwerwurzeln würzt. Das Rindfleisch kocht er in Branntwein, und die Aalpasteten garniert Noel mit scharfen Paprikaschoten. Selbst die Eiscreme wird mit hochprozentigem Rum versetzt. Den anderen Tischgästen brennt der Rachen wie Feuer, wenn sie diese Gerichte probieren. Friedrichs Bruder Heinrich ist erleichtert, als er von Sanssouci nach Rheinsberg zurückkehren kann. Noch einen Tag länger, konstatiert er, an Fritzens Tafel, und er würde eine Leiche sein. Doch auch dem König bereitet die schwere Kost Magenkrankheiten und Koliken. Die Vorhaltungen seines Arztes beantwortet der Schlemmer nonchalant: »Was will er eigentlich, mein Paracelsus!? Der gute Fredersdorf hat stets die Diät befolgt und ist trotzdem gestorben; ich aber lebe immer noch! Also gönn er mir doch das bißchen Gaumenplaisir.«

Ständige Begleiter des »Junggesellenkönigs« sind neben dem Lieblingspferd Condé, das sich im Schloss Sanssouci frei bewegen darf, seine Windhunde. Sie leisten dem Monarchen auf seinen Spaziergängen und auch auf Reisen Gesellschaft. Besonders die Hunde namens Biche und Alkmene haben es Friedrich angetan. Bei den Mahlzeiten speisen die Tiere gelegentlich gemeinsam mit dem König. Die Tischtuchflecken rühren teils von dem warmen Braten, den der König für die Hunde zum Abkühlen ablegt. Die Windspiele schlafen im Raum des Königs und genießen skurrile Privilegien, so ist ihnen ein eigener königlicher

Mittagstafel, 23.10.1780

Soupe aux Salssifie
(Schwarzwurzelsuppe)
Ailles de perdros Glacées au Cardons en petit poix (Rebhuhnflügel in Glace mit Karden)
Petit patéz à la Romaine
(Kleine Pastete auf römische Art)
Alloettes (Tauben)
Clops de Van à l'anglaise

Königliche Mittagstafel, 5.8.1786

Soupe aux choux à la Fouqué avec Perdrix et petit lard (Kohlsuppe à la Fouqué, mit Rebhuhn und Speck)
Bœuf au pannais et carottes
(Paniertes Rind mit Karotten)
Des poulets en camelon aux concombres farcis en blanc a l'Anglaise (Hühnchen mit gefüllter Gurke auf englische Art) –
Änderung des Königs:
Cotelettes dans du papier
Petits patéz à la Romaine
(Kleine Pasteten auf römische Art)
Gebratene junge Caleunen
Saumon à la Dessau (Lachs)
Filés de Volaille à la Pompadour avec langue de bœuf et croquets (Geflügel, mit Rinderzunge und Kroketten)
Portugiesische Kuchen –
Änderung des Königs: Des Gauffres (Waffeln)
Grüne Erbsen, + Frische Heringe,
+ Saure Gurken

Lakai zur Bedienung zugeteilt. Der arme Mann muss die Hunde mit Sie anreden. Geht der Alte Fritz auf Reisen, fahren die Hunde in einer eigenen Kutsche. Die Passanten krümmen sich vor Lachen, wenn er die Hunde zu bändigen versucht: Biche, seien Sie artig! Alkmene, bellen Sie nicht so laut.« Alkmenes Tod betrauert der Preußenherrscher aufrichtig. Ihren Leichnam lässt er in einem kleinen Sarg an den unteren Terrassen von Sanssouci begraben.

Altersmarotten und die letzten Lebensmonate

Warf sich der junge Friedrich noch wie ein Märchenprinz in goldglänzende Galagewänder, wird er im Alter seinem Äußeren gegenüber zunehmend gleichgültig. Die abgetragene blaue Uniform seines Leibbataillons wird zum Markenzeichen, ebenso die rissigen Stiefel, die nur repariert, nicht aber ersetzt werden. Auch überziehen Rückstände des spanischen Schnupftabaks, den der alternde Hohenzoller stets in zwei Dosen mit sich führt, Rock und Hose mit dunklen Flecken. Mehrere tausend Pfund des erlesenen spanischen Schnupftabaks Spaniol müssen immer vorrätig sein. »Es ist schwer, sich dem König zu nähern, ohne zu niesen«, berichtet der englische Gesandte Harris.

Nach Friedrichs Tod wird seine zerschlissene Kleidung für lächerliche 400 Taler verschleudert. Dafür aber schlagen die 130 Tabaksdosen, die der Monarch über die Jahre mit Ehrgeiz zusammengetragen hat, mit über einer Million Taler zu Buche!

Als der König sich immer schwächer fühlt, ruft man den Leibarzt vom kurfürstlichen Hof in Hannover, den berühmten Ritter von Zimmermann. Nach seinem Eintreffen am 24. Juli in Potsdam diagnostiziert er eine schwere Wassersucht. Zur Linderung der Schmerzen verschreibt er eingekochten Löwenzahnsaft, den der nörgelnde Patient nur mit Widerwillen schluckt. Zwar fühlt er sich dann besser, verspürt aber sofort einen Bärenhunger, den Noel mit teuflisch scharfen Gerichten stillen muss. Bis zuletzt lässt sich der König von seinen Ärzten keinen Diätplan aufzwingen. Eines seiner letzten schriftlichen Zeugnisse ist ein eigenhändig geänderter Küchenzettel. Die Speisen, die ihm besonders geschmeckt haben, markiert der König mit einem schlichten Kreuz. Die königliche Mittagstafel vom 5. August 1786 ist eines der letzten Menüs, die durch Friedrichs Hand gehen (siehe linke Seite). Friedrich der Große stirbt am 17. August 1786.

Tabatiere, Moosachat, Leihgabe des Hauses Hohenzollern. Friedrich II. ist ein leidenschaftlicher Sammler kostbarer Tabakdosen. Eine davon rettet ihm das Leben: In der Schlacht bei Kunersdorf, 1759, durchschlägt eine feindliche Musketenkugel seinen Uniformrock, prallt aber an der Tabatiere ab.

Spanisches Omelett mit Sardinen

350 g Kalbsbries
350 g Ölsardinen
1 EL Öl aus der Sardinendose
1 Zwiebel, gerieben
Salz
Butter
8 Eier, mit etwas Pfeffer verquirlt

Zum Servieren:
1 EL Butter
1 TL Zitronensaft
2 EL fein zerkleinerte Petersilie

Das Kalbsbries 2 Stunden wässern, dann blanchieren und alle knorpeligen sowie blutigen Teile entfernen. Bries und Ölsardinen sehr klein schneiden.
In einer Kasserolle das Sardinenöl erhitzen. Die geriebene Zwiebel, Bries und Sardinen hinzufügen. Mit Salz würzen. Das Ganze bei geringer Hitze unter Rühren köcheln lassen, bis das Bries gar ist.

Die Bries-Sardinen-Mischung mit etwas Butter in eine Pfanne geben und gleichmäßig verteilen. Die Eier hinzufügen und das Ganze stocken lassen, bis die Eimasse noch weich, aber durchgegart ist.
Kurz vor dem Servieren für eine Würzsauce in einer kleinen Pfanne die Butter erhitzen und den Zitronensaft sowie die Petersilie einrühren.

Zum Servieren das Omelett auf eine vorgewärmte Servierplatte legen mit der Würzsauce beträufeln.

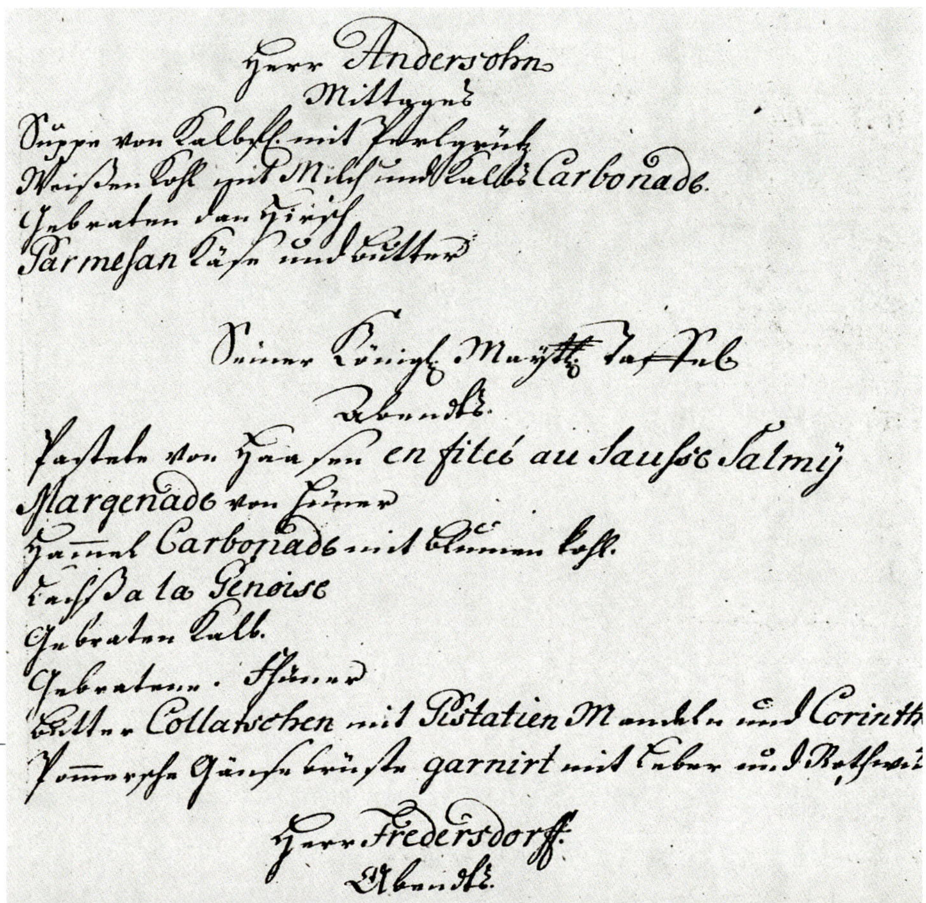
Herr Andersohn
Mittags
Suppe von Kalbfleisch mit [illegible]
Weißen Kohl mit Milch und Kalbs Carbonade.
Gebratene [illegible]
Parmesan Käse und Butter

Seiner Königl. Majestät Tafel
Abends
Pastete von Hasen en filet au sausse Salmy
Margenade von Hühner
Hammel Carbonade mit Blumenkohl.
[illegible] a la Genoise
Gebraten Kalb.
Gebratene [illegible]
Kalbs Collatschen mit Pistatien Mandeln und Corinthen
Pommersche Gänsebrüste garnirt mit [illegible]

Herr Fredersdorff.
Abends.

Küchenzettel von Friedrich II.

Aal auf englische Art mit scharfer Eiersauce

Die Haut der Aale abziehen und die Fische in dicke Scheiben schneiden. Beiseite legen.

In einer Kasserolle 1 Esslöffel Butter zerlassen und darin die Zwiebelringe anschwitzen. Gemüsebrühe, einen Schuss Essig, Lorbeerblatt sowie eine kräftige Prise Salz und Pfeffer hinzufügen und das Ganze zum Kochen bringen. Die Aalstücke zugeben und 8 bis 10 Minuten garen. Herausheben und nebeneinander liegend auf einem Gitter abtropfen und erkalten lassen.

Die Eigelbe mit 150 Gramm Butter verquirlen, bis sie sich gut miteinander verbunden haben. Die kalten Aalstücke sorgfältig abtrocknen und in der Eier-Butter-Mischung wenden, bis sie rundum damit bedeckt sind. Dann in den Semmelbröseln wenden, bis sie von einer gleichmäßigen, dicken Bröselschicht umgeben sind.

In einer großen Pfanne 1 Esslöffel Butter erhitzen und darin die Fischstücke goldbraun braten.

Zum Servieren den Aal auf einer Servierplatte anrichten und mit Petersilie garnieren. Die Remouladensauce separat dazu reichen.

2 küchenfertige Aale
Butter
2 Zwiebeln, in feine Ringe geschnitten
400 ml Gemüsebrühe
Essig
1 Lorbeerblatt
Salz
Grob gemahlener Pfeffer
8 Eigelbe
200 g Semmelbrösel

Zum Servieren:
Remouladensauce
3–4 Stängel Petersilie

Überbackener Steinbutt

5 küchenfertige Steinbutte
Salz
125 ml Crème fraîche
2–3 gehäufte EL frische Kräuter, z.B. eine Mischung aus Petersilie, Majoran und Kerbel
Pfeffer aus der Mühle
Butter
1/4 l Weißwein
1 Eigelb
150 g Semmelbrösel
200 ml heißer Fischfond
1 Prise Muskatnuss

Zum Servieren:
4 große Mangoblätter, blanchiert
300 g Muscheln, in Weißwein gegart
4 kleine Krebse oder Krebsschwänze, in Butter gar geschwenkt

Die Fische waschen, gut trocknen und innen wie außen leicht salzen. Vom fünften Steinbutt das Fleisch ablösen und alle Gräten daraus entfernen. Dieses Fleisch mit Crème fraîche und den Kräutern im Mixer zu einer glatten Farce pürieren. Mit Salz und Pfeffer würzen. Die vier Steinbutte mit der Farce füllen.

Den Backofen auf 180 °C (Gas Stufe 2) vorheizen.

In einer großen Pfanne 2 Esslöffel Butter erhitzen und darin die Fische auf beiden Seiten anbraten. Den Weißwein zugießen und die Fische etwa 10 bis 12 Minuten garen; dabei einmal vorsichtig wenden. Die Fische herausheben und nebeneinander in einen flachen Bräter oder in die Fettauffangschale des Backofens legen. Mit Eigelb bestreichen und eine dicke Schicht Semmelbrösel darauf geben. Die Brösel mit etwas zerlassener Butter tränken. Im vorgeheizten Ofen überbacken, bis die Semmelbrösel goldbraun sind.

Den Bratansatz in der Pfanne mit heißem Fischfond ablösen. Den Sud aufkochen lassen und durch ein feines Sieb passieren. Die Sauce etwa auf die Hälfte einkochen lassen. Mit Muskatnuss, Salz und Pfeffer abschmecken. Vom Herd nehmen und mit Butterflöckchen sämig aufschlagen.

Zum Servieren die Fische auf vorgewärmten, mit Mangoldblättern ausgelegten Tellern anrichten. Mit Muscheln und Krebsschwänzen oder kleinen Krebsen garnieren. Die Sauce separat dazu reichen.

Perlhühner mit Trüffeln

3 Perlhühner
Salz
200 g Speck, in feine Scheiben geschnitten
2 Geflügellebern, grob zerkleinert und angebraten
1 Eiweiß
125 ml Crème fraîche
2 mittelgroße Trüffeln
Pfeffer
Butter
2 EL Petersilie, fein zerkleinert

Zum Servieren:
Spanische rote Sauce (z. B. scharfe Pastasauce aus dem Glas)

Den Backofen auf 180 °C (Gas Stufe 2) vorheizen.

Flügel und Keulen mit Küchenzwirn an den Körper der Perlhühner binden. Nach Belieben salzen. Das Geflügel fest mit den Speckscheiben umwickeln und im vorgeheizten Backofen 1 bis 1,5 Stunden braten, bis das Fleisch durchgegart, aber noch sehr saftig ist. Herausnehmen, den Speck entfernen. Die Keulen und Flügel abtrennen und das Fleisch ablösen. Die Perlhuhnkörper warm halten.

Das ausgelöste Fleisch mit den Geflügellebern, der Crème fraîche, dem Eiweiß und einer halben Trüffel im Mixer zu einer glatten Farce pürieren. Mit Salz und Pfeffer abschmecken. Die Hälfte der Farce zu vier Fladen, die andere Hälfte zu Klößchen formen. Fladen und Klößchen in reichlich Butter kross braten.

Kurz vor dem Servieren 2 Esslöffel Butter mit der Petersilie in einer kleinen Pfanne erhitzen und darin die restlichen grob zerkleinerten Trüffeln schwenken, bis sie erwärmt sind.

Zum Servieren die Perlhühner in portionsgerechte Stücke tranchieren. Die Farcefladen auf vorgewärmte Teller geben und darauf die Perlhuhnstücke anrichten. Mit der roten Sauce und den Trüffeln garnieren. Nach Belieben die Farceklößchen hinzufügen und mit der Butter-Petersilien-Sauce beträufeln (oder beides separat reichen).

Hammelrücken mit Sardellen und Morcheln

1 kg Rückenstück vom Hammel
Salz
100 g Speck, in feine Streifen geschnitten
100 g Sardellen, entgrätet, gewässert und filetiert
4 Pfeffergurken, der Länge nach geviertelt
4 Scheiben roher Schinken (oder mehr, je nach Größe der Kasserolle)
2 Zwiebeln, in feine Ringe geschnitten
100 g Morcheln, zerkleinert
2 Lorbeerblätter
1/4 l kräftige Fleisch- oder Gemüsebrühe
Stärkemehl (nach Belieben)
Pfeffer

Das Hammelrückenstück gleichmäßig mit dem Speck, den Sardellen und Gurken spicken. Mit ein wenig Salz einreiben.

Den Boden einer Kasserolle mit Schinkenscheiben auslegen. Zwiebeln, Morcheln und Lorbeerblätter gleichmäßig darauf verteilen und das Hammelrückenstück obenauf setzen. Die Brühe zugießen und zum Kochen bringen. Die Hitze verringern und das Ganze 2 bis 2,5 Stunden garen, bis das Fleisch butterweich ist (die Garzeit kann je nach Alter des Tieres, von dem das Fleisch stammt, sehr unterschiedlich sein). Das Fleisch immer wieder mit dem Bratsud übergießen. Bei Bedarf kochendes Wasser in sehr kleinen Portionen hinzufügen.

Das Hammelrückenstück herausnehmen und vor dem Portionieren 10 Minuten ruhen lassen.

Inzwischen den Bratsud entfetten und durch ein Sieb passieren. Mit Salz und Pfeffer abschmecken. Nach Belieben die Sauce mit in etwas Wasser verrührtem Stärkemehl binden.

Zum Servieren das Hammelrückenstück portionieren und auf vorgewärmten Tellern anrichten. Mit etwas Sauce beträufeln.

Cognacmelone

1 mittelgroße vollreife Wassermelone
1/2 Flasche Sherry (am besten eine sehr süße Sorte)
6 cl Cognac
Zucker

Aus der Melone eine so große Spalte herausschneiden, dass man mit einem Löffel oder Kugelausstecher eine etwa faustgroße Höhlung aus dem Fruchtfleisch heben kann. Mit einer dicken Stricknadel vorsichtig ein paar Löcher in das Fruchtfleisch stechen. Sherry in die Höhlung gießen und die Melone in einer großen Schüssel in Eiswürfel oder zerkleinertes Eis einbetten. Stehen lassen, bis der Sherry eingesickert ist, dann die Höhlung erneut auffüllen, bis der Sherry verbraucht ist.

Eine Stunde vor dem Servieren die noch vorhandene Flüssigkeit abgießen (den Saft auffangen) und den Cognac in die Höhlung gießen.

Zum Servieren alle Flüssigkeit aus der Melone entfernen und die Höhlung mit Zucker füllen. Die Melone in einem Eisbett servieren.

Tipp: Man kann die Melone auch halbieren und eine kinderfaustgroße Höhlung ausheben, um das Fruchtfleisch mit Sherry und Cognac zu tränken. Den aufgefangenen (hochprozentig mit Sherry angereicherten) Fruchtsaft kann man gut für die Zubereitung einer Weinmousse verwenden.

Feigenkompott von frischen Feigen

25 frische feste Feigen
250 g Hutzucker

Zum Garnieren:
Frische Feigen, halbiert

Die Feigen in einen Topf mit siedendem Wasser geben und das Ganze aufkochen lassen. Die Früchte herausnehmen und für 10 Minuten in kaltes Wasser legen, dann auf einem Sieb abtropfen lassen.

Zum Klären den Zucker mit einem Viertelliter kaltem Wasser in einen Topf geben. Zum Kochen bringen und rühren, bis sich die Zuckerkristalle vollkommen aufgelöst haben; dabei den sich bildenden Schaum sorgfältig abschöpfen. Die Feigen hinzufügen und langsam köcheln lassen, bis sie weich sind.

Die Früchte mit dem Schaumlöffel herausheben und in eine Schüssel geben. Die Zuckerlösung einkochen lassen, bis sie eine dickliche Konsistenz hat. Heiß über die Feigen gießen und das Ganze über Nacht bei Zimmertemperatur ziehen lassen.

Zum Servieren das Kompott auf Tellern oder in Portionsschälchen anrichten und mit frischen Feigen garnieren.

KAPITEL IV

Friedrich Wilhelm II.

Der dicke Lüderjahn

(1786–1797)
25. September 1744 Berlin – 16. November 1797 Potsdam

»Zur Zeit Friedrich Wilhelms II. herrschte
die größte Liederlichkeit, alles besoff sich in Champagner,
fraß die größten Leckereien, frönte allen Lüsten. …
Die Leute, die das wüste Leben mitgemacht haben,
sind alle früh gestorben, zum Teil elendiglich,
der König an der Spitze.«

Johann Gottfried Schadow

Der ungeliebte Neffe

Friedrich II. hinterlässt seinem Neffen und Erben Friedrich Wilhelm II. einen wohlgeordneten Staat mit vollen Kassen. Preußen hat sich durch die Kriege zu einer militärischen Großmacht entwickelt. Trotzdem haben den großen König düstere Vorahnungen für Preußen geplagt: »Mein Neffe wird den Staatsschatz verschwenden, die Armee ausarten lassen. Die Weiber werden regieren, und der Staat wird zugrunde gehen.«

Der neue König Friedrich Wilhelm II. ist eine kraftstrotzende und stattliche Erscheinung. Die frechen Berliner nennen den groß gewachsenen und muskulösen Preußenkönig »den dicken Willem«, »den dicken Lüderjahn« oder auch »den Vielgeliebten«, eine Anspielung auf die vielen Liebschaften im Leben des sinnlichen Hohenzollern.

Friedrich Wilhelm II. wird als ältester Sohn Prinz August Wilhelms von Preußen, geboren, seines Zeichens jüngerer Bruder und designierter Kronerbe Friedrichs des Großen. Nach dem frühen Tod des Vaters 1758 geht die Thronfolge auf Friedrich Wilhelm über. Der erst fünfjährige Prinz von Preußen wird von seinen Eltern getrennt und im Berliner Stadtschloss auf seine künftige Rolle als König vorbereitet.

Friedrich Wilhelm ist ein gesundes Kind mit robuster Statur. Sein Schweizer Erzieher Beguelin beschreibt den Prinzen als freundlich und gutherzig, aber auch als aufbrausend, unbeherrscht und jähzornig. Besonders die Dienstboten müssen Friedrich Wilhelms Unarten ertragen. Seine musikalische Begabung fällt allen auf; virtuos beherrscht er Bratsche und Cello.

König Friedrich befiehlt den Thronfolger regelmäßig zu sich. Die gemeinsamen Mahlzeiten verlaufen trostlos, denn es herrscht eine eisige Stille. Die scharfen Speisen an Friedrichs Tafel, wie Pfeffersuppe, Aalpastete oder mit Gurken gefülltes Huhn, bereiten dem Gaumen des Kronprinzen sicher kein Vergnügen. Der ungesellige Onkel schüchtert den Knaben ein. Einmal präsentiert Friedrich dem Neffen verschiedene Geschenke, darunter kostbare Kleinode, Tabakdosen und einen Degen. Der Thronfolger ergreift Letzteren, sehr zur Freude des alten Hohenzollern. Es wird einer der wenigen Lichtblicke in ihrem Verhältnis bleiben.

Je älter König und Kronprinz werden, desto deutlicher kommt ihre Verschiedenartigkeit zutage. Als während des Siebenjährigen Krieges Friedrich Wilhelm im Leipziger Feldlager weilt, kommt es zum Eklat. Der Sechzehnjährige treibt sich mit Offizieren in zweifelhaften Etablissements herum und beteiligt sich an wüsten Orgien. Der König kritisiert das zügellose Gehabe seines designierten Nachfolgers, das jede Disziplin und Interesse an Politik ernstlich vermissen lässt.

»Der Prinz von Preußen bringt in jeder Woche 4–5 Nächte in Berlin zu, und seine französischen und deutschen Mätressen beschäftigen ihn so sehr, daß er an nichts weiter denkt. Die niedrigsten Auftritte fallen zwischen diesen Heldinnen vor ... Der Prinz ist stets um Geld verlegen, von seinem Oheim verfolgt, der Unterhaltung mit anständigen und gebildeten Leuten gänzlich beraubt und von einer Rotte sittenloser Offiziere umgeben ... Hieraus ergibt sich, daß in dem Prinzen die großen Anlagen nicht sind, welche dem Erben eines Reiches, wie das preußische beschaffen ist, notwendig wären.« Dies schreibt der englische Gesandte James Harris über Friedrich Wilhelm im Jahr 1776.

In seiner Veranlagung zum sinnlichen Genussmenschen kommt der junge Prinz nach dem eigenen Vater. August Wilhelms nächtliche Schlittenfahrten, prächtige Maskeraden und Aufsehen erregende Feuerwerke waren Thema des allgemeinen Tratsches, seine glänzende, ganz und gar »unpreußische« Hofhaltung wurde als »zweites Versailles« gleichermaßen bemäkelt und bewundert. Dazu war August Wilhelm ein leidenschaftlicher Koch, der seine Gäste mit selbst kreierten Speisen überraschte.

Nur im Schuldenmachen übertrifft Friedrich Wilhelm seinen Vater noch. Dem zukünftigen Monarchen gewährt man bereitwillig üppige Kredite, sodass sich Friedrich Wilhelms Verpflichtungen bald auf 300.000 Taler belaufen. Der alte König, durch Spitzel informiert, beklagt sich bei seiner Schwester Ulrike: »Er macht mir hundertfach Kummer und verbreitet Bitterkeit über meine alten Tage.«

Friedrich der Große nimmt den Prinzen an die Kandare. Er streicht seine Apanage auf ein Minimum, das sogar noch den schmalen Etat unterschreitet, den ihm einst der sparsame Vater (der gestrenge Soldatenkönig) gewährt hat. Der Preußenkönig kontrolliert seinen Neffen, wo er kann. Will Friedrich Wilhelm Potsdam verlassen, und sei es nur, um nach Berlin zu reisen, muss er von Friedrich eine Erlaubnis einholen. Der Kronprinz hat sein Domizil in einem schlichten Potsdamer Bürgerhaus. Die knappe Wohnfläche reicht für seinen Haushalt nicht aus, sodass seine Bediensteten eine nahe gelegene Bäckerei beziehen müssen. Die »Verlegenheiten« Friedrich Wilhelms sind stadtbekannt: »Der Prinz ist schlecht logieret.« Auch das Küchengeld ist gering bemessen – der Thronfolger lässt Speisen und Weine anschreiben.

Der dicke Lüderjahn wird König

Der Tod Friedrichs II. im August 1786 bedeutet für den inzwischen zweiundvierzig Jahre alten Kronprinzen finanzielle Unabhängigkeit und das Ende der Drangsalierungen. Den ungeliebten Onkel lässt er, entgegen dessen Willen, nicht neben seinen Hunden auf der Terrasse von Schloss Sanssouci bestatten, sondern in der Potsdamer Garnisonskirche. Der neue König wird emphatisch umjubelt, strahlt er doch Güte und Wohlwollen aus. Im Umgang mit den Untertanen rückt ein freundliches »Sie« an die Stelle des distanzierten »Er«, dessen sich Friedrich der Große bediente. »Nova Spes Regni« (Des Königreichs neue Hoffnung) begrüßt die Inschrift auf den frisch geschlagenen Preußentalern den Anbruch der neuen, fröhlichen Ära. Tatsächlich trifft der »Vielgeliebte« eine Reihe von populären Maßnahmen. Die im Volk verhasste zentrale Steuerbehörde, die Regie, wird abgeschafft, die Aufhebung des staatlichen Kaffee- und Tabakmonopols senkt die Preise dieser beliebten Genussgüter. Der Landesherr spricht Deutsch mit Berliner Jargon und nicht das bei Hofe übliche Französisch, er setzt sich sogar energisch für deutschsprachige Literatur ein.

Das französische Komödienhaus wird geschlossen und als deutsches Nationaltheater wiedereröffnet. Lessing und der aufsässige Schiller dürfen jetzt an preußischen Bühnen gespielt werden. Der König empfängt Beethoven und Mozart, Letzterer dirigiert 1789 seine skandalträchtige Oper »Die Entführung aus dem Serail« in Berlin. 1791 wird das von der Schadowschen Quadriga gekrönte Brandenburger Tor fertig gestellt, im gleichen Jahr öffnet die neue Singakademie ihre Pforten. Berlin mausert sich zum viel gepriesenen Spree-Arkadien, seine Einwohner staunen mit offenen Mündern. Die Schwächen Friedrich Wilhelms bleiben dem Volk zunächst verborgen. Die Politik überlässt er seinen Ministern, er selbst geht lieber kostspieligen Vergnügungen nach.

In Sanssouci möchte der Monarch nicht leben – zu sehr erinnert ihn das Gebäude an seinen strengen Vorgänger. Am Ufer des Heiligen Sees schafft er sich ein neues Domizil. Es ist ein würfelförmiger Bau in grünlichweißem Marmor, errichtet von Carl von Gontard. Das Marmorpalais avanciert zur Lieblingsresidenz des Vielgeliebten. Der Küchenbau gleicht einem versunkenen antiken Tempel. Mit dem Marmorpalais ist er durch einen unterirdischen Gang verbunden, weil Seine Majestät durch keinerlei Gerüche belästigt werden möchte.

Der Schuldenmacher-König mag es bequem: Mehr als achtzig Kammerdiener, Leibpagen, Hoflakaien, Leib- und Hofjäger sorgen für sein leibliches Wohl.

Gegenüber:
In dem antiken Tempelbau ist die Küche untergebracht, die mit dem Marmorpalais durch einen unterirdischen Gang verbunden ist.

Auf eine angemessene monarchische Repräsentation legt Friedrich Wilhelm ebenso viel Wert wie einst Friedrich I. Gleich zu Anfang seiner Regentschaft erhöht er den Hofetat und gibt der Stelle des Oberhofmarschallsamt wieder ein festes Gefüge. Oberhofmarschall ist zunächst Herr von der Marwitz, gefolgt von Herrn von Zeuner, der das Küchenwesen 1793 reformiert. Die steigenden Lebensmittelpreise sprengen den Etat von täglich 82 Talern für den Unterhalt der königlichen Tafel, der Marschalltafel und die Verpflegung der Kammerdiener, Lakaien und Pagen. Die Summe steigt auf 130 Taler, wobei für die königliche Tafel 24 Taler veranschlagt werden und für die Marschalltafel 22 Taler. Dem königlichen Haushalt droht der finanzielle Kollaps. Vor allem der Preis für französischen Wein ist seit den 1790er Jahren erheblich gestiegen. Der Weinverbrauch allein an der Marschalltafel liegt bei über sechzehn Flaschen täglich. Zudem liefert die Hofkellerei den Kommunionwein für den Berliner Dom.

Die Konsumptionskellerei verzeichnet gleichzeitig Preissteigerungen für Essig, Zitronen, Zucker, Pfeffer, Öl, Brot und Bier. Bisher waren die Küchenmeister selbst für die Lieferungen verantwortlich und können frei bestimmen, was bestellt wird. Das soll sich mit der Reform ändern. Hofmarschall Zeuner verdächtigt die Köche der Unterschlagung und fordert Strafgewalt über alle Diener sowie die Einführung eines Kostgeldes. Die Kammerdiener »wirtschaften mit dem Wein ganz schrecklich«. Noch ärger treiben es die »kostbaren Köche, zumal einige französische Mundköche, denen sich denn freilich auch ein deutscher beigesellt; sie setzen Summen von solcher Höhe an, daß es unmöglich erscheint, sie könnten die dafür angeschafften Vorräte gebrauchen.« Der Hofmarschall reklamiert besonders die Regelung, nach der die Köche mit Genehmigung des Königs angeblich das »an Provisions nehmen könnten, was sie wollten«. Die Querelen zwischen Hofmarschall und Küchenpersonal gehen weiter, denn Friedrich Wilhelm gibt den Bitten des Hofmarschalls, den Etat zu erhöhen, nicht nach.

Die Speisen auf der Tafel des dicken Lüderjahn sind so erlesen wie kostbar. Das gilt insbesondere, wenn sich Gäste zur Tafel einfinden. Die Marquise de Nadaillac berichtet von einem Diner beim König im Marmorpalais: »Um drei Uhr ging es entweder zu Fuß oder per Wagen zur Tafel … Das Diner war sowohl was die Speisen wie die Weine betrifft stets von auserlesener Beschaffenheit. Ich habe dabei einmal Sterlet (Stör) aus dem Schwarzen Meere gegessen, von dem jeder Bissen, wie man sagt, einen Louisdor kostet.«

Marmorpalais.
Idyllischer Ausblick vom gegenüberliegenden Ufer des Heiligen Sees.

Auf den Küchenzetteln des wohlbeleibten Königs stehen teure Edelfische und Hummer, seltene Vögelchen, exquisite Salate, seltene Gemüse und Früchte. Zu seinen Lieblingsspeisen zählen Hummer, Entenbrust, gebratene Schnepfen, Spargel mit Sauce, flämisches Gemüse und diverse süße Desserts. An Obst mag er am liebsten Ananas und harte Kirschen. Von Kindesbeinen an schwört Friedrich Wilhelm auf Schweizerkäse. Auch konsumiert er reichlich Champagner sowie Burgunder und schwere spanische Weine.

Auch auf einen möglichen Feldzug soll die Hofküche vorbereitet sein. Für solch einen Fall nimmt bereits 1789 Hofmarschall von der Marwitz Berechnungen vor. Er veranschlagt drei große Tafeln: eine für den König mit 30 Couverts (Gedecken), eine mit 40 Couverts für die Generaladjutanten und eine mit 30 Couverts für die Ordonnanzoffiziere. Für den Hofstaat, inklusive Pagen, Kammerdiener und Medicus, sieht er die Verteilung auf zehn kleinere Tische vor. Allein die Kochvorrichtungen sollen laut Plan 6 von 24 Wagen benötigen. Von 24 Zelten wären drei für die Tafel und drei für die Feldküche bestimmt. Das begleitende Küchenpersonal wird mit 41 Personen angegeben, dazu 32 Bedienungen, Lakaien und Jäger. 50 Maultiere werden eingeplant, 14 für die Hofküche, 14 für die Kellerei und 22 für die Silberkammer. Ein eigener Reitknecht würde das Frühstück und den persönlichen Bedarf des Königs an Wasser und Wein transportieren.

Mittagsmenü in Sanssouci, 9. Mai 1787

Frühlingssuppe
Linsen mit Fasan, magerem Speck und Karbonaden
Kalbsnierenstück à la crème und Koteletts
Lachs à la Dessau
Gebratener Hammel mit Gurkensauce
Tourte mit Himbeerkonfekt

6 Assieten
Kompott von Äpfeln
Risotto à la Bavaroise
Geschnittene Göttinger Wurst
Geschnittene Ochsenzunge
Hummer naturel
Sardellen-Salat
Kräuter und Salat
Frische Butter und Käse

Die preußische Madame Pompadour

Oft speist Friedrich Wilhelm bei seiner Tante Elisabeth Christine, der Witwe Friedrichs des Großen, in Schönhausen. Mit seiner Gemahlin Friederike Luise teilt der König selten den Tisch und noch seltener das Bett. Friederike führt mit dem Vielgeliebten eine unglückliche Ehe. Unzählige Affären, vor allem aber das Dauerverhältnis mit der Bürgerlichen Wilhelmine Encke, demütigen die Königin zutiefst. Wilhelmine, die bildhübsche Tochter eines Waldhornisten der königlichen Hofkapelle, avanciert zur wichtigsten Frau im Leben Friedrich Wilhelms II. Noch als Kronprinz hat er 1764 das brünette zwölfjährige Mädchen kennen gelernt, dem er eine umfassende Erziehung angedeihen lässt. Friedrich Wilhelm engagiert hochkarätige Lehrer, liest mit ihr die alten und neuen Dichter, lehrt sie Geografie und Geschichte. Wilhelmine wird sogar für ein Jahr nach Paris geschickt, um dort höfische Manieren zu lernen. 1774 bekommt die Geliebte das erste von fünf gemeinsamen Kindern, erhält eine großzügige Apanage und wird

Wilhelmine Encke, Gemälde von Anna Dorothea Therbusch. Die bürgerliche Trompeterstochter gilt als die »preußische Pompadour«. Die große Liebe Friedrich Wilhelms II. bleibt dem Monarchen auch nach der offiziellen Trennung freundschaftlich verbunden.

später 1794 oder 1796 zur Gräfin Lichtenau erhoben (über den Zeitpunkt gibt es verschiedene Angaben).

1808, zehn Jahre nach dem Tod Friedrich Wilhelms, behauptet Wilhelmine in einer selbst edierten Apologie: »Es ist keine Prahlerei, wenn ich sage, daß unter den tausend Geliebten, welche die Geschichte aufweist, vielleicht nicht eine ist, die sich mit mir vergleichen läßt. Sie können mich an Reizen des Körpers, Vorzügen des Geistes bei Weitem übertroffen haben: aber ihr Geist war nicht durch den Geliebten selbst gebildet. … Bei einem fürstlichen Ehrenworte beteuerte er mir, wenn ich früher als er sterben sollte, mir als derselbe fürstliche Freund, wie bisher, die Augen zuzudrücken. Mit einem Federmesser, das er eben, um meine Feder zu korrigieren, in der Hand hielt, machte er sich einen Ritz in den Ballen der linken Hand, drückte das Blut aus und schrieb mir die Versicherung auf einen kleinen Zettel von ungefähr drei Zeilen.»

Friedrich Wilhelms bürgerliche Liebschaft ist nicht hoffähig. So verbringt er die gemeinsame Zeit mit Wilhelmine im zurückgezogenen Kreis ausgesuchter Freunde. Die feine Gesellschaft Berlins und Potsdams ist schockiert, vermutet wilde Orgien im Haus der erotischen Geliebten: »Der wilde Taumel, der aus der Trunkenheit erwächst, erregt nicht nur die Freude des Prinzen, sondern vor allem ist er das Element der schönen, üppigen Bacchantin, die in heißer Leidenschaft glüht und jugendliche Genossinnen zu tosendem Jubel anfeuert.« Eine legitime Ehe mit Wilhelmine ist für den künftigen preußischen König ausgeschlossen, dennoch bleibt sie bis an sein Lebensende Favoritin und Vertraute. Der gemeinsame älteste Sohn, Alexander von der Mark, wird das Lieblingskind Friedrich Wilhelms. Mirabeau berichtet, dass Alexander der Einzige sei, der den König aus seinen lethargischen Verstimmungen befreien könne. Mit neun Jahren stirbt der Junge, die Ursache ist bis heute ungeklärt. Nach seinem frühen, rätselhaften Tod lässt ihm der König von Schadow ein beeindruckendes Marmordenkmal schaffen, das in der Dorotheenstädtischen Kirche errichtet wird. Heute ist die Skulptur in der Berliner Alten Nationalgalerie zu sehen.

Die verbannte Prinzessin und die Schattenkönigin

Elisabeth Christine Ulrike von Braunschweig-Bevern wird bereits 1765 mit dem preußischen Thronfolger Friedrich Wilhelm vermählt. Auf sie fällt die Wahl des Oheims, weil er hofft, die lebenslustige Schönheit werde das liederliche Liebesleben des genusssüchtigen Kronprinzen beenden. Vergeblich, denn Friedrich II. beschwert sich in einem Brief, dass der Gatte täglich Untreue an seiner Gemahlin, die in der Blüte ihrer Schönheit steht, übe. Die betrogene Ehefrau rächt sich, indem sich in Liebesverhältnisse mit Hofmusikern und Offizieren stürzt. Aufgrund dieser »unwürdigen« Liaisons drängt der Thronfolger 1769 seinen Onkel zu einer schuldhaften Ehescheidung. Elisabeth wird zuerst nach Küstrin gebracht und später in das Stettiner Schloss verbannt, die gemeinsame Tochter Friederike wird ihr entzogen. Die Verbannte überlebt, den dicken Lüderjahn und stirbt im hohen Alter von 94 Jahren im Exil.

Nach der gescheiterten Ehe ist Friedrich der Große erneut auf der Suche nach einer passenden Braut für seinen lebenslustigen Neffen. Am Hof des Landgrafen Ludwig IX. von Hessen-Darmstadt wird er fündig. Ludwig ist Vater von fünf Töchtern. Vier von ihnen sind weithin bekannt für ihre Anmut und Intelligenz. Da der Kronprinz

Elisabeth Christine von Braunschweig-Bevern, die erste Gattin des Kronprinzen. Wegen ehelicher Untreue wird sie von ihrem Mann schuldig geschieden und nach Stettin verbannt.

Unten:
Königin Friederike Luise. Die zweite Gemahlin des »Vielgeliebten« führt eine Schattenexistenz. In der schönen Wilhelmine erwächst ihr eine überlegene Rivalin um die Gunst des Königs.

Ganz unten:
Julie von Voß. Die schöne Adlige ist in morganatischer Ehe zur »linken Hand« mit Friedrich Wilhelm II. vermählt.

Friedrich Wilhelm die Vorzüge seiner ersten Gemahlin nicht zu schätzen wusste, trifft der alte Preußenkönig eine zynische Wahl: Er führt seinem Neffen die nur mäßig attraktive und naive fünfte Tochter als Frau zu: Friederike Luise. Im Juli 1769 ist Hochzeit, im August des folgenden Jahres folgt die Geburt des ersehnten Stammhalters.

Friedrich der Große, überglücklich um das Fortbestehen der Dynastie, übernimmt die Patenschaft. Friederike Luise wird noch sechs weitere Kinder von ihrem Gatten bekommen, obgleich sie und ihr Gemahl sich immer mehr voneinander entfernen. Ihr Mann residiert meist in Potsdam, sie in Monbijou, dem traditionellen Sitz der preußischen Königinnen.

Mit seiner Ehefrau und der Geliebten Wilhelmine fühlt sich Friedrich Wilhelm nicht ausgelastet. Schadow beschreibt die königlichen Eskapaden: »Ganz Potsdam war wie ein Bordell, alle Familien dort suchten nur mit dem Könige, mit dem Hof zu tun zu haben. Frauen und Töchter bot man um die Wette an, die größten Adlichen waren am eilfertigsten.«

1786 heiratet Friedrich Wilhelm Julie von Voß zur linken Hand, nach deren Tod Sophie Juliane Friederike Gräfin Dönhoff. Den gemeinsamen Nachwuchs erhebt der König in den Grafenstand. Als sich die Dönhoff in die Politik einmischt, wird sie nach Angermünde abgeschoben. Die »schöne Wilhemine« hat ihren »Willem« wieder für sich allein. Die Einwilligung zu den morganatischen Ehen hat sich Königin Friederike finanziell reichlich vergüten lassen. Zu einem beliebten Anlaufplatz wird ihr geliebtes Freienwalde, wo sie 1797 ein Sommerschloss errichten lässt. Vierundfünfzigjährig stirbt sie 1805 an einem Schlaganfall.

Rosenkreuzer

Seit 1778 mit Hans Rudolf von Bischoffswerder befreundet, gerät Friedrich Wilhelm unter den Einfluss der Freimaurervereinigung der Rosenkreuzer. Er wird Mitglied der Berliner Loge »Zu den drei goldenen Schlüsseln«. Bischoffswerder alias Farfeus wird zu Friedrich Wilhelms engstem Vertrauten, gemeinsam mit dem Logenbruder Johann Christoph von Wöllner, alias Helikonos, macht er sich die nach Übersinnlichem verlangende Natur Friedrich Wilhelms zunutze. In obskuren spiritistischen Sitzungen gaukeln sie dem König Begegnungen mit historischen Herrschergestalten vor oder lassen seinen verstorbenen Sohn Alexander wieder erscheinen. Der antriebsarme Monarch überlässt den beiden Ratgebern das Gros der Regierungsgeschäfte, wo sie vor allem im Erziehungswesen und in der Religionspolitik eine Zeit der konservativen Reaktion einläuten.

Der Alibigatte

Zu einem seiner Bediensteten hat der König ein besonderes Verhältnis. Um das amouröse Verhältnis mit Wilhelmine Encke wenigstens notdürftig zu bemänteln, besteht König Friedrich der Große auf eine Verheiratung der Mätresse. Friedrich verlangt eine rasche Hochzeit, dann werde er für eine angemessene Aussteuer sorgen.

Die Wahl fällt auf den Sohn des königlichen Gärtners in Potsdam, den Kammerdiener Friedrich Wilhelm Ritz. Der muss sich verpflichten, nie mit Wilhelmine unter einem Dach zu leben. Zum Lohn wird der Scheingatte nach der Thronbesteigung Friedrich Wilhelms zum Oberkämmerer und Schatzmeister ernannt. Ritz trifft ebenso gut die Vorbereitungen für ein Diner, so wie er Bücher besorgt. Der König wählt ihn zum Vertrauensmann, um sich über die ärmere Bevölkerung in Berlin zu informieren. Der Geheime Kämmerer Ritz ist ein gefragter Mann. Man braucht ihn als Fürsprecher, will man beim Preußenkönig was erreichen. Die cholerischen Wutausbrüche des dicken Königs erträgt der Hofbeamte gelassen, weiß er doch, dass ihm die Beschimpfungen, kaum dass die Zorneswolken verzogen sind, durch großzügige Geschenke vergolten werden. Wilhelmines Angetrauter lebt auf großem Fuß. In seinem Haus am Neuen Garten zu Potsdam lädt er zu rauschenden Festen. Champagner und kostbare Weine fließen in Strömen. Beim Geheimen Kämmerer Ritz laufen alle Fäden zusammen. Der Kontakt zum Preußenkönig läuft ausschließlich über ihn. Selbst

Gegenüber:
Gotische Bibliothek.
Friedrich Wilhelm II. verfügt über eine erlesene Büchersammlung. Sie befindet sich in der Nähe der Gotischen Bibliothek, unfern des Marmorpalais.

der mächtige Königsberater Bischoffswerder ist auf »den allseits teuren Freund Ritz« angewiesen, um für seine Frau eines der seltenen Billetts für die Königliche Oper zu erbitten.

Goethe, der Ritz in Mannheim begegnet, notiert in »Campagne in Frankreich 1792 und 1793«: »An der langen, sehr besetzten Wirtschaftstafel saß ich an einem Ende, der Kämmerer des Königs von Preußen, Rietz, an dem anderen, ein großer, wohlgebauter, starker, breitschultriger Mann, eine Gestalt, wie sie dem Leibdiener Friedrich Wilhelms II. ganz wohl geziemte. Er mit seiner nächsten Umgebung waren sehr laut gewesen und standen frohen Mutes von der Tafel auf; ich sah Herrn Rietz auf mich zukommen, er begrüßte mich zutraulich, freute sich meiner langgewünschten endlich gemachten Bekanntschaft, fügte einiges Schmeichelhafte hinzu und sagte sodann: Ich müsse ihm verzeihen, er habe noch ein persönliches Interesse mich hier zu finden und zu sehen. Man habe gegen ihn immer behauptet: schöne Geister und Leute von Genie müßten klein und hager, kränklich und vermickert aussehen, wie man ihm den dergleichen Beispiele genug angeführt. Das habe ihn immer verdrossen, er glaube doch auch nicht auf den Kopf gefallen zu sein, sei dabei aber gesund und stark und von kräftigen Gliedmaßen; nun aber freue er sich an mir einen Mann zu finden, der doch auch nach etwas aussehe, und den man deshalb nicht weniger für ein Genie gelten lasse. Er freue sich dessen und wünsche uns beiden lange Dauer eines solchen Behagens.«

Kulturelle Blüte und staatlicher Niedergang

Der dicke Wilhelm führt die Bautradition des ersten Preußenkönigs fort. Unter seiner Regentschaft erwacht in Berlin und Potsdam ein über die Grenzen hinaus beachtetes Kultur- und Geistesleben. Der Frühklassizismus löst mit seinen klaren Linien das verspielte Rokoko ab. Die Anlage des Neuen Gartens mit der Orangerie (Langhans und Krüger 1791/92) und das Marmorpalais (Gontard und Langhans 1787/91) am Ufer des Heiligen Sees in Potsdam sowie das Schloss auf der Pfaueninsel in Berlin sind Meisterwerke dieser Epoche. Auch das Brandenburger Tor (Langhans 1791) entsteht im königlichen Auftrag.

Vor allem im Marmorpalais verbringt der König viel Zeit und veranstaltet Konzerte mit erstklassigen Künstlern. Beethoven spielt für

Orangerie im Neuen Garten, zur Zeit Friedrich Wilhelms II. häufiger Konzertort.

Schloss auf der Pfaueninsel. Für seine Mätresse Wilhelmine Encke, inzwischen zur Gräfin Lichtenau erhoben, errichtet Friedrich Wilhelm II. das romantische Ruinenschloss. Der König stirbt noch vor der Vollendung. Wilhelmine wird das Schloss nie bewohnen.

den musischen König in diesem Palais und widmet ihm die Sonaten für Cello und Klavier F-Dur op. 5, Nr. 1 und 2. Für »seine« Wilhelmine lässt Friedrich Wilhelm II. auf der idyllischen Pfaueninsel ein romantisches Ruinenschloss errichten, inklusive Meierei, Küche mit Kühlkammer und Kavaliershaus. Die Vertraute wird das Schloss nie bewohnen, da der König vor der Fertigstellung stirbt und sein Nachfolger sie des Landes verweist.

Die Zeit der kulturellen Blüte geht einher mit einer Phase des staatlichen Niedergangs. Mit Ausbruch der Französischen Revolution beginnt in Europa eine neue Zeit, doch der antiquierte Staatsapparat Preußens zeigt keinen Willen zur Modernisierung. Das positive Erbe Friedrichs des Großen verkommt, Armee und Beamtenschaft verlottern, die Korruption ist weit verbreitet. Die 1793 und 1795 im Konzert mit Russland und Österreich durchgeführten Polnischen Teilungen stellen für Friedrich Wilhelm einmalige Glücksfälle dar – und einen späten Triumph: Er, der als Lüderjahn Geschmähte, vergrößert Preußen um ein weit Größeres, als dies seinem viel gerühmten Onkel je gelang. Dagegen entpuppt sich die erfolglose Teilnahme am Ersten Koalitionskrieg gegen das revolutionäre Frankreich als kostspieliges Abenteuer. Seinem Nachfolger hinterlässt Friedrich Wilhelm II. 50 Millionen Taler Schulden.

Letzte Lebensmonate

1796 stellen sich beim König Anzeichen der Wassersucht ein. Wilhelmine kümmert sich rührend um ihren Wilhelm. Sie reist mit ihm nach Bad Pyrmont, wo sie als Gräfin einen glänzenden Hofstaat hält, während die Königin Friederike bescheiden in Bad Freienwalde lebt. Nach nur 13 Jahren Regentschaft hat der wüste Lebenswandel des Königs seine körperliche Kraft erschöpft. Oberst von Massenbach schreibt über Friedrich Wilhelm: »Der König hat die größte Ähnlichkeit mit einem asiatischen Fürsten, der sich in das Innere seines Serails zurückgezogen hat und mit seinen Sklaven und Sklavinnen lebt, die Regierungsgeschäfte aber den Wesiren überlässt. Die Ringmauer, welche jetzt 12 Fuß hoch um den Neuen Garten in Potsdam gezogen wird, erinnert an die Mauern des Serails; kein fremdes Auge soll sehen, was in dem Bezirke vorgeht.«

Aus aller Herren Länder eilen Ärzte und Wunderheiler herbei. Große Hoffnung setzt man auf den Magnetiseur Monsieur de Beaunnoir, der dem König folgendes rät: »Im Nebenzimmer muß ständig eine sanfte süße Musik von Blasinstrumenten unterhalten werden, ich verbanne alle Streichinstrumente. Während dieses ersten Monats darf der Kranke nicht anderes genießen als Reis mit Honig, Safran und Salbei abgekocht. Sollte ihm diese Speise widerstehen, so erlaube ich Gelee von Rindfleisch und alten Hühnern, auch ein Stück Lendenbraten halb roh, allein durchaus keine Ragouts, kein Kalbfleisch, kein Geflügel und noch weniger Fisch. Er genieße wenig, aber alle Stunden etwas. Seine Majestät darf keinen andern Wein als spanischen trinken. Wenn Schokolade ihm keine Säure machen sollte so ist das ein göttlicher Balsam.«

Naturgemäß erweisen sich die Maßnahmen als nutzlos, der nervlich zerrüttete Monarch bereitet sich auf seinen Tod vor. Der Knall einer am Mittagstisch entkorkten Champagnerflasche erschreckt ihn so sehr, dass er in Ohnmacht fällt. Die Nacht vor seinem Tod verbringt der König schlaflos. Um zwei Uhr früh verlangt er Zwieback und Kaffee. Dann fällt er in Agonie. Erst 53 Jahre alt, stirbt Friedrich Wilhelm II. am 16. November 1797. Sein Nachfolger, Friedrich Wilhelm III., befiehlt noch am Totenbett des Vaters, Wilhelmine, die ewige Konkurrentin seiner Mutter, zu verhaften und ihre Güter zu konfiszieren. Erst Jahre später rehabilitiert, bewohnt die Musikertochter bis zu ihrem Tod im Jahr 1820 das Palais Unter den Linden, das ihr einst Friedrich Wilhelm II. vermacht hat.

Birkhuhnsuppe

2 gebratene junge Birkhühner
125 g roher Schinken, fein gewürfelt
3 kleine Möhren, fein gewürfelt
3 Zwiebeln, fein gewürfelt
180 g Butter
1 1/4 l klare Fleischbrühe
40 g Mehl
Salz und Pfeffer

Zum Garnieren:
2–3 EL fein zerkleinerte frische Kräuter (z.B. Petersilie, Majoran oder Kerbel)

Das Brustfleisch der Birkhühner ablösen, in mundgerechte Würfel schneiden und beiseite legen. Das restliche Fleisch ebenfalls ablösen und mit einigen zarten Knochen in einem Mörser zu einer feinen Farce zerstoßen (oder im Mixer fein zerkleinern).

In einem Topf 150 Gramm Butter zerlassen und darin den Schinken, die Möhren und Zwiebel anschwitzen. Die Farce einrühren und das Ganze bei geringer Hitze 30 Minuten garen (die Butter darf nicht braun werden). Gut einen Liter Fleischbrühe zugießen und etwas einkochen lassen. Die Suppe durch ein feines Sieb passieren. Mit der restlichen Butter und dem Mehl eine Einbrenne (Mehlschwitze) zubereiten und unter die Suppe rühren. Mit Salz und Pfeffer abschmecken.

Die restliche Brühe erhitzen und darin die Brustfleischwürfel erwärmen.

Zum Servieren die Suppe in vorgewärmte Suppenschalen geben und einige Fleischwürfel hinzufügen. Mit frischen Kräutern garnieren.

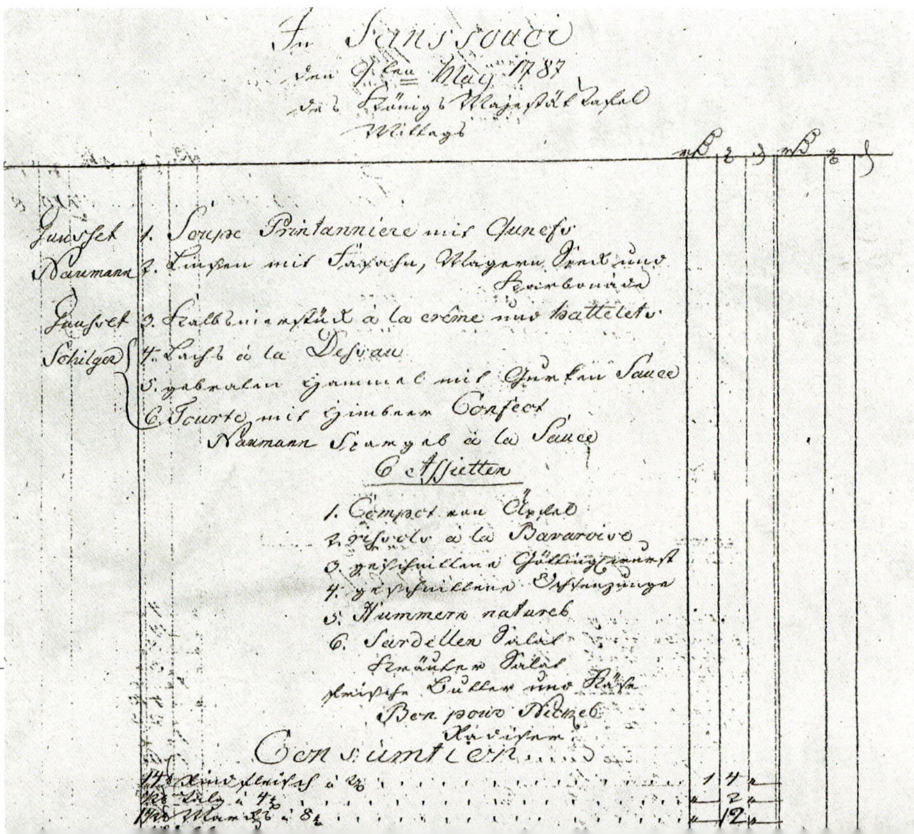

Küchenzettel von Friedrich Wilhelm II.

Bastion von Krebsschwänzen

2 Bund Suppengrün, in kleine Würfel geschnitten
Salz
32 mittelgroße Flusskrebse
Butter
Estragonessig (nach Belieben)
Natives Olivenöl extra (nach Belieben)
4 Blätter Gelatine, eingeweicht

Zum Servieren:
Remouladensauce

Das Suppengrün und eine kräftige Prise Salz mit 1,5 Liter Wasser bei mittlerer Hitze zum Kochen bringen und 15 Minuten köcheln lassen. Die Krebse hinzufügen und 3 bis 5 Minuten garen. Mit dem Schaumlöffel herausheben und auf Küchenpapier abkühlen lassen. Dann das Krebsfleisch aus den Schwänzen herauslösen und beiseite legen. Den Sud ebenfalls beiseite stellen.

Die Krebsschalen und die kleinen Krebsfleischteile im Mörser oder Mixer sehr fein zerkleinern und mit der volumenmäßig gleichen Menge Butter in einem Topf bei mäßiger Hitze dünsten. Anschließend viel Wasser zugießen, dass die Masse gut bedeckt ist. Das Ganze 30 Minuten köcheln lassen. Durch ein feines Sieb in Eiswasser streichen. Die Butter lässt sich nach dem Erkalten als Scheibe abheben.

Nach Belieben die Krebsbutter mit etwas Essig und Öl verkneten, um sie noch stärker zu aromatisieren.

Für ein Gelee den Krebssud auf einen Viertelliter einkochen, dann die ausgedrückte Gelatine unterrühren und abkühlen lassen.

Zum Servieren mit dem noch flüssigen Gelee einen Spiegel auf eine Servierplatte gießen und zum Erhärten kurz in den Kühlschrank stellen. Aus der Butter fingerdicke Rollen formen und die erste Rolle in einem größeren Kreis auf den Gelee-Spiegel setzen. Einen Teil der Krebsschwänze in regelmäßigem Abstand darauf verteilen und obenauf eine weitere Krebsbutterrolle setzen. So fortfahren, bis alle Krebse arrangiert sind, wobei die letzte Reihe aus Krebsschwänzen, die mit dem restlichen Gelee glasiert werden, bestehen sollte. In die Mitte der »Mauer« Remouladensauce geben.

Tipp: Das Originalrezept sieht mehrere Schock (1 Schock = 60 Stück) Krebse vor, die als Bastion, also als Bollwerk beziehungsweise Festungsmauer, zwischen den Butterrollen dicht an dicht liegend aufgeschichtet werden.

Sauerkrauttimbale mit Hummer

200 g Kokosfett
600 g Sauerkraut
100 ml Weißwein
2–3 Hummer
Butter
Salz und Pfeffer
Muskatnuss
100 g Blätterteig (Tiefkühl-Teigplatten)
1 Eigelb, verquirlt

Das Kokosfett in einem Topf zerlassen. Sauerkraut und Weißwein hinfügen und garen, bis das Kraut weich ist. Bei Bedarf kochendes Wasser zugießen. Das Sauerkraut abgießen und gut abtropfen lassen.

Die Hummer in sprudelnd kochendes Wasser geben, dann 15 Minuten sieden lassen. Herausnehmen und kalt abschrecken. Das Hummerfleisch auslösen und in kleine Stücke schneiden.

Timbalenformen großzügig mit Butter einfetten. In 2 bis 3 cm hohen Schichten die Formen füllen und die Zutaten stets leicht andrücken, und zwar in folgender – zu wiederholender – Reihenfolge: Sauerkraut, Hummer, je eine kleine Prise von Salz, Pfeffer und Muskatnuss sowie ein hauchdünnes Butterblättchen. Sind alle Formen gefüllt, jede Form mehrmals vorsichtig auf den Tisch aufstoßen, damit der Inhalt sich noch besser setzt.

Den Backofen auf 180 °C (Gas Stufe 2) vorheizen.

Aus dem Blätterteig »Deckel« für die Timbalen ausschneiden, die Scheiben sollen die Oberfläche der Füllung abdecken, ohne über den Rand der Form zu ragen. Die »Deckel« mit Eigelb bestreichen. Die Timbalen in einen ausreichend hohen Bräter stellen und so viel heißes Wasser einfüllen, dass es bis zur halben Höhe der Formen reicht. In den Ofen geben und die Timbalen 35 bis 40 Minuten gar ziehen lassen. Herausnehmen, abkühlen lassen und im Kühlschrank vollkommen erkalten lassen.

Zum Servieren die Timbalen aus den Formen stürzen und auf ein Eisbett setzen. Nach Belieben garnieren.

Tipp: Timbalenformen sind heute hohe becherförmige Portionsformen aus ofenfestem Porzellan, früher entsprach die Form dem Namen (franz.: timbale = Kesselpauke). Man kann ohne weiteres auch einfach hohe (ofenfeste!) Keramikbecher verwenden. Alle Timbalen, auch Becherpasteten genannt, werden heiß zubereitet, aber eiskalt serviert. Meist glasiert man sie noch mit einem würzigen Gelee.

Karpfen blau mit Kaviarsauce

Für den Karpfen:
1 küchenfertiger Spiegelkarpfen (1,2–1,5 kg schwer)
2 Möhren, gewürfelt
1 Stange Porree, in Ringe geschnitten
1/4 Sellerieknolle, gewürfelt
1 unbehandelte Zitrone, in Scheiben geschnitten
50 ml Essig
2 Päckchen Fischgewürz
1–2 EL Salz

Für die Mayonnaise:
4 zimmerwarme Eigelbe
Salz und Pfeffer
1–2 EL Zitronensaft oder Sherryessig
1/4 l lauwarmes würziges Öl

Für die Sauce:
4 EL Butter
2 EL Mehl
1/2 l Fischbrühe (Karpfensud)
Salz
Weißer Pfeffer aus der Mühle

Zum Servieren:
Frische Petersilie
Gartenkresse
100 g Kaviar

Alle Zutaten für den Karpfen – außer dem Fisch selbst – in einen Topf mit 3 Litern kaltem Wasser geben und zum Kochen bringen. Die Hitze verringern und den Sud 20 Minuten köcheln lassen. Den Karpfen hinzufügen und die Hitze so regulieren, dass der Sud nur leise siedet (die Flüssigkeit darf nur »perlen«, auf keinen Fall sprudelnd kochen). Den Fisch etwa 50 bis 60 Minuten gar ziehen lassen.

Für die Mayonnaise die Eigelbe mit Salz, Pfeffer und Zitronensaft verrühren. Das Öl anfangs tropfenweise, dann in einem dünnen Strahl unterrühren. Rühren, bis eine glatte Creme entstanden ist.

Für die Sauce 1/2 Liter des Sudes aus dem Karpfentopf entnehmen. Die Butter in einem Topf erhitzen und darin das Mehl goldgelb anschwitzen. Den Sud nach und nach unterrühren. Aufkochen lassen und 10 bis 15 Minuten köchelnd etwas einkochen lassen. Mit Salz, Pfeffer und Zitronensaft abschmecken.

Zum Servieren den Karpfen im Ganzen auf einer vorgewärmten Servierplatte anrichten und mit Petersilien- und Kressesträußchen garnieren. Die Mayonnaise in eine flache Glasschale geben und den Kaviar in teelöffelgroßen Portionen dekorativ darauf verteilen. Die Sauce separat reichen.

Gedämpfte Tauben

Die Täubchen waschen, gut trocknen und mit Salz und Pfeffer einreiben. In die Bauchhöhle jeweils ein Huflattichblatt stecken. Mit Küchenzwirn die Flügel und Keulen an den Körper der Täubchen binden. Beiseite legen.

Möhren, Kohlrabi und Zwiebeln in feine Streifen (Julienne-Stifte) schneiden. In einer Kasserolle die Hälfte der Butter erhitzen und darin das Gemüse anschwitzen. Die Brühe zugießen und ein paar Minuten köcheln lassen, bis das Gemüse weich, aber noch bissfest ist. Beiseite stellen.

In einer großen Pfanne die restliche Butter erhitzen und darin die Täubchen rundum bräunen. Das Gemüse mit dem Sud und die Erbsen hinzufügen. Das Ganze bei geringer Hitze etwa 1 Stunde (nur leicht köchelnd) ziehen lassen, bis das Taubenfleisch weich ist.

Die Tauben herausnehmen und abtropfen lassen. Den Sud entfetten und mit etwas Kartoffelmehl leicht binden. Mit Salz abschmecken

Die Tauben mit etwas Gemüse auf einem Bett aus Feldsalat oder Huflattichblättern anrichten und mit Sauce beträufeln. Mit frischen Kräutern garnieren.

4 küchenfertige Täubchen
Salz und Pfeffer
4 große Huflattich- oder Mangoldblätter
6 kleine zarte Möhren
1 kleiner Kohlrabi
3 Zwiebeln
4 EL Butter
$^{1}/_{4}$ l Gemüsebrühe
100 g frische grüne Erbsen
Kartoffelstärke
Salz und Pfeffer

Zum Garnieren:
Feldsalat oder Huflattich- oder Mangoldblätter
Frische Kräuter

Rehleber-Reis-Auflauf mit Steinpilzen

300 g Reis
1 l Fleischbrühe
500 g Rehleber, gehäutet und in Scheiben geschnitten
Salz
Süße Sahne
5 Wacholderbeeren
Butter
200 g frische Steinpilze, in Scheiben geschnitten
Maggiwürze
Schwarzer Pfeffer aus der Mühle
150 g frisch geriebener Parmesan

Den Reis in der Fleischbrühe kochen, bis er halbgar ist (die Reiskörner müssen aufgequollen sein, aber noch einen sehr festen Biss haben). Ideal ist es, wenn der Reis die Brühe aufgesaugt hat, falls nicht, in einem Sieb abtropfen lassen.

In einer Pfanne 1 Esslöffel Butter erhitzen und die Leberscheiben darin unter Wenden 1 Minute bräunen. Einen kräftigen Schuss Sahne, etwas Salz und die Wacholderbeeren hinzufügen und die Leber noch 2 bis 3 Minuten garen, bis sie gerade eben durch ist. Die heiße Leber mit einem Wiegemesser sehr fein zerkleinern. Die Pilze in heißer Butter unter Zugabe von ein paar Tropfen Maggiwürze anbraten. Ebenfalls mit dem Wiegemesser sehr fein zerkleinern.
Den Backofen auf 180 °C (Gas Stufe 2) vorheizen.

Eine Auflaufform großzügig mit Butter einfetten. Die Hälfte des Reises einfüllen. Darauf die Leber verteilen und etwas Pfeffer darüber streuen. Die Pilze und anschließend den restlichen Reis einschichten. Einen Viertelliter Sahne zugießen. Den Parmesan gleichmäßig auf dem Reis verteilen und Butterflöckchen obenauf setzen. Den Auflauf im vorgeheizten Ofen 30 Minuten überbacken.

Das Gericht sehr heiß in der Form servieren.

Römischer Fruchtsalat

2 Pfirsiche, 2 Nektarinen,
1 Birne, 1 Apfel, 2 Bananen,
200 g Weintrauben
2 Päckchen Vanillezucker
2 cl Maraschino (Kirschlikör)
2 cl Kirschwasser
Zum Servieren:
Schlagsahne, steif geschlagen
Maraschinokirschen
Vanilleeis, Waffeln

Pfirsiche, Nektarinen, Birne und Apfel schälen, entkernen und in feine Scheiben schneiden. Die Bananen ebenfalls schälen und in 1 cm dicke Scheiben schneiden. Die Weintrauben halbieren. Die Früchte in eine Schüssel schichten, dabei jede Schicht dünn mit Vanillezucker bestreuen. Maraschinolikör und Kirschwasser darüber gießen und das Ganze ein paar Stunden ziehen lassen. Kurz vor dem Servieren den Fruchtsalat vorsichtig mischen.

Zum Servieren den Fruchtsalat in Portionsgläser oder -schälchen geben. Jeweils mit einem Sahnehäubchen und einer Kirsche garnieren. Waffeln und Vanilleeis separat dazu reichen.

KAPITEL V

Friedrich Wilhelm III.

Biedermann und König

(1797–1840)
3. August 1770 Potsdam – 7. Juni 1840 Berlin (Kronprinzenpalais)

»Man kann sich jetzt gar nicht mehr vorstellen,
wie wohltätig auf jene Üppigkeit
das Beispiel Friedrich Wilhelm III. kam,
die stille Häuslichkeit,
die Schönheit und Bravheit der Königin …,
er war immer trocken, schüchtern,
langweilig zum Entsetzen,
und besonders unschlüssig.«

Johann Gottfried Schadow

Ein vernachlässigter Prinz

Friedrich Wilhelm, der als lieb und einfühlsam beschrieben wird, erlebt keine harmonische Kindheit. Der Vater gibt den Kindern seiner Mätressen den Vorrang. Die Mutter kümmert sich zu wenig um den Sohn. Der regierende König, der Alte Fritz, zeichnet sich für die Erziehung seines Großneffen verantwortlich und wählt den Geheimen Rat Christian Friedrich Gottlieb Behnisch zum Prinzenerzieher, der bald engste Bezugsperson des heranwachsenden Prinzen wird.

Zeitgenössische Quellen entwerfen ein düsteres Bild von der Kindheit des Thronerben: »Friedrich Wilhelm III. hatte die schlechteste Erziehung, so über alle Maßen schlecht, wie sie nur ein Kronprinz haben kann. Der Vater kümmerte sich mehr um seine unehelichen als um die ehelichen Kinder. Sie waren der Mutter überlassen. Diese, stets mit ihren Finanzen brouilliert, sah sie oft tagelang nicht; sie waren daher sich selbst, ihrer Bedienung und einem Misanthropen, ihrem Hofmeister Behnisch, übergeben, der gewöhnlich an Krämpfen im Unterleibe litt. Wenn die Prinzen oft etwas lebhaft wurden, so schrie Herr Behnisch gleich: ›Mein Gott, welch ein Lärm! Ich bin ein Kind des Todes! Was bin ich unglücklich und geplagt, wäre ich nie geboren!‹ und dergleichen.«

Fritz, wie der Kronprinz genannt wird, lebt mit seinem Erzieher in einer kleinen Wohnung im Potsdamer Stadtschloss. Sein Etat ist nicht großzügig, aber zumutbar: Zur Tafel erhält er jährlich 600 Taler, sowie 48 Pfund Zucker, 180 Bouteillen Wein und 360 Quart Milch. Als Bedienung bekommt Friedrich Wilhelm einen Kammerdiener, eine Reinigungsfrau, zwei Lakaien und eine Aufwartefrau. Friedrich der Große lädt den Großneffen regelmäßig nach Sanssouci ein, um sich ein Bild von seinen Fortschritten zu machen. Einmal trägt man Friedrich zu, dass der kleine Prinz seine goldene Uhr aus Mitleid an einen armen alten Major verschenkt habe. Als Friedrich ihn danach fragt, beichtet der Junge es dem sparsamen Großonkel und bekommt eine neue Uhr. Mirabeau urteilt über den sechzehnjährigen Kronprinzen in der »Geheimen Geschichte des Berliner Hofes«: »Der Kronprinz wird bald der Betrachtung sich wert machen. Nicht sowohl deshalb, weil sein Großoheim ihm das Horoskop mit den Worten gestellt hat: ›Il me recommencera‹, denn damit wollte er wahrscheinlich nur seine Verachtung für seinen Vater bezeichnen, sondern weil alles, was man von ihm hört, beweist, daß er einen schönen Charakter besitzt, wenn auch unangenehme Formen; er ist linkisch, aber alles hat bei ihm ein bestimmtes Gepräge; er ist unhöflich, aber er ist wahr; er verlangt bei allem nach dem Grunde; er ergibt sich niemals als auf ein vernünftiges Weil; er ist hart und zäh bis zur Rauheit, aber doch ist er nicht unfähig des Gefühls und der Liebe. Er versteht schon, wohl zu achten und zu verachten. Seine Abneigung gegen seinen Vater geht bis zum Hasse, und er verbirgt diesen gar nicht. Seine Verehrung für Friedrich den Großen dagegen geht bis zur Anbetung, und er spricht sie laut aus. Vielleicht hat dieser junge Mann eine große Zukunft.«

Der neue König

Der Sohn ist wieder mal aus ganz anderem Holz geschnitzt als der Vater. Er findet keinen Gefallen am Luxus, er verachtet zutiefst eine »Hofhaltung mit lächerlichem verschwenderischem Zeremoniell«. Der neue König mag es bescheiden. Er kleidet sich einfach, ganz ohne Pomp und verbringt seine Abende am liebsten im kleinen häuslichen Kreis. Als er beim Regierungsantritt gefragt wird, wie er heißen will, antwortet er: »Friedrich Wilhelm – Friedrich ist mir unerreichbar.«

Indem er die einflussreichen Berater Bischoffswerder und Wöllner entlässt, bricht er nicht nur mit der Lebensweise, sondern auch mit der Politik des Vaters. Friedrich Wilhelm III. ist ein unsicherer Regent, der sich von Skrupeln und Angst leiten lässt. Die Minister des Königs – so fähige Männer wie Freiherr vom Stein oder Kanzler Hardenberg – verzweifeln an der Unfähigkeit des Königs, Entscheidungen zu treffen, und das zu einem Zeitpunkt, als Napoleon Bonaparte Europa erzittern lässt. Am Krieg führt kein Weg vorbei. Der selbst gekrönte Kaiser Napoleon schlägt 1806 Preußens Armee vernichtend. Im Frieden von Tilsit verliert Preußen mehr als die Hälfte seines Gebiets. Doch Preußen existiert weiter – ja, es erholt sich. 1814 gelingt es den alliierten Truppen, den Korsen zu vertreiben. Auf dem Wiener Kongress 1815 wird Europa neu geordnet, und Friedrich Wilhelm III. stimmt dem System des Deutschen Bundes zu. Das Volk erleidet in den langen entbehrungsreichen Jahren des Krieges hohe Verluste. Der König dankt es ihm nicht durch demokratische Institutionen oder eine Verfassung. Die erhofften Reformen bleiben in halbherzigen Ansätzen stecken. Immerhin führen vom Stein und Hardenberg große Reformen auf allen Gebieten der preußischen Verwaltung durch. Die Wirtschaft organisiert sich im Zollverein, die Verwaltung stellt Mittel für Universitäten und Museen zur Verfügung. Mit zunehmendem Alter wird die Regentschaft des fünften preußischen Königs immer reaktionärer. Die Revolution erhält auch durch seine Regierungspolitik neuen Nährboden.

Friedrich Wilhelm III. gehört zu den wenigen Königen, die ein makelloses Familienglück genießen dürfen. Sein Vater hat ihm bei der Brautwahl alle Freiheit gelassen, und seine Gemahlin Luise wird die große Liebe seines Lebens. Luise Auguste Wilhelmine Amalie ist die Tochter des Erbprinzen Karl Ludwig Friedrich von Mecklenburg-Strelitz. Da ihre Mutter früh gestorben ist, wächst sie gemeinsam mit ihrer Schwester Friederike bei der Großmutter in Darmstadt auf. Bei einem Theaterbesuch in Frankfurt am Main stellt die Großmutter ihre heiratsfähigen Nichten dem preußischen König Friedrich Wilhelm II. vor. Die Schönheit der mecklenburgischen Schwestern bezaubert den Preußenherrscher. »Habe gar keine Zeit zum Schreiben gehabt, wir haben in lauter Feten gelebt, die besonders durch die Anwesenheit hoher Fremden veranlaßt, nämlich der Prinzeß Georg von Darmstadt und ihren beiden herrlichen Kindeskindern ... Wie ich die beiden Engel zum ersten Mal sah, es war am Eingang der Komödie, so war ich frappiert von ihrer Schönheit, daß ich ganz außer mir war, als die Großmutter sie mir präsentirte. Ich wünschte sehr, daß sie meine Söhne sehen möchten und sich in sie verlieben«, berichtet der Monarch über die erste Begegnung mit seinen zukünftigen Schwiegertöchtern. Auch Goethe, der Luise und ihre Schwester am 29. Mai 1793 in einem Feldlager bei der Belagerung von Mainz gesehen hat, schwärmt in »Dichtung und Wahrheit«: »In mein Zelt eingeheftelt, konnte ich sie vertraulich mit den Herrschaften auf- und nieder- und nahe vorübergehend auf das Genaueste beobachten, und wirklich muss man diese beiden jungen Damen für himmlische Erscheinungen halten, deren Eindruck auch mir niemals erlöschen wird.«

Luise und Friederike vor der Büste Friedrich Wilhelms II. Die mecklenburgischen Prinzessinen bezaubern durch ihre Anmut den preußischen Hof.

Der preußische Hof bildet zu dieser Zeit den Mittelpunkt des Hofklatsches. Man spricht über die liederlichen Zustände in Berlin, über das Verhältnis des Königs mit seiner Mätresse, der Gräfin Lichtenau. Deshalb gehört einiger Mut dazu, eine Verbindung mit dem preußischen Hof einzugehen. Die mecklenburgischen Schwestern sind jedoch durchaus geneigt, in das mächtige Haus Hohenzollern einzuheiraten. Der König befiehlt seine beiden ältesten Söhne, Friedrich Wilhelm und Ludwig, nach Frankfurt, um ihre potentiellen Bräute in Augenschein zu nehmen. Dem Älteren, Friedrich Wilhelm, wird der Vortritt bei der Wahl gelassen. Er ist von beiden Schwestern begeistert. Wie so oft, kann er sich nicht entscheiden, ob er die anmutige, ein wenig scheue Luise oder die bildschöne und kokette Friederike zum Traualtar führen soll. Am Abend auf einem großen Ball sieht man den Kronprinzen fast den ganzen Abend mit Luise tanzen. Trotzdem bleibt der zaudernde Prinz unschlüssig, bittet diesen und jenen um Rat – bis er sich plötzlich aufrichtig in die schüchtern wirkende Luise verliebt. Sein Bruder Ludwig, Louis genannt, ist teilnahmslos, sein Herz gehört einer anderen. Gleichgültig nimmt er zur Kenntnis, dass er Luises Schwester Friederike heiraten wird.

Die Traumhochzeit des Kronprinzenpaares

Als die mecklenburgischen Prinzessinnen im Dezember 1793 zur Doppelhochzeit mit den preußischen Prinzen in einer achtspännigen Goldkarosse die Straße Unter den Linden zum Schloss einfahren, werden sie von jubelnden Menschen am Straßenrand begeistert empfangen. Besonders Luise als zukünftige Kronprinzessin macht Eindruck: »Niemals sah ich vorher und auch niemals nachher ein so entzückendes Wesen wie die Kronprinzessin, von regelmäßiger und edler Schönheit, verband sie mit dem reizenden Antlitz einen Ausdruck von Sanftmut und Bescheidenheit, der ihr alle Herzen gewann … Friederike erschien sicherer und gewandter im Auftreten … aber die ältere, schön in ihrer einfachen Schönheit, hatte eine schüchterne Miene, die ihren Reiz noch erhöht.«

Die Hochzeit des Kronprinzenpaares ist für den Heiligabend angesetzt. Als die Trauung im Weißen Saal des Stadtschlosses durch Oberkonsistorialrat Sack vollzogen ist, gibt eine Fackel im Lustgarten das Signal, 72 Kanonen abzufeuern. Um neun Uhr abends beginnt das feierliche Hochzeitsbankett im Rittersaal. Die Generale Graf Brühl und von der Marwitz servieren die Gerichte an der hochherrschaftlichen Hochzeitstafel. Für Kammerherren und Hofdamen sind in den Nebenräumen Marschalltafeln gedeckt. Das Hochzeitsmenü bietet Fisch- und Geflügeldelikatessen, aber auch Wunder der Konditorkunst. Aufgetafelt werden frische und gebratene Austern, Sardellensalat, Zanderfilets, ausgebackene Stinte und Muscheln. Außerdem gibt es Gänseleberpastete, Ochsenzungen, gebratene Fasane, Kapaune und Haselhühner sowie Rebhuhnbrüstchen mit Trüffelsauce und Kroketten. Als Beilagen werden Krammetsvögelgratin mit Wacholdersauce, Zuckerschoten, Mohrrüben, Champignons und Spargelspitzen serviert. Zum Dessert erwartet die Gäste Romanischer Kuchen en Turban, Pommes en Robe de Chambre, Makronentorte mit kleiner Grotte, Portugiesische Torte mit kleinen Tempeln und Himbeergelee. Der

Berliner Stadtschloss, Weißer Saal. Hier werden am Heiligabend des Jahres 1793 Luise und Friedrich Wilhelm, damals noch Kronprinz, getraut. Die aufwändige Zeremonie erregt in ganz Europa großes Aufsehen.

*Luise als junge Frau.
Das kunstvoll um den Kopf gelegte Kinntuch, wie überhaupt Luises Garderobe, gerät zum modischen Vorbild für die weiblichen Untertanen.*

nach Hohenzollerntradition obligatorische Fackeltanz bildet einen Höhepunkt des Festes. Paarweise ordnet sich die Gesellschaft an, jeder mit einer Fackel in der Hand. An der Spitze stellen sich die Minister auf, gefolgt vom Bräutigamvater Friedrich Wilhelm II., der die Braut Luise führt, und dem Kronprinzen, der von den Königinnen, seiner Mutter und der Witwe von Friedrich dem Großen, flankiert wird. Die übrigen Prinzessinnen und Prinzen, samt Hofstaat, schließen sich der Reihe nach an. Nur zwei Tage später stehen Prinz Louis und Friederike vor dem Traualtar.

Preußen hat lange auf eine starke Königin warten müssen. Nach Friedrich II. und dessen unstetem Neffen Friedrich Wilhelm II. steht dem Haus Hohenzollern nun endlich ein König mit einer ebenbürtigen Königin vor. Luise bezaubert Männer und Frauen gleichermaßen durch ihre Anmut und ihre Volksverbundenheit. Und sie wird zur Mode-Ikone Preußens. Der Bildhauer Schadow notiert in seinen Memoiren, dass Luise kurz nach ihrer Ankunft in Berlin eine Schwellung am Hals bekommt und diese mit einer Binde unter dem Kinn verdeckt. Das Kinntuch wird bald von allen modebewussten Damen der Gesellschaft nachgeahmt. Schadow modelliert Luise mit dieser eigentümlichen Kopftracht in dem berühmten Marmorstandbild »Prinzessinnengruppe«.

Eheliches und häusliches Leben – die neue Bürgerlichkeit bei Hofe

Das Kronprinzenpaar überrascht den Hof, indem es sich gleich nach der Hochzeit dem steifen Hofzwang widersetzt. Gegen jede Etikette verstoßend, duzen sich Friedrich Wilhelm und Luise und fordern für sich ein gemeinsames Ehebett – zum Entsetzen der strengen Oberhofmeisterin Gräfin Voß. Sie beschwert sich beim König, der daraufhin den Sohn befragt: »Wie ich höre, nennst du ja die Kronprinzessin du?« »Aus guten Gründen«, antwortet der Kronprinz. »Mit dem ›du‹ weiß man doch immer, woran man ist, bei dem ›Sie‹ aber muß man stets bedenken, ob es mit einem großen S oder mit einem kleinen gesprochen wird.« Sehr zum Ärger der Hofmeisterin missachten ihre Schützlinge auch die Tradition der Ankündigung des gegenseitigen Besuchs, sie gehen einfach, wann immer sie wollen, ohne Anmeldung zum Ehepartner. Als sie dem Kronprinzen darauf einen Vortrag über die Etikette und deren Einfluss auf die Geschichte hält, gibt er sich zum Schein geschlagen und befiehlt der Gräfin Voß, ihn bei Luise anzumelden. Als sie das tut, sitzt der Kronprinz schon vertraut neben ihr und sagt: »Sehen Sie liebe Voß, meine Frau und ich sehen und sprechen uns unangemeldet, so oft wir wollen und wünschen. Aber Sie sind eine charmante Oberhofmeisterin und sollen von nun an Dame d'Etiquette heißen.«

Auch bei Ausritten verzichten die beiden oft auf Begleitung. In der Kutsche, dem Zweispänner, führt der Kronprinz die Zügel gerne selbst. Man sieht den König, Luise im Arm haltend, wie Bürgersleute im Tiergarten spazieren gehen. Zu Mittag speisen die beiden gerne ganz intim, und auch den Abend verbringen sie meist nur in kleinem Kreis. Den Spätherbst und den Winter verbringt das Paar im Berliner Kronprinzenpalais, das sie auch nicht verlassen, als Friedrich Wilhelm König wird. In Berlin wird gemeinsam Weihnachten gefeiert, der Christmarkt besucht und Ausstellungen werden bewundert. Man geht in Dioramen, ins Theater oder hört Konzerte. Im Sommer hält sich das Paar meistens in Charlottenburg auf, im Herbst in Potsdam, auf der Pfaueninsel und in Paretz.

Unter den Linden. Neue Wache, Zeughaus und Kronprinzenpalais, gesehen vom Opernplatz.

Königliche Mittagstafel in Paretz,
Mai 1798

Schwäbische Brotsuppe mit Filets
von Hühnern und Eiern
Rinderbrust mit Sardellen und
Meerrettich
Macaroni au Parmesan
Tauben gebraten
Creme vituto mit Aprikosen und
Orangenkuchen

Die Bescheidenheit von König Friedrich Wilhelm III. drückt sich auch in den Bauten aus, die er für sich persönlich errichten lässt. Vor allem das bei Potsdam im Havelland gelegene Gut Paretz erinnert mehr an ein bürgerliches Gutshaus als an ein Schloss. Paretz wird für Luise und den Kronprinzen das, was Rheinsberg für Friedrich II. war – ein Refugium des Glücks. Hier verbringt die königliche Familie ihre Ferien, hier nimmt sie am dörflichen Leben teil oder vergnügt sich mit Gesellschaftsspielen wie Blinde Kuh oder Topfschlagen. Für offizielle Empfänge ist Schloss Paretz zu bescheiden, dafür hat man Potsdam. Gern gesehene Gäste sind die Geschwister des Paares, darunter Wilhelmine von Oranien und Therese Fürstin von Thurn und Taxis, aber auch die Brüder des Königs, Wilhelm und Heinrich.

Die Kinder des Herrscherpaares leben, wie bei Hof üblich, getrennt von den Eltern. Manchmal besuchen sie die Eltern in Begleitung ihrer Erzieher, Kinderfrauen und eigenen Köche, die ihnen spezielle Menüs zubereiten. Die noch erhaltenen Speisezettel aus den Jahren 1795 bis 1805 vermitteln, dass die bei Hof übliche Tischordnung in Paretz nicht geändert worden ist. Mittags und an der Abendtafel speist das Königspaar getrennt vom Tisch der Kammerherren. Auf der königlichen Tafel gibt es niemals weniger als zehn Gedecke. Der große Speisesaal

befindet sich im herrschaftlichen Reitpferdestall, was an anderen europäischen Höfen zu höhnischen Bemerkungen führt wie »In Paretz isst man im Stall!«.

Als man den König fragt, ob er statt der Berliner Hausmannskost lieber Delikatessen wünsche, erwidert der Hohenzoller, dass sich sein Appetit seit der Krönung nicht vergrößert habe. Luise hingegen liebt auch den mondänen Stil, weshalb ihr der Gemahl auch die Repräsentation überlässt. Als begeisterte Anhängerin des damals in Mode kommenden Walzers nimmt sie die zahlreichen Einladungen im Zuge der Karnevalssaison gerne an. Im Hofstaat führt das Königspaar eine Neuerung ein: das »Dejeuner Dansant«. Der Hof versammelt sich um elf Uhr morgens, um Walzer zu tanzen und Delikatessen wie Schildkrötensuppen, Austern, Kaviar und Trüffelpasteten zu speisen. Luise gilt als leidenschaftliche Tänzerin.

Die Lieblingsgerichte des Königs sind schlicht. Regelmäßig gibt es Spargel, Rinderzungen, gebratene Hühner, Tauben, Lerchen, Kalbfleisch, Bohnen, Mohrrüben und Obstdesserts wie Orangen-, Apfelgelee und Kirschkompott oder Fruchtcremes. Vor allem aber mag der König Erdbeeren mit Sahne. Von der Vorliebe des Preußenkönigs für Obst berichtet Hofprediger Eylert: »Von allen physischen Genüssen waren und blieben ihm vorzüglich werth und unentbehrlich schöne reife Früchte und alle edlen Obstsorten.«

Schloss Paretz. Das Gutshaus ist der Lieblingswohnsitz des bürgerlich-einfach lebenden Königspaars.
Das Erntedankfest feiern Luise und Friedrich Wilhelm im Kreis ihrer Untertanen.

Gegenüber:
Pfaueninsel, Teezimmer des Schlosses. In den Sommermonaten ist die romantische Pfaueninsel bevorzugtes Ausflugsziel der Monarchenfamilie.

Die königlichen Gärtner liefern dem König jeden Morgen Obst in Körbchen, die man auf einen eigens dazu bestimmten Tisch stellt. Der König begutachtet sie und versieht jedes der Körbchen mit einem Zettel als Geschenk für seine Kinder. Wenn ihm sein Hofmeister als Kind eine Freude machen wollte, erzählt der Landesherr, hat er ihm für ein paar Groschen Kirschen gekauft. Selbst in der Verlobungszeit mit Luise ist Obst ein Thema: »Der Bote ist beauftragt, Ihnen einen Kirschkuchen und eine Schachtel mit Kirschen und Erdbeeren zu übergeben, ich wünsche dies alles möge Ihnen Freude machen, teilen auch hübsch tunlich mit an die ihnen umgeben … Leben Sie wohl, mein lieber Prinz; wenn Sie nicht zu schlechter Laune sind, dann denken Sie oft an mich«, schreibt Luise im Juni 1793 und erhält am nächsten Tag prompt Antwort: »Tausend und abertausendmal Dank, teure zärtliche geliebte Freundin, für Ihren Brief, den Kuchen und die Früchte, die ihn begleiteten. Ihr Brief konnte nicht gelegener kommen, um meine schlechte Laune etwas zu vertreiben.«

Königin Luise. Der schüchterne König überlässt seiner vom Volk über alles geliebten Frau das Repräsentieren. Nach ihrem frühen Tod kommt es zu einem ausufernden Luisenkult.

Luise als Mutter

Luise gebärt zehn Kinder, von denen drei früh sterben. Ihr ältester Sohn, Friedrich Wilhelm, wird König von Preußen, ihr zweitältester, Wilhelm, folgt ihm nach dessen Tod auf den preußischen Thron und wird 1871 der erste deutsche Kaiser, ihre Tochter Charlotte wird später den russischen Zaren Nikolaus I. heiraten. Luise kümmert sich gegen alle höfische Gewohnheit rührend um ihre Kinder. Die Jüngeren kommen, wann immer es möglich ist, am Morgen zum Spielen, die älteren gegen elf Uhr mit ihren Erziehern. Wenn sie getrennt von ihren Kindern ist, schreibt sie liebevolle Briefe (Paretz, 9. September 1801): »Guten Morgen, liebe Kinderchen. Papa küßt Euch alle in Gedanken mit mir und trägt mir auf, Euch zu sagen, daß ihm wie mir die Mohrrüben, Erbsen, Kerbel, Bohnen, Kohl und Salat aus Eurem Garten außerordentlich viel Vergnügen gemacht haben. Das sind recht fleißige Kinder! Hat Papa gesagt, ich will alles auf ihre Gesundheit essen … Heute Mittag essen wir ein Gericht aus Mohrrüben, das Ihr gepflanzt und gezogen habt. Das wird schmecken!«

Die Preußenkönigin liebt heiße Schokolade. Am Morgen trinkt sie drei Tassen mit ein wenig Sahne, während sie mit Gräfin Voß den Tag und vor allem den

Küchenzettel bespricht. Welche Besuche nimmt man an, welche Toilette ist angemessen? Das Mittagsmahl wird um zwei Uhr eingenommen. Danach folgt ein Ausflug in der Kutsche. Um sechs oder sieben Uhr ist der Tee angesetzt. Wenn der bürgerliche Erzieher Friedrich Delbrück anwesend ist, folgt jedes Mal ein kleines Spektakel. Da der Kammerdiener es als unter seiner Würde ansieht, ihn zu bedienen, ignoriert er Delbrück regelmäßig. Gräfin Solms reicht Delbrück allabendlich die Tasse, um das Verhalten des Kammerdieners zu korrigieren.

Kriegswirren

Das beschauliche Hofleben wird durch kriegerische Ereignisse durchbrochen. Bald muss die königliche Familie vor Napoleon flüchten. Da auch Berlin gefährdet ist, geht der Hof 1807 nach Memel. Hier lebt man in bescheidenen Bürgerhäusern mit einem Minimum an Personal. Vergeblich bittet Luise den großen Franzosenkaiser um Milde für Preußen. Im Frieden zu Tilsit, am 6. Juli 1807, setzt Napoleon die Kriegsschuld Preußens auf 154 Millionen Franc fest. Um das Geld zu beschaffen, müssen die Kronjuwelen verpfändet, die Gehälter gekürzt und sogar Luises Schmuck verkauft werden. Nach Berlin dürfen die Hohenzollern nicht zurück, lediglich einen Umzug nach Königsberg gewährt Napoleon, bis man endlich 1809 nach dreijähriger Abwesenheit nach Berlin zurückkehren kann. Der feierliche Einzug am 23. Dezember wird vom Jubel der Bevölkerung begleitet. Die Herzen hat sich die Königin vor allem wegen ihres mutigen Bittgangs gegenüber Napoleon erobert.

Der Tod der Königin

Im Frühjahr 1810 feiert die Königin ihren 34. Geburtstag in Berlin und äußert: »Ich denke, es wird wohl das letzte Mal sein, dass ich meinen Geburtstag hier feiere.« Und die bange Ahnung erfüllt sich. Am 25. Juni 1810 reist Luise an den väterlichen Hof nach Neustrelitz. Der König begleitet sie, will aber keinen großen Aufwand: »Fressalie will er nicht, aber Tee und dicke Milch und Butterbrot in Hohenzieritz«, teilt sie kurz vor dem Besuch, am 22. Juni 1810, ihrem Vater mit.

In Neustrelitz erkrankt die Königin schwer; wahrscheinlich haben die Fluchtjahre und die kalten Winter ihr Immunsystem geschwächt. Der Arzt diagnostiziert einen Abszess an der Lunge. Am 19. Juli 1810 stirbt die junge Landesmutter Königin Luise von Preußen in den Armen ihres Mannes.

Das Leben Friedrich Wilhelms verläuft auch nach dem Tod der geliebten Frau in ruhigen Bahnen. Er lebt abwechselnd in Berlin, Potsdam und Charlottenburg, wo er die meiste Zeit im Pavillon, damals Kavaliershaus genannt, verbringt. Seinen Geburtstag feiert er im kleinen familiären Kreis auf der Pfaueninsel, wo er auch gerne mal eine Partie Kegel spielt. An der Jagd hat er, genau wie Friedrich der Große, keine Freude. In melancholischen Momenten fährt er nach Paretz, um der glücklichen Zeit mit Luise zu gedenken. Wie immer trägt er schlichte militärische Kleidung, umgibt sich mit einfacher, fast bürgerlicher Einrichtung.

Der Tagesablauf bleibt gleichförmig: Er steht um sechs Uhr morgens auf, zieht den grauen Militärrock über. Dann öffnet er die Post. Nach Sitte Friedrich des Großen wird sie umgehend beantwortet. Anschließend kommen die Minister und Militärs. Gegen Mittag folgt die tägliche Promenade im Wagen nur mit seinem Kutscher. Um zwei Uhr wird meist mit Hofdame Voß zu Mittag gespeist. Nachmittags wird gearbeitet, oder er verbringt die Zeit im familiären Kreis. Abends geht der König ins Theater. Im Zeitalter der deutschen Klassik zieht er den Stücken von Goethe und Schiller simple Possen und Singspiele vor. Denn, wie er sagt, das Leben sei ohnehin traurig genug. Das Abendessen nimmt er im kleinen Kreis ein. Anschließend lässt er sich von seinen Flügeladjutanten seichte Romane oder Anekdoten aus der russischen und preußischen Geschichte vorlesen. Als häufiger Gast bei den Abendzirkeln erscheint Alexander von Humboldt, der den König über die neueste Literatur auf dem Laufenden hält.

Die Küchenführung des Königs

Gleich zu Beginn seiner Herrschaft will Friedrich Wilhelm III. kosteneffizient sein und Missbräuche im Hofstaat bekämpfen. Das Heer der »unnützen Hof-Chargen« ist ihm ein Dorn im Auge. Besonders die Zahl der Hofmusiker und der Angestellten des Marstalles (Stallungen) muss reduziert werden.

Oberhofmarschall Valentin von Massow-Steinhöfel, der mit dem Königspaar eng befreundet ist, führt viele der Sparmaßnahmen verantwortlich aus. Der alte Hofmarschall von Zeuner wird ehrenvoll auf sein Altenteil gesetzt. Massow beschwert sich über das Pagenwesen, das doch dafür da sei, ärmeren jungen Edelleuten eine bessere Erziehung zu geben, die, da sie aber nur zwei Stunden am Tag Dienst tun, dazu verführt würden, mit der Dienerschaft an Ausschweifungen teilzunehmen. Deshalb will er sie bei ehrwürdigen Männern einquartieren, wo sie unter Aufsicht sind. Auch um den Etat kümmert er sich: Der Küchenmeister und die Kammerdiener erhalten 360 Taler Quartiergeld, täglich eine halbe Flasche Wein und zu Weihnachten 50 Taler. Die Kammerdiener können zwischen 10 Talern monatlichem Verpflegungsgeld oder freier Kost wählen. Die Köche müssen den freien Tisch einhalten. »Es ist ein gutes Recht, aber auch eine Pflicht des Kochs, von dem zu essen, was er zubereitet hat«, wird der Oberhofmeister zitiert. Als Küchenchef wählt Hofmarschall Massow, selbst ein ausgesprochener Gourmet, den Koch der Königin Friederike.

Lebensmittelsendungen von den Städten und den Gewerbetreibenden an das Königshaus sind inzwischen durchaus üblich. Der bürgernahe König wird mit essbaren Geschenken überhäuft. Bekam sein Vater jährlich ein Fass Heringe von der Emdener Heringsfischerei, so erhält Friedrich Wilhelm III. ein Vielfaches. Die Stadt Bremen schenkt ihm Lachse und Heringe, Magdeburg überreicht dem Monarchen Elblachs, Werder kredenzt dem König Weinbeeren, ein Bäckermeister schickt jährlich ein »Kiestel Lebkuchen« und ein pensionierter Küchenmeister sendet dem König Frischwurst. Aus Dankbarkeit, dass die Hintergebäude seines Grundstücks in Potsdam aus königlicher Schatulle errichtet worden sind, schickt ein Herr Drosedow acht Goldfasane und zwei Silberfasane für die Fasanerie im Neuen Garten. Hauptmann von Arnim sendet achtzehn gemästete Krammetsvögel, und der Kanzler der Universität Halle schenkt dem Monarchen aus Freude, dass der König bei einem Sturz unverletzt bleibt, eine Lerche. Der Prediger Disant zu Halle übersendet zwölf Flaschen Kapwein, die ihm selbst von seinen Kindern aus Südafrika geschickt worden sind. Der südafrikanische Wein erfreut den Monarchen derart, dass er dem Prediger ein Gegengeschenk zukommen lässt, ein Porzellanservice im Wert von 60 Talern.

Die ewige Zweite: Auguste

Gräfin Auguste von Harrach. Nach Luises Tod nimmt Friedrich Wilhelm III. Auguste in morganatischer Ehe zur Frau. Das Protokoll beinhaltet für die geborene Österreicherin zahlreiche Benachteiligungen: So speist sie bei Staatsdiners an einem separaten Tisch, abseits der hohen Ehrengäste.

Die Berliner nennen den König den alten guten Herrn. Vierzehn Jahre lang duldet er keine andere Frau an seiner Seite. Nachdem die Tochter Luise, die zweite Luise, wie er sie nennt, sich 1824 mit dem Prinzen der Niederlande verlobt, fürchtet der Familienmensch Friedrich Wilhelm die Einsamkeit. 1824 heiratet der vierundfünfzigjährige Friedrich Wilhelm III. die dreißig Jahre jüngere österreichische Gräfin Auguste Harrach, allerdings in einer morganatischen Ehe, also nicht standesgemäß und ohne Auswirkungen auf die Thronfolge. Die

Berliner ereifern sich trotzdem empört, denn keine andere Frau soll die göttliche Königin Luise ersetzen. Die Bevölkerung akzeptiert die neue – noch dazu katholische – Königin nicht. Doch selbst als sie zum evangelischen Glauben konvertiert, kann sie keine Sympathien gewinnen. Bei offiziellen Tafeln darf sie nicht neben dem König sitzen, da sie dem Rang nach nicht ebenbürtig ist. Man munkelt jedoch, dass Friedrich Wilhelm ihr verliebte aufmunternde Blicke während solcher Diners zuwirft. Als der alternde König krank wird, pflegt sie ihn aufopferungsvoll. Der König erhebt seine Frau zur Fürstin Liegnitz. Sie führen bis zu seinem Tod eine recht glückliche Ehe.

Der beliebte Reaktionär auf dem Thron

Obwohl der König eine harte Verfolgungspolitik gegen führende Liberale und Nationale ausübt und damit jedes freie politische Leben unterdrückt, erfreut er sich bei den Bürgern einer großen Popularität. Heinrich Heine schildert dieses Phänomen eindrucksvoll in einem seiner Briefe aus Berlin, datiert am 26. Januar 1822:

»Das Königliche Palais ist das schlichteste und unbedeutendste von allen diesen Gebäuden. Unser König wohnt hier einfach und bürgerlich. Hut ab! Da fährt der König selbst vorbei. Es ist nicht der prächtige Sechsspänner, der gehört einem Gesandten. Nein, er sitzt in dem schlichten Wagen mit zwei ordinären Pferden. Das Haupt bedeckt eine gewöhnliche Offiziersmütze und die Glieder umhüllt ein grauer Regenmantel. Aber das Auge des Eingeweihten sieht das Purpur unter diesem Mantel und das Diadem unter dieser Mütze. Sehen Sie, wie der König jeden freundlich wieder grüßt. Hören Sie! ›Es ist ein schöner Mann‹, flüstert dort die kleine Blondine. ›Es war der beste Ehemann‹, antwortet seufzend die ältere Freundin. ›Ma foi!‹, ruft der Husarenoffizier, ›es ist der beste Reiter in unserer Armee.‹«

Als sich der Landesherr 1827 ein Bein bricht, nimmt die Bevölkerung lebhaft daran Anteil und versammelt sich vor dem »Königs-Palais«. Als der Monarch sich wieder gesund am Fenster zeigt, singen erst einzelne und dann ganze Chöre von Straßenjungen: »Heil Dir im Siegerkranz, Unserm König sind die Beene wieder ganz.« Der König lässt alle zu sich kommen und beschenkt die »Chorknaben« mit Kuchen und Obst.

Nach fast dreiundvierzigjähriger Regentschaft stirbt der König, umgeben von seiner Familie, am 7. Juni 1840 in Berlin.

Mittagstafel Friedrich Wilhelms III.
Mittwoch, den 29. 1. 1823

Graupen-Suppe mit Kalbs-Stutz
Grüne Bohnen naturel
mit Lamm-Cotlets
Gebratene Fasanen
Compot von Aepfel-Gelee

Abendtafel Friedrich Wilhelms III.
29. 1. 1823

Pennade/Habergrütze (Pennade, eine Art Brühe, ist mehrfach durchgestrichen und Habergrütze daneben geschrieben)
Endivien mit gebratener Kalbsmilch
Haché von Hühnern mit Eiern
Compot von frischen Pflaumen

Kiebitzeier auf Frankfurter Art

9 Kiebitzeier
1/8 l Fleischjus, hausgemacht oder aus dem Glas
Salz und Pfeffer
Zum Servieren:
4 Scheiben Pumpernickel, geviertelt
2 EL zerkleinerte Brunnenkresse, mit etwas Salz vermischt
Butter
Frische Petersilie

Die Eier hart kochen und kalt abschrecken. Ein Ei zum Garnieren beiseite legen. Vier Eier zum Erkalten beiseite legen.

Die restlichen vier Eier noch warm fein zerkleinern und mit der Fleischjus zu einer Paste vermengen. Mit Salz und Pfeffer abschmecken.

Zum Servieren die Brotscheibchen mit der Eipaste bestreichen, etwas Kresse darüber streuen und mit einer gebuttertern Scheibe abdecken. Das Brot zu vier Türmchen aufbauen, ein Eiviertel obenauf setzen und mit Petersilie garnieren.

Blätterteigpastetchen mit Spinatschaum

4 fertige Blätterteigpasteten (Königinpasteten)
400 g frischer Blattspinat
Salz
250 g mehlige Kartoffeln, geschält und grob zerkleinert
80 g Butter
Salz und Pfeffer
Muskatnuss
1/8 l süße Sahne

Den Spinat in wenig Wasser garen, bis die Blätter gerade eben zusammenfallen. Abgießen und etwas abkühlen lassen. Den Spinat ausdrücken und im Mixer pürieren.

Die Kartoffeln in Salzwasser weich kochen, abgießen und etwas ausdampfen lassen, dann mit einer Gabel zerdrücken (oder durch die Kartoffelpresse drücken).

Die Butter in einer Kasserolle erhitzen. Den pürierten Spinat und den Kartoffelbrei einrühren. Mit Salz, Pfeffer und frisch geriebener Muskatnuss abschmecken. Die Sahne halb steif schlagen und in die Breimischung rühren. Rühren oder schlagen, bis die Mischung schön schaumig ist. Kurz vor dem Servieren die Blätterteigpasteten nach Anweisung auf der Packung backen.

Zum Servieren die warmen Blätterteigpasteten mit dem Spinatschaum füllen und sofort servieren.

Artischocken mit Krebsen und Parmesan

12 frische Artischockenherzen
Salz
½ l Gemüsebrühe
12 kleine Krebse
6 EL Butter
125 ml süße Sahne
Salz und Pfeffer

Zum Servieren:
50 g Butter
80–100 g frisch geriebener Parmesan

Die Artischocken in leicht gesalzenem Wasser garen. Herausnehmen und warm halten.

Die Gemüsebrühe zum Kochen bringen und darin die Krebse 3 bis 4 Minuten garen. Die Krebse mit dem Schaumlöffel herausnehmen und auf einem Sieb abtropfen lassen. Das Fleisch aus Scheren und Schwänzen herauslösen und beiseite legen. Einen Viertelliter der Brühe abmessen.

Die Krebsschalen im Mörser oder Mixer fein zerkleinern. In einem Topf 4 Esslöffel Butter erhitzen und darin die Krebsschalenmasse 3 bis 4 Minuten rösten. Den Viertelliter Brühe zugießen und das Ganze um ein Drittel einkochen lassen. Die Sahne unterrühren und kurz aufkochen lassen. Die Sauce durch ein feines Sieb passieren und in einen sauberen Topf geben. Mit Salz und Pfeffer abschmecken. Die restliche Butter in Flöckchen mit dem Schneebesen unterschlagen.

Das Krebsfleisch in der Sauce schwenken, bis es erwärmt ist. Die 50 Gramm Butter zerlassen.

Zum Servieren die Artischockenböden auf einer vorgewärmten Servierplatte anrichten, etwas Sauce auf die Artischocken träufeln und das Krebsfleisch obenauf setzen. Dann das Krebsfleisch dick mit Parmesan bestreuen und darüber etwas zerlassene Butter geben. Sofort servieren.

Languste nach Pariser Art

Das Fleisch aus der Languste lösen und acht dünne Scheiben abschneiden. Das restliche Fleisch in 1,5 cm große Würfel schneiden, in eine Schüssel geben und beiseite stellen. Die Langustenscheiben auf einer runden Servierplatte im Kranz anordnen und mit Pimentpulver bestäuben. Mit Trüffelspänen und Estragon garnieren.

Den Fischfond erhitzen und die ausgedrückte Gelatine darin auflösen. Den Portwein einrühren. Mit dem noch warmen und weichen Gelee die garnierten Langustenscheiben dick glasieren. In den Kühlschrank stellen.

Die Zutaten für das Dressing gründlich mischen und unter die Langustenwürfel heben. Den Salat inmitten des Kranzes aus Langustenscheiben dekorativ auftürmen und ebenfalls mit Gelee überziehen. Für ein paar Stunden zum Durchkühlen in den Kühlschrank stellen.

Tipp: Den Langusten-Salat kann man auch in eine Auflaufform geben, mit Butterflöckchen belegen und im Ofen 10 Minuten backen. Er wird dann warm zu den glasierten Langustenscheiben gereicht.

1 gekochte Languste
1/4 l Fischfond
3 Blätter Gelatine, eingeweicht
Pimentpulver (Nelkenpfeffer)
100 g Trüffeln, gehobelt
8 kleine frische Estragonzweige
2 cl Portwein oder Sherry

Für das Dressing:
125 ml heiße Béchamelsauce
2 EL süße Sahne, halbsteif geschlagen
2 TL Dijon-Senf
2 EL fein geriebener Parmesan
1 Prise weißer Pfeffer
1–2 EL Sherry-Essig
1 EL fein zerkleinerte Petersilie (nach Belieben)

Perlhuhn nach Burgunder Art

2 küchenfertige Perlhühner
Salz und Pfeffer
150 g Butter
100 g Speck, gewürfelt
3 Zwiebeln, fein gewürfelt
1 Stange Porree, in feine Ringe geschnitten
2 Möhren, gewürfelt
1/4 l Rotwein
1 Kräutersträußchen (Bouquet garni)
Muskatnuss
80 g Butter
40 g Mehl
Zum Servieren:
Frische Kräuter
Weißbrot, geröstet

Die Perlhühner mit Salz und Pfeffer einreiben. In einer Kasserolle die Butter erhitzen und das Geflügel rundum bräunen. Die Hitze verringern und die Perlhühner 20 bis 30 Minuten gar schmoren, bis ihr Fleisch weich ist. Herausnehmen und warm halten.

Speck, Zwiebeln, Porree, Möhren in dem Bratfett scharf anbraten und mit Rotwein ablöschen. Einen Achtelliter kochendes Wasser, das Kräutersträußchen und eine kräftige Prise frisch geriebene Muskatnuss zugeben und das Ganze um ein gutes Drittel einkochen lassen. Das Kräutersträußchen entfernen und die Sauce durch ein feines Sieb passieren.

Aus der Butter und dem Mehl eine goldgelbe Einbrenne (Mehlschwitze) zubereiten und mit der passierten Sauce auffüllen.

Zum Servieren die Perlhühner halbieren. Aus der Sauce auf vorgewärmten Tellern jeweils einen Spiegel ziehen und je eine Perlhuhnhälfte darauf setzen. Mit frischen Kräutern garnieren und geröstetes Weißbrot dazu reichen.

Geschmorte Kalbsbrust mit frischen Champignons

1 kg Kalbsbrust
Salz und Pfeffer
3 EL Olivenöl
4 Zwiebeln, in feine Würfel geschnitten
1 EL Mehl
300 ml Weißwein
1/4 l Kalbsfond
3 EL Tomatenmark
8 Champignons
Butter (nach Belieben)

Die Kalbsbrust in große Stücke schneiden und leicht salzen und pfeffern.

Das Öl in einer Kasserolle erhitzen und darin erst die Fleischstücke, dann die Zwiebeln goldgelb anbraten. Das Ganze mit Mehl bestäuben und mit Weißwein ablöschen. Aufkochen lassen, dann den Kalbsfond und das Tomatenmark einrühren. Das Ganze bei geringer Hitze schmoren lassen, bis das Fleisch sehr weich ist. Wenn das Fleisch fast weich ist, die Champignons dazugeben und mitgaren.

Das Fleisch und die Pilze herausnehmen und warm halten. Die Sauce durch ein feines Sieb passieren. Nach Belieben die Sauce mit Butterflöckchen schaumig aufschlagen. Das Fleisch und die Pilze auf vorgewärmte Teller geben und etwas Sauce darüber träufeln. Die restliche Sauce separat dazu reichen.

Rehrücken mit Hagebuttensauce

Den Rehrücken mit dem Speck spicken. Auf der Innenseite von der Mitte her beidseitig der Länge nach Taschen einschneiden. Das Fleisch mit Salz und Pfeffer einreiben und kurz beiseite legen.

Die Champignons in Salzwasser weich garen, herausnehmen und im Mixer pürieren. Das Pilzpüree mit den Oliven und dem Trüffelpüree gründlich mischen. Den Rehrücken mit dieser Mischung füllen und fest zusammenrollen (die Rolle mit Hilfe von Küchenzwirn fixieren).

Den Backofen auf 200 °C (Gas Stufe 3) vorheizen.

Das Öl in einer Kasserolle erhitzen und darin den Rehrücken rundum braun anbraten. Den Rehrücken auf den Rost des Backofens legen (Fettauffangschale direkt darunter schieben) und 20 bis 25 Minuten braten; dabei mehrmals mit dem Bratfett aus der Kasserolle bestreichen. (Falls vorhanden, mit einem Fleischthermometer die Garprobe machen: Bei 80 °C ist das Fleisch gar und noch sehr saftig.) Den Rehrücken vor dem Aufschneiden 10 Minuten ruhen lassen.

Für die Sauce 1 Esslöffel Butter in einem Topf erhitzen und darin das Hagebuttenmark anschwitzen. Den Rotwein zugießen und auf die Hälfte einkochen lassen. Den Wildfond zugeben und einkochen lassen, bis die Sauce eine dickliche Konsistenz hat. Mit Cayennepfeffer abschmecken. Zum Schluss die restliche Butter in Flocken mit dem Schneebesen unterschlagen.

Kurz vor dem Servieren die Mangoldblätter in kochendem Salzwasser blanchieren.

Zum Servieren eine vorgewärmte Servierplatte mit den Mangoldblättern auslegen und darauf den in Scheiben geschnittenen Rehrücken anrichten. Die Sauce separat dazu reichen.

Tipp: Gut dazu schmecken Champignons, die mit einer Farce aus Wildfleisch gefüllt sind, und ein Kartoffelgratin.

1 kg küchenfertiger Rehrücken ohne Knochen (etwa 1,2 kg schwer)
200 g Speck, in kurze Streifen geschnitten
Salz und Pfeffer
8 Champignons, grob zerkleinert
250 g schwarze Oliven, entkernt und in feine Würfel geschnitten
100 g Trüffelpüree
2 EL Olivenöl

Für die Hagebuttensauce:
5 EL Hagebuttenmark oder 200 g gekochte und pürierte Hagebutten
40 g Butter
1/4 l trockener Rotwein
1/4 l Wildfond aus dem Glas
Cayennepfeffer

Zum Servieren:
4 große Mangoldblätter

Pflaumen in Zuckersauce

1 kg vollreife Pflaumen
500 g Zucker

Die Pflaumen waschen und entkernen. In einem breiten Topf den Zucker in einem Viertelliter Wasser erhitzen, bis sich die Kristalle aufgelöst haben. Die Früchte zugeben und so viel kaltes Wasser zugießen, dass sie knapp bedeckt sind. Das Ganze zum Kochen bringen, 2 Minuten sprudelnd kochen lassen und vom Herd nehmen. Die Früchte 15 Minuten in der Zuckerlösung ziehen lassen. Dann mit dem Schaumlöffel herausnehmen und mit der Innenseite nach oben in eine Schüssel schichten.

Die Zuckerlösung auf die Hälfte einkochen und über die Pflaumen gießen. Über Nacht ziehen lassen.

Die Pflaumen kann man kalt oder im Wasserbad erwärmt servieren.

Tipp: Die Pflaumen passen ausgezeichnet zu Vanille- oder Zitroneneis. Auch frisch gebackene Waffeln schmecken gut dazu.

Erdbeerbecher

500 g vollreife Erdbeeren
150 g Zucker
500 g Kirschen, entsteint

Zum Garnieren:
Steif geschlagene Schlagsahne

Die Erdbeeren durch ein Sieb streichen. Das Mus mit dem Zucker und den Kirschen mischen und in eine große Gefrierdose füllen. Ins Tiefkühlgerät stellen und die Mischung halb gefrieren lassen.

Zum Servieren das halb gefrorene Mus in Gläser füllen und mit einem Sahnehäubchen garnieren.

Überbackener Weinschaum

10 Eier, getrennt
Abgeriebene Schale
1 unbehandelten Zitrone
1 l Weißwein
Zucker

Zum Servieren:
Rote Fruchtsauce
(Auswahl nach Belieben)

Das Eiweiß zu einem sehr festen Schnee schlagen. Den Zucker mit der abgeriebenen Zitronenschale mischen und unter den Eischnee heben.

Den Weißwein erhitzen, sodass er nur leise sprudelnd kocht. Mit einem Esslöffel kleine Nocken von dem Eischnee abstechen und in dem Wein fest werden lassen. Mit dem Schaumlöffel herausheben und auf ein Sieb geben.

Etwa 100 Gramm Zucker in den Wein rühren und das Ganze etwa auf die Hälfte einkochen lassen. Die Eier verquirlen und mit der Wein-Zucker-Lösung zu einer schaumigen Creme schlagen.

Die Nocken auf ein mit Backpapier ausgelegtes Blech legen und dick mit dem Weinschaum bestreichen. Jeweils etwas Zucker darüber streuen und im Ofen bei mäßiger Hitze überbacken, bis der Zucker leicht gebräunt ist.

Die Nocken noch warm auf einem Spiegel aus roter Fruchtsauce servieren.

KAPITEL VI

Friedrich Wilhelm IV.

Der Romantiker auf dem Thron

(1840–1861)
15. Oktober 1795 in Berlin – 2. Januar 1861 im Schloss Sanssouci

»Ich habe ein Faible für diesen König.
Ich glaube, wir sind uns ähnlich ein wenig.
Ein vornehmer Geist hat viel Talent.
Auch ich, ich wäre ein schlechter Regent.«

Heinrich Heine

Der fantasiebegabte Thronfolger

In den unruhigen Kriegsjahren wächst Friedrich Wilhelm fernab vom Berliner und Potsdamer Hof in Memel, Tilsit und Königsberg auf. Luises Ältester, in der Familie Fritz genannt, ist ein schwieriges Kind, das unentwegt fantastische Streiche ausheckt und mit seinem aufbrausenden Temperament der Familie schwer zu schaffen macht. Zeitgenossen beschreiben ihn einmal als cholerisch und zügellos, zu anderen Gelegenheiten aber auch als schüchtern und scheu. Der fantasievolle Junge ist der Clown in der Familie, immer für Albernheiten und Witze zu haben. Seine Geschwister nennen ihn liebevoll den Butt – eine subtile Anspielung auf seine Leibesfülle und seinen Rang als Thronfolger gleichermaßen. Denn Butt ist eine Verballhornung des Begriffs, mit dem die Franzosen ihre Thronfolger bezeichnen: Dauphin. Der Begriff bezeichnet sowohl den Delfin als auch einen Lehnsherr der Dauphiné, der Region um Grenoble. Noch als König karikiert er sich oftmals selbst als Butt. Neben der humorvollen cholerischen Seite zeigt sich bald ein grübelnder Zug am Kronprinzen. Ganz Kind seiner Zeit, neigt Friedrich Wilhelm zu romantischen Verklärungen. Gerne träumt sich der künstlerisch hochbegabte Prinz in fremde Welten. Als Vierzehnjähriger schreibt er: »Meine Hand kann einige Pfund halten, aber mein Gemüt die Welt umspannen.«

*Elisabeth von Bayern.
Vier Jahre muss Friedrich Wilhelm warten, um die Ehe mit der Katholikin eingehen zu dürfen. Die Ehe ist glücklich, aber kinderlos.*

Frauen gegenüber verhält sich Friedrich Wilhelm zwar schüchtern, aber in seinen Fantasien sieht er sich schon mit einer Italienerin vor den Altar treten. Aber es kommt anders: Der preußische Kronprinz lernt Elisabeth von Bayern, die Tochter von König Maximilian I. Joseph von Bayern, 1819 in Baden-Baden kennen und verliebt sich auf der Stelle in die schöne Prinzessin. In einem Brief an seinen Vater schwärmt der Thronerbe von Elisabeths schwarzen Brauen, ihrem dunklen Haar und ihren Augen, die so klar wie der Himmel seien. Nur der katholische Glaube der Braut steht dem protestantischen Hohenzollern im Weg. Vier Jahre verbringen die Liebenden als Verlobte. Erst als Elisabeth versichert, nach der Heirat zum evangelischen Glauben überzutreten, darf Friedrich Wilhelm seine Braut am 29. November 1823 endlich in der Berliner Schlosskapelle zum Traualtar führen. Die Ehe ist sehr glücklich, bleibt aber kinderlos. Noch mit sechzig Jahren beteuert der »Romantiker auf den Thron«, immer noch in seine »Elise« verliebt zu sein.

Hofhaltung und leibliche Genüsse

Im Winter wohnen Friedrich Wilhelm und Elisabeth im Stadtschloss zu Berlin. Die meiste Zeit aber residiert das königliche Paar auf dem Gut Charlottenhof am Rande des Parks Sanssouci, ein Geschenk des regierenden Königs, Friedrich Wilhelm III., an seinen Sohn. Der Kronprinz entwirft gemeinsam mit dem Architekten Karl Friedrich Schinkel und dem Landschaftsgärtner Peter Joseph Lenné ein italienisch anmutendes Ensemble. Hier in Charlottenhof, abseits von Berlin, schafft sich der Butt sein Refugium.

Finanziell ist Friedrich Wilhelm vom Vater abhängig, der ihm eine Apanage bezahlt. Den Hofstaat des Kronprinzen leitet Hofmarschall Ludwig Massow. Im Gegensatz zum schlanken König ist der Prinz wohlgenährt. Ganz offensichtlich frönt er den Genüssen einer erlesenen Küche.

Anhand von erhaltenen Küchenzetteln lässt sich eine für den Hof Friedrich Wilhelms IV. typische Speisefolge nachzeichnen: Als erster Gang wird Suppe gereicht, zum Beispiel Schildkrötensuppe mit Trüffeln. Danach kommen frische gebratene Austern, Kaviar, gebackene Froschschenkel, Schildkrötenfleisch oder kleine Pastetchen auf den Tisch. Ihnen folgt ein kleines Fleischgericht, zum Beispiel frische Wurst mit gebratenen Erdtoffeln (Kartoffeln). Daran schließt sich ein Fischgang an, wobei Fische wie Zander, Rheinlachs oder Karpfen den Vorzug erhalten. Nun tischt die königliche Küche ein Fleischgericht auf: Das kann Wildschweinziemer – wie die damaligen Gourmets den Wildschweinrücken nannten – mit Kirschsauce sein oder Hammelbraten mit Beilagen. Nach diesen reichhaltigen Speisen reicht man kleinere Gerichte wie Ragouts und Endiviensalat. Zum Atemholen gibt es dann ein leichtes Zwischengericht. Das können Makkaroni mit Trüffeln sein oder auch Filets von Champignons. Als achter Gang wird häufig Gänseleberpastete in Aspik gereicht, und erst mit dem neunten erreichen die Menüs ihren Höhepunkt: Das sind in der Regel festliche Braten. Dazu gibt es »nur« Salate. Aber noch sind die Tafelnden nicht erlöst: Würste oder deftige Puddings stehen zum

Unten:
Schloss Charlottenhof.
Der Besitz ist ein Geschenk Friedrich Wilhelms IV. an Kronprinz Wilhelm.

Ganz unten:
Blumengarten mit Schinkellaube. Baumeister Schinkel und Landschaftsgärtner Lenné kreieren für Kronprinz Wilhelm ein Ensemble im italienischen Stil.

Schloss Charlottenhof, Speisesaal. Friedrich Wilhelm IV. und Elisabeth speisen täglich gemeinsam.

Verzehr bereit. Den Kontrapunkt dazu wiederum setzen zwei süße Gänge mit Orangencremes, Waffeln, Kuchen und Konfitüren. Zum Abschluss gibt es wieder Deftiges wie Rheinlachs oder Salat von Sardellen und Eiern.

Die Abendtafel bei Friedrich Wilhelm fällt bescheidener aus. Sie besteht lediglich aus vier Gängen. Das erste Gericht ist schlicht, etwa eine einfache Eierstichsuppe. Es folgen zwei Hauptgerichte: Scheibenerdtoffeln (Bratkartoffeln) mit Koteletts und Rehbraten. Als Abschluss wird eine größere Nachspeise gereicht, zum Beispiel Apfelgratin. Häufig findet man unter den Speisen am Hofe (des späteren) Friedrich Wilhelms IV. auch bayrische Gerichte, wie bayerische Suppen, Waffeln oder Weißwürste. Für die Königin sind die bayrischen Leckerbissen Genüsse, die sie an die alte Heimat erinnern.

Abendtafel Seiner Königlichen Hoheit des Kronprinzen (14 Couverts)
Montag, den 26. Januar 1835

Suppe mit Hühnerflocken
Spargel und junge Mohrrüben mit Escaloppe de rotaille
Gebratene Krammetsvögel mit Äpfelmarinade
Reis

Die Kartoffel hat inzwischen Einzug bei Hofe gehalten. An der königlichen Tafel wird sie mit Erdtoffel bezeichnet. Zur Leibspeise des Kronprinzen avanciert die mit Kalbsmilchragout gefüllte Erdtoffelpastete. Mit Kalbsmilch bezeichnet man damals das Kalbsbries, also die Thymusdrüse.

Die Wacholderdrossel, damals eher bekannt als Krammetsvogel, darf im Herbst auf herrschaftlichen Tafeln nicht fehlen. Drei der kleinen Vögel bilden eine Portion. Die inzwischen nahezu ausgestorbenen Vögel sind damals etwas größer gewesen als der heute mit Drossel bezeichnete Singvogel. Die Zeitgenossen Friedrich Wilhelms schätzen ihr Fleisch wegen des leicht bitteren Geschmacks, sein charakteristisches Aroma erhält es im Herbst, wenn die Vögel sich von Vogelbeeren, Wacholderbeeren und Weintrauben ernähren.

Der Romantiker auf dem Thron

Von Friedrich Wilhelm IV. erwartet das Volk eine Liberalisierung der politischen Verhältnisse. Wer den lyrischen Ansprachen des neuen Königs lauscht, ist vom Wesen des Monarchen zunächst begeistert. Auch der junge Bismarck lässt sich von Friedrich Wilhelms Rhetorik beeindrucken: »Dieselben (die Reden) sind ein beredter und mitunter dichterischer Ausdruck der Gedanken, welche jene Zeit in Bewegung zu setzen im Stande waren … Ich erinnere mich sehr wohl der Begeisterung, welche die Krönungsrede und Auslassungen des Königs bei andern öffentlichen Gelegenheiten (›Alaaf Köln‹) erregten.«

Friedrich Wilhelms erste Regierungsmaßnahmen erwecken Hoffnung: Es ergeht eine landesweite Amnestie, die Zensur wird gemildert. Die im Königreich Hannover als politisch Liberale gemaßregelten Brüder Jacob und Wilhelm Grimm erhalten an der Akademie der Wissenschaften ein neues Wirkungsfeld. Die heiß ersehnte Verfassung verwehrt Friedrich Wilhelm IV. jedoch seinen Untertanen. Der »Mittelalterromantiker« sieht sich als Monarch von Gottes Gnaden. Er will seine Handlungen einzig und allein vor seinem himmlischen Schöpfer rechtfertigen: »Aber es gibt Dinge, die man nur als König weiß, die ich selbst als Kronprinz nicht gewusst und nun erst als König erfahren habe.«

Friedrich Wilhelms IV. rückwärts gewandte Politik fördert die Unzufriedenheit der nur noch widerwillig gehorchenden Preußen mit ihrem König. In den Konditoreien und Weinstuben der Stadt treffen sich Künstler, Studenten und Philosophen wie Karl Marx und Friedrich Engels, um die ungerechten sozialen Verhältnisse des Landes zu beklagen. Gegenüber dem Elend bleibt der König blind. Den Aufstand der verarmten Weber in Schlesien lässt er von Polizei und Militär blutig unterdrücken. Als dann Flugblätter den Hohenzollernherrscher attackieren, Freiheit und Grundrechte fordern, reagiert der mit Unverständnis: Warum nur will das Volk seinen »fürsorglichen« Regenten nicht lieben?

1848 explodiert das Pulverfass. Am 18. und 19. März gehen die Berliner auf die Barrikaden, mehrere Hundert Tote sind am Ende der Kämpfe zu beklagen.

Gegenüber:
Belvedere, Blick auf den Klausberg. Die Via Triumphalis zwischen Pfingstberg und Sanssouci geht auf eigene Entwürfe des musisch interessierten Königs zurück. Das Belvedere gehört zu dem Ensemble.

Der König überlässt das Kämpfen seinem Bruder Wilhelm, der zunächst als »Kartätschenprinz«, später dann als König Wilhelm I. in die Geschichte eingehen wird.

Die ihm vom Frankfurter Paulskirchenparlament angetragene deutsche Kaiserkrone lehnt Friedrich Wilhelm brüsk ab. Ein Hohenzoller setzt sich keinen von Revolutionären geflochtenen »Kranz aus Dreck und Letten« aufs ehrwürdige Haupt! Die Krone, so sein Weltbild, dürfe kein Parlament, sondern nur die Versammlung der deutschen Fürsten vergeben. Und auch die liberale Charta lässt der Preußenkönig kassieren, kaum dass die revolutionär-demokratische Bewegung im Land an Schwung verliert. Stattdessen schreibt eine neue, dem Volk aufgezwungene »oktroyierte« Verfassung die Vormachtstellung von König und Adel fest, verhindert das ungerechte Dreiklassenwahlrecht bis 1918 eine Demokratisierung des größten deutschen Binnenstaats.

Talentierter als in der Politik zeigt sich Friedrich Wilhelm in der Architektur und der Kunst. Führende Baumeister des Klassizismus – wie zum Beispiel Karl Friedrich Schinkel und Ludwig Persius – gehen bei Hof ein und aus. Der »Romantiker auf dem Thron« ist ein begabter Zeichner. Einige tausend Zeichnungen und Entwürfe aus seiner Feder sind erhalten. Gelegentlich sinniert Friedrich Wilhelm über sich und seine Brüder: »Wenn wir als Söhne eines einfachen Beamten zur Welt gekommen wären, so wäre ich Architekt geworden, Wilhelm Unteroffizier, Albrecht ein Trinker, und Karl wäre ins Zuchthaus gekommen.« Seiner Künstlernatur folgend, setzt er die Bautradition seines Großvaters, des dicken Lüderjahn, fort. Für Potsdam plant der König zwischen dem Pfingstberg und dem Park von Sanssouci eine dreißig Gebäude umfassende Höhenstraße, die »Via Triumphalis«. Sie bleibt jedoch ein Fragment. Fertig gestellt werden die große Orangerie, das Triumphtor und das Belvedere. Mit dem Landschaftsgärtner Peter Joseph Lenné will er Berlin und Potsdam zu einer großen Parkanlage umgestalten. Unter der Ägide des tiefreligiösen Monarchen Friedrich Wilhelm IV. sind auch Kirchenbauten wie die Friedenskirche im Park Sanssouci oder die Heilandskirche in Sacrow entstanden. Sein Hauptprojekt bleibt die Vollendung des Kölner Doms. Die Begeisterung für das große Bauvorhaben wird allgemein geteilt, da man in dem Kölner Dom auch ein Symbol für die Einheit aller Deutschen sieht.

Friedenskirche, Blick über den Teich. Wie in seinem Testament verfügt, wird Friedrich Wilhelm IV. in der Friedenskirche beigesetzt.

Friedrich Wilhelm IV. ist der erste preußische Herrscher, der es wagt, Schloss Sanssouci, das Domizil des verehrten Vorfahren Friedrich des Großen, zu bewohnen. Genau einhundert Jahre nach dessen Krönung besteigt Friedrich Wilhelm IV. den Thron. Der Hohn lässt nicht lange auf sich warten. Karikaturen verspotten den neuen Herrscher, der vergeblich versucht, in die viel zu großen Fußstapfen seines Ahnen zu treten.

Friedrich Wilhelm ist weitaus häufiger unterwegs als seine Vorgänger. Dazu nutzt er gerne auch ein neues Verkehrsmittel, die Eisenbahn. Den Winter verbringt der Monarch in Berlin, den Frühling im Potsdamer Stadtschloss, den Frühsommer in Schloss Sanssouci. Im August und September findet man den königlichen Nomaden auf Rügen und in den schlesischen Bergen. Im Herbst, der Zeit der Truppenmanöver, besichtigt er Preußens Garnisonsstädte. Lieblingsziele sind neben dem Rheinland, Pommern und Ostpreußen auch England, Russland, Dänemark und Italien. Während der vielen Reisen wird der König von einem aufwändigen Hofstaat begleitet.

Sehr gerne speist der Romantiker auch auf Reisen bei schönem Wetter im Freien und lädt zahlreiche Gäste dazu ein. Diener verstauen in dekorativen Körben Fleischkuchen in Gelee, zum Beispiel Schinken in Gelee oder kalte Geflügelpastete. Zu den Bestandteilen eines königlichen Picknicks gehören auch kalter Braten, feine Wurst, Pickles und saure Gurken. Als Beilage dienen Schwarz- und Weißbrot. Auch Obst, Kuchen und Gebäck zählen zu den Zutaten eines herrschaftlichen Mahls unter freiem Himmel. Getrunken werden Champagner und Wein. Der Kaffee wird von den Dienern vor Ort auf einem offenen Feuer gekocht.

Der König und sein Hofmarschall

Hofmarschall unter Friedrich Wilhelm IV. ist Graf Keller, der zum Preußenherrscher ein freundschaftliches Verhältnis unterhält. Der Adjutant des Königs, Prinz Kraft zu Hohenlohe-Ingelfingen, erzählt in seinen Memoiren von der Schlagfertigkeit Kellers. Als sich ein Minister beschwert, an der Tafel nicht angemessen platziert worden zu sein, antwortet ihm der Graf: »Sie haben recht, aber ich dachte, Sie wären ein zu verständiger Mensch, als daß Sie auf so dummes Zeug, wie die Etikette, Wert legten. Da ich sehe, daß ich mich geirrt, bitte ich um Entschuldigung.« Den König amüsieren solche Zwischenfälle. Auch in anderen Fragen der Etikette besitzt der Hofmarschall seinen eigenen Kopf. Friedrich

Wilhelm IV. plant, von dem Orangerie-Schloss im Park Sanssouci ein Viadukt als Verbindung zum Schloss zu legen. Keller spricht sich dagegen aus, um die Eigenständigkeit von Sanssouci und damit das Andenken an Friedrich den Großen nicht zu stören – mit Erfolg. Die Reibereien zwischen Hofchef und König nehmen zum Teil komische Züge an. So hört man den König sagen: »Sieh mal, Elise, der Keller wird so wütend, daß ihm das Kinn zittert – da muß ich schon nachgeben.« Und der Konflikt löst sich im Allgemeinen in Lachen auf.

Tagesablauf des Herrschers

Friedrich Wilhelm IV. steht jeden Morgen um sieben Uhr auf. Nach der Morgentoilette trinkt er gemeinsam mit seiner Gemahlin einen Kaffee. Das Königspaar nimmt auch das Frühstück gemeinsam ein und bespricht dabei mit dem Minister und dem Oberhofmarschall die Termine des Tages. Wenn die Sprache auf die Gästeliste für das tägliche Mittagessen kommt, muss der Hofmarschall mit der Willkür von Friedrich Wilhelm rechnen. Seine spontan ausgesprochenen Einladungen lassen die Zahl der Gäste schnell von ursprünglich sieben auf über fünfzig Personen ansteigen.

Gegen neun Uhr beginnt der Arbeitstag des Königs mit den Ministern und den Kabinettsmitgliedern. Nachmittags um drei Uhr geht der König spazieren. Für halb vier Uhr ist die Mittagstafel angesetzt, die sehr üppig ist und aus acht bis zwölf Gängen besteht. Hinterher unterhält sich Friedrich Wilhelm IV. gewöhnlich noch eine Stunde mit den Gästen, bis gegen sechs Uhr die Gesellschaft aufgehoben wird. Anschließend arbeitet der Monarch noch zwei bis drei Stunden. Die Abendtafel fällt bescheidener aus, zumindest dann, wenn keine offiziellen Gäste anwesend sind. Der junge Offizier Fedor von Köppen beschreibt die Abendmahlzeiten: »Zum Abendessen wurde nicht besonders gedeckt, sondern es wurden nur zwei Strohteller vor eines jeden Platz auf den Tisch gelegt, ein runder für das Porzellan, ein länglicher für die Bestecke. Es wurde nur ein Gericht serviert. Der König trank des Abends keinen Wein, ein bis höchstens zwei Glas Champagner.«

Friedrich Wilhelm pflegt täglich bei der Mittagstafel mit Wasser verdünnten Champagner zu trinken. Der Adjutant notiert hierzu ein wenig schönfärberisch:

Gedeckter Tisch mit Butt-Service. Zur Freude seiner Familie lässt Friedrich Wilhelm IV. ein Service im Fisch-Dekor entwerfen – Beleg für den unprätentiösen Humor des Preußenherrschers.

Diner 15. Oktober 1845

Le Potage au ragou des
indes à la renaissance
Les croquettes de gibier
à la reine
Les carpes du rhin
à la sauce alliance
Les filet de bœuf
à la macedoine
Les coqs du bruyére
chapons becasses rotis
Les fonds d'artichauds
à la baigoules
Le choux fleur au parmesan,
Le poudings à l'anglaise

Supréme de levants
à la Chasseux
Les quereilles de volaille
à la Diplomate
Les croques
Les compotes
Les glaces d'ananas
4t de pistaches

»Obgleich ... der König mittags nicht mehr als ein Glas trank, war er nach dem Essen ganz besonders gut aufgelegt, und da er dann von Witz sprudelte und dabei leicht erhitzt aussah, so verleitete er die, welche nicht gesehen hatten, was er getrunken, zu dem Glauben, daß er zuviel Wein getrunken habe.« Im Volk gilt er als Säufer. Karikaturen zeigen ihn als Champagner trinkenden, dickwanstigen, blutigen Herrscher, der mit Hilfe des von ihm modernisierten Militärapparats sein Volk unterdrückt. Verurteilungen für Majestätsbeleidigung folgen. Einmal sagt ein Justizbeamter, der König würde alle Tage fünf bis sechs Flaschen Champagner trinken – er bekommt dafür sechs Monate Zuchthaus.

Der königliche Romantiker ist kein Freund der großen winterlichen Bälle am Berliner Hof. Sein Oberzeremonienmeister, Graf Stillfried, kümmert sich um die Organisation der Hoffeste, zu denen mehr als tausend Gäste erscheinen. Unter Friedrich Wilhelm IV. bleiben die ganz großen Feierlichkeiten die Ausnahme. Die Königin hat ihren Anteil daran, da sie nicht gerne im Mittelpunkt steht. Eines der wenigen großen Feste des Königs ist die Huldigungszeremonie, in der er seine Regentschaft mit einem Paukenschlag einläutet. Alljährlich am 15. Oktober begeht das Land den königlichen Geburtstag mit patriotischem Pomp wie Kanonensalven und Gottesdiensten. Seine Majestät feiert seinen Ehrentag lieber im kleinen Kreis.

Am 15. Oktober 1845 zieht die königliche Familie im Wagen und in geschmückten Booten zum Schloss Paretz, wo eine festliche Tafel im Königlichen Reitstall gedeckt ist. Bei dem Diner liegt vor jedem Gast eine kunstvoll verzierte Speisekarte. Ein Adler mit weit ausgebreiteten Flügeln krönt die Kalligraphie. An zentraler Stelle stechen die Initialen des Königs »FWR« hervor. Den Rand zieren die Reichsinsignien und Pfähle, um die sich Weinranken winden, und in filigraner Schrift sind die erlesenen Weine aufgelistet, die zum Geburtstag Seiner Majestät kredenzt werden.

Im Dezember promeniert Friedrich Wilhelm IV. gerne über den Berliner Weihnachtsmarkt. Die »lustige Budenstadt« in der Breiten Straße wird von den ärmsten und den reichsten Bürgern gleichermaßen besucht. Emsige Händler verkaufen Apfel, Nüsse und Pfefferkuchen. Andere bieten Wolldecken und sogar Leierkästen feil.

Heiligabend begeht der König traditionell im Charlottenburger Schloss. Die Speisekarte des Weihnachtsessens von 1853 ist als Faksimile erhalten. Das Menü ist so erlesen wie kostbar, unter anderem werden Austern, Trüffeln, Schweinefilet, Kalbsbraten und Patisserie gereicht.

Die Küche in Sanssouci

Die Küche von Schloss Sanssouci nutzt die Entourage des Königs gewöhnlich in der Zeit von Mai bis November. Sie liegt im östlichen Teil des Schlosses. Die repräsentative und auch professionellere Hofhaltung des Königs erfordert neue Räume für den Küchentrakt, der als einziger Teil in Sanssouci unterkellert ist. Neben dem Weinkeller, den Vorratsräumen und der Scheuerkammer befinden sich im Keller auch Arbeitsräume für die Diener sowie die Lichtkammer für die Kerzen. Im Erdgeschoss sind der große Küchenraum mit dem gewaltigen Herd, die Backstube, die Speisekammer und die Kaffeeküche untergebracht. In dieser Stube bereitet man das Frühstück zu. Über der Küche wohnen die Oberköche, der Küchenmeister und der Haushofmeister, der über einen eigenen Aufenthaltsraum im Küchentrakt verfügt.

Das kleine Sanssouci eignet sich eher für intimere Feste. Die großen Feierlichkeiten bleiben den Stadtschlössern in Potsdam und Berlin vorbehalten. Die Küche ist heute noch in einem exzellenten Zustand, da sie nur während der Regierungszeit Friedrich Wilhelms IV. genutzt wurde.

Schloss Sanssouci, Kochherd mit Küchengeräten.
Seit dem Tod Friedrich des Großen ist das Schloss verwaist. Erst Friedrich Wilhelm IV. nutzt es wieder als Wohnsitz. Vor allem im Küchenbereich lässt er Umbauten vornehmen.

Hofgeflüster

Als die Schwester des Königs, Charlotte, inzwischen verwitwete Kaiserin von Russland, im Mai 1856 zu Besuch kommt, steht der preußische Hof Kopf. In Russland an den größten Luxus gewöhnt, wählt sie ihre Wohnung in dem linken Flügel von Schloss Sanssouci. Der Marmorsaal, einst Speisesaal der friderizianischen »göttlichen Tafelrunde«, wird kurzerhand zum Durchgangszimmer degradiert. Sie bestimmt selbst, wer mit ihr zu Tisch sein darf, und streicht willkürlich auch Familienmitglieder von der Liste. Vor allem der Hofmarschall ist erleichtert, als sie wieder abreist.

Der Flügeladjutant, Prinz Kraft zu Hohenlohe-Ingelfingen, erzählt in seinen biografischen Aufzeichnungen, dass er einmal zu spät über ein Souper informiert gewesen ist. Die königliche Gesellschaft weilt noch in Sanssouci, beschließt aber, gleich mit dem Wagen nach Charlottenburg zu fahren, um zu soupieren. Der Küche wird eilig befohlen, das Essen in Sanssouci zuzubereiten und in Charlottenburg aufzuwärmen. Die Gesellschaft ist inzwischen samt Adjutant im idyllischen Schlossgarten eingetroffen. Bei bestem Wetter fragt der König den überforderten Adjutanten gut gelaunt im Berliner Dialekt: »Sagen Sie mich mal, wat meenen Se denn, werden wir denn wat zu essen kriejen?« Dieser muss nun eingestehen, dass er daran zweifelt, weil das Essen in Sanssouci zwar angekocht und im Küchenwagen nach Charlottenburg gebracht worden ist, wo aber erst Feuer gemacht werden muss. Die Antwort des Königs lautet: »Na, heeren Se mal, Markeer, denn wird det eene scheene Geschichte werden. Übrigens bei die Hitze ißt ja doch keen Mensch wat.«

Die Krankheit des Königs

1857 erleidet der König mehrere Schlaganfälle. Sein Gehirn bleibt geschädigt, unter anderem ist sein Sprachvermögen beeinträchtigt. Königin Elisabeth überredet ihren Gatten, die Regierungsgeschäfte an seinen Bruder Wilhelm zu übertragen.

Die Krankheit zeichnet den Monarchen: Er stößt sich auf Spaziergängen an Bäumen oder vergisst vor den Wachen die Parole. Einmal wird das kranke Oberhaupt der Hohenzollern von einer Wache nicht erkannt und aufgegriffen. Als der Monarch verzweifelt ruft: »Ich bin ja der König!«, antwortet der Wachhabende kühl: »Das kann ja ein jeder sagen.«

Gegenüber:
Die Küche von Sanssouci ist nur für wenige Gäste ausgelegt. Von Mai bis Oktober dient Sanssouci der Königsfamilie als Sommersitz.

Gegenüber:
Die Orangerie im Park von Sanssouci ist Teil der Via Triumphalis. Von den beiden Türmen ist der gesamte Schlosspark zu überblicken.

Nach verschiedenen Vorfällen beschließt man, den Monarchen zu seinem eigenen Schutz beobachten zu lassen. Der König wundert sich über seine »Verfolger«. Er versichert, es sei ganz unmöglich, dass sich ein Königsmörder in den von Posten gespickten Gärten herumschleiche. Als man ihn aufklärt, dass alles zu seinem Schutz geschehe, antwortet der Monarch: »Wenn ich nicht mehr frei spazieren gehen kann, mag ich auch nicht mehr leben.«

Die Ärzte erlauben eine Reise in den Süden. Der König möchte gerne den Papst sehen. Elisabeth und Friedrich Wilhelm IV. brechen in einem luxuriösen Wagenzug nach Italien auf. Der Hofstaat auf Reisen ist luxuriös ausgestattet. Adjutant Prinz Kraft zu Hohenlohe-Ingelfingen erzählt Einzelheiten: »Wir waren, von den Majestäten angefangen bis zum letzten Diener herab, 81 Personen und wurden auf 19 Wagen untergebracht. Sowohl die Gesundheit des Königs erheischte es, als auch die Geldfrage machte es vorteilhafter, daß der Königliche Hof auf eine Abwesenheit von mehr als einem halben Jahre alles mitnahm, was zur Haushaltung nötig war. Da sah man nicht nur Kämmerier und Kassier, wie Bediente, Kammerdiener und Lakaien, sondern auch die Köche, Küchendiener, Silberwäscherinnen, Garderobier, Schneider und Schneiderinnen, Wagenmeister und Hausknechte. Der König mußte sie doch bezahlen, denn er konnte sie während der Reise nicht entlassen. Die Rechnung hat sich bewährt, denn nach einer siebenmonatigen Abwesenheit von Sanssouci stellte sich heraus, daß trotz der Reisen und Geschenke, die der König gemacht hatte, der Haushalt weniger Geld gekostet hat als sonst der gewöhnliche Aufenthalt in Sanssouci.« Weniger Ertrag bringt die Audienz beim Kirchenfürsten. In Rom muss Friedrich Wilhelm erkennen, dass Preußens Gloria jenseits der Alpen nicht viel zählt. Das Oberhaupt der katholischen Kirche verwechselt ihn mit einem Franzosen und spricht ihn auch als solchen an.

Die letzten Lebensmonate verbringt das Königspaar in Potsdam. Friedrich Wilhelm IV. stirbt am 2. Januar 1861 im Kreise der gesamten Familie im Schloss Sanssouci. Wie in seinem Testament verfügt, wird er in der Potsdamer Friedenskirche beigesetzt.

Austernsuppe

40 Austern
80 g Butter
30 g Mehl
¼ l Sahne
Cayennepfeffer
Salz

Die Austern öffnen und dabei den Austernsaft auffangen. Zum Öffnen die Auster – mit der gewölbten Seite nach unten und der runden Seite nach außen – fest in die mit einem Tuch bedeckte Hand nehmen. (Das Tuch ist wichtig für den sicheren Griff, sonst besteht erhöhte Verletzungsgefahr.) Mit dem Austernmesser (oder vorsichtig mit einem anderen scharfen Messer) am Scharnier, das sich an der geraden Seite der Muschel befindet, einstechen und dieses mit einem festen Zug durchtrennen. Dann das Messer rund um die Muschel führen. Die Schale vorsichtig abheben und dabei die Muschel waagrecht halten, damit der Saft nicht in das Tuch fließt. (Die Schalen zum Garnieren aufbewahren.)

Den Saft mit dem Muschelfleisch und so viel Wasser, dass das Muschelfleisch gerade bedeckt ist, in einen Topf geben und bei geringer Hitze heiß werden lassen. Kurz bevor das Wasser den Siedepunkt erreicht hat (es beginnt dann zu »zittern«), den Topf vom Herd nehmen. (Das Wasser darf weder sieden noch sprudelnd kochen!) Die Austern noch 15 Minuten in dem Sud ziehen lassen, dann herausnehmen und beiseite stellen.

Den Sud kurz zum Kochen bringen und den sich bildenden Schaum abschöpfen und eventuell anschließend durch ein Tuch abgießen, um die letzten trübenden Partikel zu beseitigen.

Mit der Butter und dem Mehl eine Einbrenne (Mehlschwitze) zubereiten und den Austernsud in kleinen Portionen unterrühren. Zum Schluss unter kräftigem Schlagen mit dem Schneebesen die Sahne hinzufügen. Mit Cayennepfeffer und (vorsichtig) mit Salz abschmecken.

Zum Servieren die sehr heiße Suppe in vorgewärmte Teller füllen und in die Mitte jeweils eine Auster in einer Schalenhälfte setzen.

Sardellen-Pastetchen

250 g Blätterteig
(aus dem Kühlregal)
Butter
300 g Sardellen, püriert
200 g Fischfarce
1 Eigelb, leicht verquirlt

Den Blätterteig 1,5 cm dick ausrollen und runde Plätzchen mit einem Durchmesser von 5 cm ausstechen und auf ein Küchentuch legen.

Für die Füllung die Fischfarce mit den pürierten Sardellen gründlich mischen und in kleinen Kugeln jeweils in die Mitte der Plätzchen setzen.

Den Backofen auf 200 °C (Gas Stufe 3) vorheizen.

Die Reste des Blätterteiges miteinander verkneten und 5 bis 6 mm dünn ausrollen. Plätzchen in gleicher Größe wie zuvor ausstechen. Den Rand der dickeren »gefüllten« Plätzchen mit Wasser anfeuchten. Die Füllung mit den dünnen Plätzchen abdecken und am Rand mit den Zinken einer Gabel andrücken.

Ein Backblech kalt abspülen und die Pasteten darauf setzen. Die Oberfläche der Pastetchen mit Eigelb bestreichen. Die Pastetchen im vorgeheizten Ofen 20 bis 25 Minuten backen, bis sie leicht gebräunt sind. Heiß servieren.

Makkaroni-Champignon-Auflauf

500 g Makkaroni
Butter
250 g Champignons,
in Scheiben geschnitten
1 gestrichener EL Mehl
Salz und Pfeffer
4 Eigelbe verquirlt
4 Eiweiße
80 g geriebener Parmesan
100 g geriebener Emmentaler
oder fein zerkrümelter
Mozzarella)

Die Makkaroni in reichlich Salzwasser bissfest garen. Abgießen und kalt abschrecken. Die Nudeln in fingerlange Stücke schneiden.

Etwa 3 Esslöffel Butter in einer Kasserolle erhitzen und die Champignons darin weich dünsten. Das Mehl einrühren und mit Salz und Pfeffer würzen. Vom Herd nehmen und die Nudeln, die verquirlten Eigelbe und den Parmesan hinzufügen und alles gründlich mischen. Das Eiweiß steif schlagen und unterheben. Die Mischung in eine großzügig gefettete Auflaufform geben, dick mit Emmentaler bestreuen und einige Butterflöckchen darauf verteilen.

Im (nicht vorgeheizten) Backofen bei 200 °C (Gas Stufe 3) 30 bis 40 Minuten backen, bis der Käse goldgelb ist (er darf einige goldbraune Stellen haben).

Pastetchen mit Gänseleber-Emincé

200 g gegarte Gänse- oder Hühnerbrust
1 Eigelb
1 TL Crème fraîche
Salz und Pfeffer
Butter
2 Gänselebern
250 g Champignons, in sehr feine Scheiben geschnitten
$^1/_8$ l Rotwein
$^1/_8$ l Geflügelfond
4 fertige Blätterteigpasteten (Königinpasteten)

Zum Garnieren:
1 kleine Hand voll frische Erbsen
4 Mini-Möhren, der Länge nach geviertelt
Röschen von Blumenkohl
4 Scheiben hauchfein geschnittene gekochte Zunge

Das Geflügelfleisch mit dem Eigelb und der Crème fraîche im Mixer zu einer festeren Farce verarbeiten. Mit Salz und Pfeffer abschmecken. Aus dem Teig 2 cm dicke Röllchen formen. In einer Pfanne 2 Esslöffel Butter zerlassen und darin die Farceröllchen kross braten. Herausnehmen, abkühlen lassen und in feine Scheiben schneiden.

In dem Bratfett die Gänseleber wenige Minuten braten, bis sie gerade eben durch ist. Herausnehmen, halbieren (größere Lebern vierteln) und in hauchdünne Scheiben schneiden. Die Champignonscheiben in dem Bratfett schwenken, bis sie bissfest weich sind. Herausnehmen.

Den Rotwein in die Pfanne gießen und aufkochen lassen. Den Geflügelfond zugeben und das Ganze fast auf die Hälfte einkochen lassen. Mit Salz und Pfeffer abschmecken. Durch ein Haarsieb passieren. Mit Butterflocken die Sauce cremig aufschlagen. Alle in Scheiben geschnittenen Zutaten hinzufügen und erwärmen.

Die Pasteten nach Gebrauchsanweisung auf der Verpackung backen. Inzwischen das Gemüse in zerlassener heißer Butter schwenken, um es zu erwärmen und leicht zu garen (es sollte noch einen sehr knackigen Biss haben).

Zum Servieren die Pasteten mit der Emincé füllen. Die Zungenscheiben wie Tütchen formen und jeweils etwas von dem Gemüse hineingeben. Schräg auf die Pastetenfüllung stecken und den »Pastetendeckel« aufsetzen.

Tipp: Für eine Emincé (»Blätterfleisch«: franz.: émincer = kleinblättrig schneiden) werden die festen Zutaten immer in hauchfeine Scheiben geschnitten.

Karpfen in schwarzer Sauce

1 lebender Karpfen
(etwa 1 kg schwer)
Essig
Salz
1 Bund Suppengrün,
zerkleinert
2 Zwiebeln,
grob gewürfelt
Salz
5 Pfefferkörner
Butter
30 g Mehl
Zitronensaft

Den Karpfen schlachten und dabei das Blut auffangen. Das Blut mit 2 bis 3 Esslöffeln Essig mischen und beiseite stellen.

Den Fisch ausnehmen, entschuppen und gründlich reinigen. Kopf und Schwanz entfernen und den Fisch der Länge nach in handbreite Streifen schneiden und diese gut trocknen. Die Fischstreifen auf beiden Seiten salzen und beiseite legen.

Etwa 600 Milliliter Essig, die gleiche Menge Wasser, das Suppengrün, die Zwiebeln, Salz und Pfefferkörner in einen Topf geben. Zum Kochen bringen, dann die Hitze verringern und etwa 15 bis 20 Minuten köcheln lassen. Die Hitze so einstellen, dass der Sud nur siedet. Die Fischstreifen hinzufügen und 30 Minuten ziehen lassen.

Inzwischen mit 50 Gramm Butter und dem Mehl eine braune Mehlschwitze zubereiten und mit etwas geklärtem Fischsud zu einer dicklich-cremigen Sauce verrühren. Mit ein paar Butterflocken und Zitronensaft abschmecken.

Kurz vor dem Anrichten das Fischblut in die Sauce geben und kurz aufkochen lassen.

Zum Servieren die Fischstreifen auf vorgewärmten Tellern anrichten und mit der Sauce übergießen.

Damhirschkeule in Madeira

1 Damhirschkeule
(etwa 1,5 kg schwer)
150 g Speck, in Streifen geschnitten
Salz und Pfeffer
200 g Butter
1/4 l Fleischbrühe
3 Schalotten, in Ringe geschnitten
1 Möhre, gewürfelt
1 Zitronenscheibe
1 Lorbeerblatt
5 Pfefferkörner
40 g Mehl
1/8 l Madeira

Den Backofen auf 200 °C (Gas Stufe 3) vorheizen.

Die Hirschkeule mit dem Speck spicken und mit Salz und Pfeffer einreiben.

In einem Bräter 150 Gramm Butter zerlassen und die Keule auf dem Herd anbraten. Die Fleischbrühe zugießen und kurz aufkochen lassen. Schalottenringe, Möhrenwürfel, Zitronenscheibe, Lorbeerblatt. Pfefferkörner und etwas Salz hinzufügen und das Ganze in den Ofen schieben. Die Hirschkeule 2 bis 3 Stunden (Garzeit hängt von der Qualität des Fleisches ab) schmoren, bis das Fleisch durchgegart ist; dabei häufig mit dem Schmorsud übergießen. (Wildfleisch muss immer durchgegart sein, das heißt, wenn man in eine dicke Stelle des Fleischs hineinsticht, muss der austretende Saft klar sein.)

Die Hirschkeule herausnehmen und warm halten. Den Bräter auf den Herd stellen. Mit ein wenig kaltem Wasser den Bratansatz vom Boden des Bräters lösen. Den Sud durch ein feines Sieb passieren und entfetten.

In einem kleineren Topf mit dem Mehl und 30 Gramm Butter eine braune Mehlschwitze zubereiten. Den Madeira einrühren und aufkochen lassen. Die Sauce mit der restlichen Butter aufschlagen, bis sie eine luftig-cremige Konsistenz hat.

Zum Servieren die Hirschkeule in dünne Scheiben tranchieren und diese auf vorgewärmten Tellern anrichten. Mit etwas Sauce beträufeln und mit Petersilie garnieren.

Bayerische Creme Vanille

½ l Milch
2 Vanilleschoten, der Länge nach aufgeschnitten
250 g Zucker
8 Eigelbe
12 Blatt Gelatine, eingeweicht
½ l Schlagrahm

Zum Garnieren:
Rote Johannisbeeren
1 Kiwi
Puderzucker

Die Milch mit den Vanilleschoten in einen Topf geben und zum Kochen bringen. Die Hitze verringern. Zucker und Eigelbe mischen und in kleinen Portionen unter kräftigem Rühren in die Milch einrühren. Vanilleschote herausnehmen und die ausgedrückte Gelatine einrühren.

Die Creme durch ein Spitzsieb in eine Schüssel gießen und abkühlen lassen; dabei immer wieder umrühren. Sobald die Creme beginnt, fest zu werden, die Sahne steif schlagen und unter die Creme heben.

Die Creme in Portionsförmchen füllen und einige Stunden in den Kühlschrank stellen.

Kurz vor dem Servieren die Kiwi mit dem Puderzucker im Mixer pürieren.

Zum Servieren die Creme auf gekühlte Teller stürzen und mit Johannisbeeren und Kiwipüree garnieren.

KAPITEL VII

Wilhelm I.

Vom König zum Kaiser

(1861–1888)
22. März 1797 im Berliner Schloss –
9. März 1888 im Palais Kaiser Wilhelm in Berlin

»Bei Wilhelm I. war das Bewusstsein als preußischer Offizier und als preußischer König sehr lebhaft, aber die edlen Eigenschaften seines Herzens, die Zuverlässigkeit und Gradheit seines Charakters waren groß genug, um die Belastung zu ertragen, um so mehr, als sein Bedürfnis nach Anerkennung frei von Selbstüberschätzung, im Gegenteil seine vornehme Bescheidenheit ebenso groß wie sein Pflichtgefühl und seine Tapferkeit war.«

Otto von Bismarck

Der Kartätschenprinz

Mit Wilhelm I. besteigt abermals eine autoritäre Herrschernatur den Thron. Wie der alte Soldatenkönig hat er ein Faible für alles Militärische. Für den zweitgeborenen Sohn von Luise und Friedrich Wilhelm III. scheint die Königswürde zunächst unerreichbar. Erst als sein kinderlos gebliebener Bruder 1857 schwer erkrankt, übernimmt Wilhelm die Regierungsgeschäfte und wird 1861 nach dem Tod Friedrich Wilhelms IV. Preußens siebenter König. Die großen Linien der Politik aber bestimmt mehr und mehr ein aus dem kleinen Landadel stammender, charismatischer Politiker: Otto von Bismarck. »Unter« dem preußischen Ministerpräsidenten und späteren Reichskanzler wird Wilhelm I. dreißig Jahre lang »als König dienen«.

Wilhelm kommt kurz vor der Thronbesteigung des Vaters Friedrich Wilhelm III. am 23. März 1797 im Kronprinzenpalais Unter den Linden zur Welt. Von Anfang an ist die Erziehung des zweitgeborenen Sohnes von Luise und Friedrich Wilhelm III. auf eine militärische Laufbahn hin ausgerichtet. Die Befreiungskriege – Napoleon erringt gerade große Siege in Italien – prägen seine Kindheit. Der junge Wilhelm hat nicht die wissenschaftlichen und künstlerischen Fähigkeiten seines Bruders. »Unser Wilhelm wird, wenn mich nicht alles trügt, wie sein Vater, einfach, bieder, und verständig«, so beschreibt Luise ihren Sohn. Auffallend bei Wilhelm sind die Ordnungsliebe und der »volle Genuß an den militärischen Übungen«.

Überglücklich ist Prinz Wilhelm, als er im Alter von zehn Jahren zu Weihnachten mit dem Leutnantspatent beschenkt wird. Mit sechzehn Jahren nimmt er zum ersten Mal im Gefolge seines Vaters an den Befreiungskriegen teil. Für den jungen Prinzen ist das ein Schlüsselerlebnis: »Dies war ein unbeschreiblich seliger Moment… die ersten kleinen Kugeln gehört zu haben und so recht warm aus dem Laufe.« Kein Wunder, dass die Offizierskarriere des preußischen Prinzen steil nach oben führt. Schon mit achtundzwanzig Jahren erreicht er als kommandierender General den höchsten für einen Prinzen zu erreichenden Dienstgrad.

Nach dem Tod des Vaters Friedrich Wilhelm III. im Jahr 1840 verleiht der kinderlose König Friedrich Wilhelm IV. seinem Bruder Wilhelm den Titel »Prinz von Preußen«. Damit ist er offiziell Kronprinz und Thronfolger. Als Stellvertreter des Königs werden dem soldatischen Wilhelm nun politische Aufgabenbereiche zugewiesen.

Wilhelm zeigt sich erklärter Gegner des liberalen Gedankenguts, das der Vormärz und das Revolutionsjahr 1848 bis nach Preußen spült. Nachdem er die revolutionäre Bewegung in Berlin niedergeschlagen hat, emigriert er vor dem immer noch schwelenden Volkszorn kurzzeitig nach England. Kaum zurückgekehrt, macht der nun als »Kartätschenprinz« Verhöhnte seinem unrühmlichen Beinamen alle Ehre, indem er die Revolutionsbewegungen in der Pfalz, Baden und erneut auch in Berlin brutal niederknüppelt.

Tragische Jugendliebe

Wilhelm, ein gut aussehender und groß gewachsener Mann, ist bei den Damen sehr gefragt. Aber zum großen Bedauern zahlreicher Verehrerinnen verliert er sein Herz sehr früh an eine Jugendfreundin. Die Liebe des Hohenzollern zur schönen Prinzessin Elisa von Radziwill gerät zur Staatsaffäre. Zwar ist Elisas Vater ein preußischer Fürst und enger Freund der Familie Hohenzollern, doch gehören die Radziwills nicht zu einer regierenden Dynastie. König Friedrich Wilhelm III. beauftragt Juristen mit der Frage, ob dennoch eine standesgemäße Ehe möglich wäre. Vier Jahre vergehen, in denen die jungen Verliebten im Ungewissen bleiben. Eine Kommission erlaubt die Verbindung, die andere revidiert die Entscheidung. Ganz Preußen nimmt Anteil an den beiden Königskindern, die zueinander nicht finden. Nach einer Italienreise schenkt Wilhelm seiner Angebeteten einen Efeuzweig vom Grabmal Romeos und Julias in Verona. Nach dem endlosem Hin und Her spricht der König 1826 ein Machtwort und verbietet die Ehe endgültig. Zur Überraschung aller, einschließlich seines Vaters, gehorcht der Sohn und verzichtet auf Elisa. Die Entsagung lastet schwer auf ihm: »So stand ich von dem Tage an wie verwaist in der Welt, die mir öde und freudenleer vorkommt.«

Die kluge Augusta

Doch alleine bleiben sollte Wilhelm nicht. Das Königshaus schlägt ihm eine ebenbürtige Partie vor: Prinzessin Augusta, die jüngere Tochter des Großherzogs von Sachsen-Weimar und die Enkelin einer russischen Großfürstin. Der gehorsame Prinz beugt sich ein zweites Mal dem Willen des Hauses Hohenzollern und stimmt der Hochzeit zu. Nur seiner Schwester Charlotte gesteht er seine Zerrissenheit: »Lieben kann man nur einmal wirklich.« Anderen gegenüber äußert er sich deutlicher: »Die Prinzessin (Augusta) ist schön und klug, aber sie läßt mich kalt.«

Gegenüber:
Schloss Babelsberg. Der Schinkel-Bau im englischen Tudorstil ist während der Sommermonate der bevorzugte Aufenthaltsort des Kronprinzenpaars.

Im Juni 1829 führt Wilhelm seine Braut Augusta von Sachsen-Weimar-Eisenach vor den Traualtar. Die Weimarer Prinzessin ist geprägt vom weltbürgerlichen und intellektuellen Geist ihres Großvaters Ernst August, dem Mäzen von Goethe und Schiller. Stolz verweist die Prinzessin auf ihre Verwandtschaft zur russischen Zarenfamilie. Literarisch bewandert und hochintelligent, vermisst sie am preußischen Hof den geistigen Austausch. Augusta ist geachtet und respektiert. Geliebt wird sie nie.

Während der Sommermonate bewohnt das Ehepaar das weiträumige Neue Palais in Potsdam, bis 1835 Schloss Babelsberg, das von dem Architekten Karl Friedrich Schinkel im englischen Tudorstil erbaut wird, bezugsfertig ist. Die Gärten um das neue Heim des Paares werden von dem Landschaftsgärtner Peter Joseph Lenné und Fürst Pückler angelegt. Wilhelm lässt rote und weiße Rosen anpflanzen, die roten für seine Frau, die weißen für seine Jugendliebe Elisa. In Berlin bewohnt das Prinzenpaar ein bescheidenes Palais, Unter den Linden 9. Mit neunzehn Jahren schenkt Augusta am 18. Oktober 1831 einem Sohn das Leben, der auf den Namen des Großvaters, Friedrich Wilhelm, getauft wird. Inzwischen zeichnet sich ab, dass der amtierende König kinderlos bleiben wird. Somit steigt der erstgeborene Sohn Wilhelms und Augustas zum Thronfolger auf. Aus der Ehe geht noch eine Tochter, Luise, hervor.

In der Ehe zwischen der gebildeten Auguste und dem soldatisch auftretenden Wilhelm sind Zank und Streit an der Tagesordnung. Erst in späteren Jahren glätten sich die Wogen.

Die zahlreichen Seitensprünge Wilhelms belasten das Eheglück. Je länger Augusta am Berliner Hof lebt, desto mehr verachtet sie alles Preußische. Sie spricht ausschließlich französisch und lehnt Deutsch ab. Wilhelm verkörpert dagegen den erzpreußischen Militär. In der Ehe spielen sich hässliche Szenen ab. Augusta hat ein feuriges Temperament, und ihre Wutausbrüche sind gefürchtet. Wilhelm bezeichnet seine Gemahlin als Feuerkopf. Er beschwichtigt sie immer wieder mit dem Satz: »Ist nicht so schlimm, da kommt das russische Blut durch.«

Die Verbindung nach Russland ist eng: Wilhelm strebt ein freundschaftliches Verhältnis zur russischen Zarenfamilie an, der er sich durch die Hochzeit seiner Schwester Charlotte mit dem Zaren Nikolaus I., aber auch durch die Verwandtschaft seiner Gemahlin, als Enkelin von Katharina der Großen, persönlich verbunden fühlt. Oft führen ihn Reisen an den prächtigen luxuriösen Hof des Zaren, wo er die kulinarischen Sitten bestaunt. So darf an der

Tafel des Zaren ein Wein nie zweimal aufgetragen werden, auch wenn man ihn nicht entkorkt hat. Kostbare Störe, Berge von Kaviar, Wachteln und Lerchen kommen gemeinsam mit den teuersten Champagnerflaschen und Burgunderweinen auf die russische Hoftafel. Insbesondere der aus dem Wolgagebiet kommende Sterlet, der teuerste aller Fische, dessen feines Fleisch keinen Fischgeschmack aufweist, gehört zu den Alltagsspeisen am Zarenhof. Sehr beliebt sind auch kaschierte Eier nach Großfürstenart, die auf Gänseleberscheiben, mit Trüffelscheiben und grünen Spargelspitzen garniert und mit Sauce Marnay übergossen, serviert werden.

Krönung von Wilhelm I.

Mit dem Tod Friedrich Wilhelms IV. am 2. Januar 1861 wird Wilhelm dreiundsechzigjährig König von Preußen. Mit einem symbolträchtigen Krönungsakt will er das Ansehen der Monarchie stärken. Zum Krönungstag bestimmt Wilhelm I. den 18. Oktober, der als Jahrestag der Völkerschlacht bei Leipzig regelmäßig gefeiert wird. Krönungsort ist die Königsberger Schlosskirche, in der sich einst Friedrich I. als erster Preußenherrscher die Königskrone selbst auf das Haupt gesetzt hat. Seinem Beispiel folgt der Nachfahre in einer altertümlich-barocken Zeremonie. Allerdings ist die Krone des Urahns wegen dessen Vorliebe für voluminöse Perücken zu groß für Wilhelms Kopf. In Windeseile wird eine neue Stirnzier maßgefertigt.

Die Zeremonie findet in der von dem Architekten Friedrich August Stüler ausgeschmückten Schlosskirche statt. Das Festmahl im Schloss lockt mit erlesenen Delikatessen und wird nach altertümlichen Ritualen inszeniert. Wilhelm entscheidet sich bewusst für die traditionelle Tafelzeremonie, um mit den alten Insignien herrschaftliche Macht zu demonstrieren. Serviert wird nach russischer Art. Wilhelms Schwiegertochter, Kronprinzessin Viktoria, beschreibt ihrer Mutter, der Königin von England, die alten Bräuche: »Das Staatsdiner gestern Abend bot ebenfalls einen sehr prächtigen Anblick. Wir wurden von unseren Kammerherren und Pagen bedient, dem König warteten die Oberhofchargen auf, unsere

Königskrönung Wilhelm I., Gemälde von Adolph von Menzel.
Am 18. Oktober 1861, dem 48. Jahrestag der Völkerschlacht bei Leipzig, wird Wilhelm I. im Königsberger Schloss gekrönt.

Damen standen hinter unseren Stühlen – nachdem die ersten zwei Gänge serviert waren, verlangte der König zu trinken und gab damit das Signal für die Damen und Herren, den Saal zu verlassen und selbst zum Diner zu gehen, während die Ehrenpagen uns das ganze Essen über wirklich ganz ausgezeichnet bedienten, die armen Jungens – man muß bedenken, daß es keine leichte Aufgabe für sie war.«

Die Ära Bismarck

Schon anderthalb Jahre nach seiner Thronbesteigung gerät Wilhelm I. in eine schwere Regierungskrise. Am Widerstand der liberalen Abgeordnetenhausmehrheit droht die Verlängerung der Militärdienstzeit auf drei Jahre zu scheitern. Zudem sollen die adligen Vorrechte beschnitten werden. König Wilhelm I. will zugunsten seines Sohnes abdanken, doch der winkt ab. Nur jemand mit harter Hand kann noch helfen, heißt es in des Königs Umfeld. Otto von Bismarck, zur jener Zeit preußischer Gesandter am russischen Hof, steigt zum Mann der Stunde auf. Im Jahr 1859 hat sich Wilhelm noch abfällig über Bismarck geäußert: »Das fehlte noch, dass ein Mann das Ministerium übernimmt, der alles auf den Kopf stellen wird.« Jetzt, Anfang Oktober 1862, ernennt Wilhelm I. den erzkonservativen Otto von Bismarck zum Ministerpräsidenten. Gestützt auf den König und das Militär, schert er sich wenig um die Meinung des Parlaments. Nach kurzen, aber strategisch geführten Kriegen gegen Dänemark, Österreich und Frankreich hat Bismarck sein wichtigstes politisches Ziel erreicht: die Einigung Deutschlands unter preußischer Vormachtstellung. Am 18. Januar 1871, dem traditionellen preußischen Krönungstag, wird König Wilhelm I. von den deutschen Fürsten im Spiegelsaal von Versailles zum deutschen Kaiser ausgerufen.

Ein sparsamer Kaiser

Auch als Kaiserpaar bleiben Wilhelm I. und Augusta im bescheidenen Berliner Palais Unter den Linden wohnen. Wilhelm lebt und arbeitet im Parterre mit den Fenstern zur Straße, Augusta residiert im Obergeschoss. Sparsam und gewissenhaft führt der Chef des Hauses Hohenzollern seinen Hof. Die kaiserliche Dienerschaft fällt für einen europäischen Fürstenhof höchst bescheiden aus. Neunzig Männer und Frauen zählen zum persönlichen Hof- und Hauspersonal Wilhelms. Vierzehn meist anspruchslose Kriegsveteranen sind für den persönlichen Dienst bei Seiner Majestät vorgesehen. Ihre Gehälter sind bescheiden. In persönlichen

Belangen verhält sich der Kaiser ausgesprochen geizig. Will der Kaiser ein Bad nehmen, lässt er sich für einen Taler eine Wanne aus dem benachbarten Hotel de Rome bringen. Erst als der zuständige Diener auf seinem beschwerlichen Weg ausrutscht und sich ein Bein bricht, entschließt sich das Oberhaupt der Hohenzollern, ein einfaches Bad in das Palais einbauen zu lassen. Auch seine Kleidung verrät Sparsamkeit. Von seinen Taschentüchern erzählt man sich, sie würden noch von seiner Mutter Luise stammen. Die Stiefel des Monarchen sind mehrfach geflickt. Sein Adjutant Prinz Kraft beschreibt den Charakter des Hohenzollern so: »Wilhelm hat fast keine persönlichen Bedürfnisse, alles muss pünktlich und organisiert sein. Außerdem hat er ein scharfes Auge und ist topfit ... Entgegen den meisten Hohenzollern ist Wilhelm ruhig und gelassen und gar nicht jähzornig. Er ist sehr freundlich und agiert wie ein Gentleman, er schreit nicht.«

Gegen acht Uhr früh beginnt der Tag des Monarchen. Nach dem Ankleiden geht Wilhelm I. zu seiner Gemahlin, um ihr beim Frühstück Gesellschaft zu leisten. Die politisch hochversierte Augusta studiert jeden Morgen beim Kaffee eingehend die in- und ausländische Presse. Regelmäßig übt sie Kritik an der Regierungspolitik Bismarcks. Wilhelm notiert ihre Einwände auf so genannten Frühstückszetteln und verlangt von seinem Kanzler sofortige Auskunft. Mit der Arbeit beginnt Wilhelm I. um Punkt neun Uhr. Gewöhnlich setzt sich der Landesherr an seinen wuchtigen Schreibtisch zur Aktendurchsicht. Berüchtigt sind die zahllosen Randbemerkungen, die er mit einem langen Bleistift schreibt. Seine Majestät geht dabei außerordentlich sparsam vor: Briefe schneidet er unten ab und Umschläge verwendet er ein zweites Mal.

Um zwölf Uhr mittags unterbricht Wilhelm seine Arbeit, um vom Fenster aus den Aufzug der Wache zu beobachten. Bald ist die kaiserliche Marotte stadtbekannt und wird sogar in Berlin-Reiseführern vermerkt. Einmal unterbricht der Kaiser sogar den vortragenden Bismarck: »Die Wache kommt, da muß ich ans Fenster! Die Leute warten auf meinen Gruß – so steht's im Baedeker.« Um ein Uhr nimmt Wilhelm im Bibliothekszimmer das zweite Frühstück ein. Die große Mittagstafel seines Vorgängers hat er gleich 1861 abgeschafft. Stattdessen speisen Wilhelm und Augusta nur zu zweit, meist gegen fünf Uhr nachmittags. Abends besucht Wilhelm die seinem Palais benachbarte Oper. Hier unterhält der Monarch eine für die anderen Besucher nicht einzusehende Loge. Ungestört kann der Kaiser im königlichen Opernhause ein Nickerchen halten, wofür er preußisch korrekt die guten Diner-Hosen auszieht. Die Loge verhindert indes nicht, dass die kaiserlichen Schlummerpausen bald Stadtgespräch werden. Nach dem abendlichen Theater- oder Operbesuch kehrt Wilhelm zurück in sein Palais, wo Augusta in der Bonbonniere, einem kleinen runden Raum, sechs bis acht Gäste zum Tee versammelt hat. Graf Waldersee beschreibt einen dieser Teeabende: »Die Tees bei den Majestäten sind infolge des kleinen Kreises der hinzugezogenen Personen wenig bekannt ... Der Reiz dieser Veranstaltung ist, dass man Kaiser und Kaiserin in ganz zwangloser Weise sieht. Man versammelt sich in dem kleinen einfenstrigen Zimmer im Parterregeschoß westlich der Rampe; die Kaiserin wird im Rollstuhl hereingefahren und an einem kleinen, runden Tisch etabliert, worauf sie die Gesellschaft Platz nehmen läßt; zu ihrer Linken bleibt ein Stuhl für den Kaiser frei. Nach einiger Zeit erscheint, meist aus dem Theater kommend, der Kaiser im offenen Überrock, begrüßt jeden sehr freundlich und nimmt Platz. Es wird Tee serviert, nachher Mandarinen und ein Glas Wein, schließlich Eis.«

Der soldatische Kaiser ist ein maßvoller Trinker, der Bordeaux bevorzugt. Mit dem Bleistift markiert er den Pegelstand auf dem Flaschenetikett. Die Diener haben keine Chance, sich zu bedienen. Champagner trinkt er gern und regelmäßig, doch nie viel. Immer hebt er den Rest der Flasche für den folgenden Tag auf. Als ein Adjutant sich ein Herz fasst und den Geschmack von bereits entkorktem Champagner bezweifelt, rüffelt ihn der Kaiser: »So seid Ihr jungen Herren. Bei Euch heißt es immer nur den Bedienten geben. Aber Ihr versteht das nicht. Die Flasche wird fest verkorkt und auf den Kopf gestellt. So hält sich der Champagner bis morgen tadellos.« Auch sein Enkel Wilhelm, der spätere Wilhelm II., berichtet von den Diners im alten Palais, wenn er allein beim Kaiser zu Gast ist. Nur zwei Glas Sekt habe ihm sein Großvater eingeschenkt und danach die Flaschenfüllung markiert.

Die Starköche der Majestäten

Alle Welt kennt zwar die Genügsamkeit des Monarchen, aber ein teures Extra leistet er sich dennoch. Es sind seine französischen Hofköche Urbain Dubois und Emil Bernard, die später mit dem Buch »La Cuisine Classique« kulinarische Geschichte schreiben werden. Gemeinsam mit dem auf Süßspeisen spezialisierten Mundkoch Rudolf Karg, der zu den Besten seines Faches zählt, bilden die Köche das teuerste Trio der Hofhaltung. Dem Oberhofmarschall Graf Perponcher sind die kostspieligen Hofküchenmeister ein Dorn im Auge, stehen sie doch im Ruf, sich ein Vermögen zu erwirtschaften: vermutlich 30.000 Mark Gehalt im Jahr – eine astronomische Summe. Selbst die französischen Diplomaten wundern sich über die Luxusköche des sonst so sparsamen Kaisers. So wird allgemein vermutet, die Kaiserin Augusta, mit ihrem feinen Gaumen, habe auf den Dienst der französischen Spitzenköche bestanden. Über die kulinarischen Genüsse freuen sich auch die anderen Familienmitglieder, von denen der Kaiser als Chef des Hauses Hohenzollern verlangt, sich jeden Sonntag an der Familientafel einzufinden.

Kaiserliches Weihnachten und andere Festlichkeiten

Wilhelm kauft die Weihnachtsgeschenke für seine Nächsten am liebsten selbst ein. Gerne beschenkt er seine Diener – nicht immer zu deren Freude, denn der Landesvater liebt Kitsch. Einmal kauft Wilhelm I. einen Tischleuchter mit einem Wildschweinkopf, ein anderes Mal einen Windhund als Briefbeschwerer. Die bizarrsten Weihnachtsgeschenke aber gehen an die englische Königin Victoria. An drei aufeinander folgenden Jahren schenkt der Kaiser der englischen Königin eigenwillige Naturalien zu Weihnachten: Wildschwein-Pressköpfe, mit Sülze gefüllt – in England eine gefragte Delikatesse. Das Weihnachtsdiner des Kaiserpaares ist dagegen auserlesen.

Berlin, 24. December 1884

Potage brunoise aux ailerons
Truites saumonées, sauce anchois
Selle de veau de Hambourg, petits pois
Salade de volaille à la gelée
Chevreuil et fasains rôtis, cresson
Choux fleurs à milanaise
Mins-pies et beignets au punch
Glaces. Compotes. Dessert

Nach dem Karneval bis zu seinen ausgedehnten Sommerreisen lädt der Kaiser an jedem Donnerstagabend Familienmitglieder, Vertreter des Militärs und Hochadels sowie einige Künstler in den Balkonsaal des Palais Unter den Linden ein. Die Gäste werden an vielen kleineren Tischen platziert. Nur der Kaiser hat keinen festen Platz, sondern geht von Tisch zu Tisch, wobei ihm stets ein goldener Stuhl nachgetragen wird. Zur Unterhaltung treten die Künstler der Oper auf, und es gibt ein exzellentes Souper. Um Mitternacht endet die Veranstaltung.

Höhepunkt des höfischen Lebens bilden die Schlossbälle. Es sind die großen Momente der für ihre ausgefallene Garderobe bekannten Kaiserin Augusta. Wilhelm I. macht auf den Galabällen stets eine gute Figur. Marie von Bunsen erzählt: »Mir war es immer ein Vergnügen, bei diesen Festen dem alten Kaiser Wilhelm zuzusehen. Eine vollendete Natürlichkeit, dabei eine anscheinend instinktmäßige Beherrschung der kleinen Abschattungen der Begrüßung und des Gesprächs … Nie gestattete er als Greis seiner Umgebung die geringste Hilfeleistung, die man im allgemeinen von Herren nicht erwartet. Wie gern wir alle sie ihm auch erwiesen hätten!«

*Gegenüber:
Schloss Babelsberg, Tanzsaal.
Bei Hoffestlichkeiten ist Wilhelm für sein stets exzellentes Benehmen und Augusta für ihre exzentrische Garderobe bekannt.*

Anreise Wilhelms I. zur Jagd im Grunewalder Forst. Der Preußenkönig nimmt regelmäßig an Jagdvergnügungen teil, gilt jedoch nicht immer als zielsicher. Diskret eingesetzte »Heckenschützen« helfen die königliche Abschussquote zu verbessern.

Im November finden die kaiserlichen Hofjagden in der Letzlinger Heide statt. Sie gelten unter Wilhelm I. als bedeutendes gesellschaftliches Ereignis. Bei den Jagden wird auch der alte Brauch des Tabakrauchens wiederbelebt. Nach erfolgreicher Jagd geht man in das Tabakskollegium, wo auch Nichtraucher Wilhelm I. pro forma einige Züge von der Zigarre nimmt und, wie Bismarck schreibt, danach mit »kreusem Gesicht« dasitzt.

Späte Liebe

Der greise Kaiser zeigt Altersschwäche. Er wird zunehmend vergesslich und schwerhörig. Doch das Alter macht ihn nicht nur gebrechlich, sondern stimmt ihn auch milde. Unter Vorwänden verzögert er immer wieder die Unterschrift unter Todesurteilen.

Wilhelm I. genießt im Alter eine hohe Popularität, die sich noch verstärkt, als er zwei Attentate – das letzte im Juni 1878 nur sehr knapp – überlebt. Er wird mit Genesungswünschen und Kornblumenbouquets (eine Erinnerung an seine Mutter Luise) überhäuft. Die Menschen vor seinem Palais jubeln ihm zu oder lassen in hochleben.

Seiner Gemahlin, Kaiserin Augusta, dagegen geht es weniger gut. Nach einer Operation ist sie an den Rollstuhl gefesselt und wirkt immer schwächer. Je älter das Paar wird, umso enger rückt es zusammen. Hofdamen, die neu sind, glauben ein sehr verliebtes Paar vor sich zu haben. Wilhelm sorgt sich rührend um seine kranke Frau. Als die Umgebung sich über die plötzliche Zuneigung wundert, erklärt der Kaiser: »Seien Sie mal fünfzig Jahre verheiratet, zanken Sie sich jeden Tag mit Ihrer Frau und stehen Sie vor der Alternative, daß diese Gewohnheit aufhören soll, dann werden Sie auch traurig sein.«

Der Tod des Kaisers

In den letzten Lebensjahren des Kaisers sind die Luxusköche nicht mehr am Hof tätig. Das Mittagsmahl wird ihm jetzt von den Ärzten zusammengestellt und von einfachen Hofköchen bereitet. Seine Majestät speist allein und bedient sich selbst aus den Schüsseln, die ein Kammerdiener hereinträgt. Gerne trinkt er auch noch mit neunzig Jahren Bordeaux und Champagner. Nach dem Essen plaudert er mit der Kaiserin Augusta. Sind Gäste zum Diner anwesend, so lässt sich der Kaiser vorher die Tischordnung reichen und streicht darin mit einem seiner langen Bleistifte herum. Abends isst er sehr wenig. Etwas Biskuit, stark gesüßten Tee, stets zwei verschiedene Sorten, oder auch Mandelmilch.

Als sich der Zustand Seiner Majestät stetig verschlechtert, telegrafiert Bismarck an den vom Krebs gezeichneten Kronprinzen nach Italien, dass seine Rückkehr nötig sei. Doch der schafft es nicht, rechtzeitig in Berlin zu sein. Im Beisein seiner Gemahlin Augusta, seiner Tochter Charlotte und von Bismarck verstirbt Wilhelm I. am 9. März 1888 im Alter von neunzig Jahren. Über 200.000 Untertanen trauern um den Monarchen im Berliner Dom.

Sein todkranker Sohn wird als Kaiser Friedrich III. nur 99 Tage auf dem Thron überleben.

Russische Kohlsuppe mit Würstchen

500 g Weißkohl,
in feine Streifen geschnitten
500 g Sauerkraut
150 g Butter
30 g Mehl
Fleischbrühe
125 ml saure Sahne
4 Würstchen
(Frankfurter oder Wiener)

Zum Garnieren:
2–3 EL fein
zerkleinerte Petersilie

Den Weißkohl in kochendem Salzwasser 3 bis 4 Minuten blanchieren und abgießen; etwa ein Viertel des Wassers auffangen. Den Weißkohl und das Sauerkraut mit dem Wiegemesser sehr fein zerkleinern und gut miteinander mischen.

125 Gramm Butter in einer Kasserolle erhitzen und die Krautmischung darin anschwitzen. Das aufgefangene Blanchierwasser hinzufügen und das Ganze sehr weich garen. (Aufpassen – das Kraut brennt schnell an; eventuell noch etwas kochendes Wasser zugießen.)

Aus dem Mehl und der restlichen Butter eine goldgelbe Mehlschwitze zubereiten und unter das Kraut rühren.

Das Kraut durch ein feines Sieb passieren und in einen sauberen Topf geben. Fleischbrühe einrühren, bis die gewünschte Konsistenz erreicht ist. Kurz aufkochen lassen und die Suppe mit der Sahne aufschlagen. (Wird die Suppe nicht gleich serviert, die Sahne erst ein paar Minuten vor dem Anrichten in die Suppe geben.)

Die Würstchen in feine Scheiben schneiden und diese in der Suppe erwärmen.

Zum Servieren die Suppe in vorgewärmte Teller geben und mit Petersilie bestreuen.

Gefüllte Enteneier mit Krebsen

Jeweils die untere (breitere) Seite der Eier gerade schneiden, damit man sie aufrecht hinstellen kann. Vom oberen Ende eine Kappe abschneiden und das Eigelb vorsichtig herausnehmen und in eine Schüssel geben.

Für die Mayonnaise die Eigelbe mit Essig und Senf gründlich verrühren. Mit Salz und Pfeffer abschmecken. Das Öl anfangs tropfenweise, dann in einem feinen Strahl einrühren. Kräftig weiterrühren, bis eine cremige Mayonnaise entstanden ist.

Zum Servieren das Krebsfleisch mit etwas Mayonnaise und der Petersilie mischen und damit die Eier füllen. Mit Hilfe einer Spritztüte ein dickes Mayonnaisehäubchen obenauf setzen.

4 hart gekochte Enteneier, geschält
2 EL Essig
2 TL scharfer Senf
Salz
Schwarzer Pfeffer aus der Mühle
½ l zimmerwarmes Öl
160 g Krebsfleisch, in feine Würfel geschnitten
1 El fein zerkleinerte Petersilie

Salat nach Baron Brisse

1 kg festkochende Kartoffeln
3 Zwiebeln, in feine Würfel geschnitten
100 g Trüffel, fein gewürfelt
$^1/_4$ l Weißwein
Salz und Pfeffer
2 TL fein zerkleinerter frischer Kerbel
Saft von $^1/_2$ Zitrone
Natives Olivenöl extra

Zum Garnieren:
2 kleine Tomaten
Petersilie

Die ungeschälten Kartoffeln in Salzwasser garen. Abgießen und etwas abkühlen lassen. Die Kartoffeln schälen, in etwa millimeterdicke Scheiben schneiden und in eine große Schüssel geben. Zwiebeln, Trüffeln und den Wein hinzufügen. Die Schüssel schwenken, damit der Wein sich gut verteilt. Stehen lassen, bis die Kartoffeln den Wein vollkommen aufgesogen haben.

Die Kartoffeln mit etwas Salz und einer kräftigen Prise Pfeffer würzen. Kerbel und Zitronensaft zugeben. Dann 2 bis 3 Esslöffel zugeben (die Kartoffelscheiben sollten leicht glänzen) und das Ganze gut schwenken oder vorsichtig mischen. Mindestens 3 Stunden bei Zimmertemperatur ziehen lassen.

Zum Servieren die Scheiben zu Türmchen aufstapeln und mit Tomaten sowie Petersilie garnieren.

Blätterteigpastete à la Régence

300 g Kalbsbries, blanchiert, geputzt und gewürfelt
300 g Hühnerbrust, gewürfelt
200 g Champignons, in Scheiben geschnitten
60 g Butter
Salz und Pfeffer
60 g Mehl
$^3/_8$ l Geflügelfond
2 EL Crème fraîche
4 fertige Blätterteigpasteten
50 g Trüffel, gehobelt

Bries, Hühnerfleisch und Champignons nacheinander, jeweils separat, in Butter weich dünsten. Dabei jeweils mit Salz und Pfeffer würzen. Alles warm halten.

Aus dem Mehl und 50 Gramm Butter eine goldgelbe Mehlschwitze zubereiten. Den Geflügelfond einrühren und das Ganze auf die Hälfte einkochen lassen. Die Crème fraîche unterrühren und die Sauce mit Butterflöckchen cremig aufschlagen.

Die Pasteten nach Anweisung auf der Packung backen.

Zum Servieren Bries, Hühnerfleisch und Champignons in die Pasteten schichten und mit etwas Sauce übergießen. Mit Trüffelspänen garnieren. Die restliche Sauce separat dazu reichen.

Gedünsteter Lattich mit Madeirasauce

750 g Huflattichblätter (ersatzweise Mangold)
Salz
Butter
Cayennepfeffer
200 ml Fleischfond
1 El Mehl
Madeira
Pfeffer aus der Mühle

Die Huflattichblätter in etwas Salzwasser blanchieren, bis die Blätter zusammengefallen, aber noch bissfest sind. Abgießen und zerkleinern.

In einem Topf 2 Esslöffel Butter zerlassen und den Huflattich darin schwenken, bis er mit der Butter überzogen ist. Mit Cayennepfeffer abschmecken.

Für die Sauce den Fleischfond erhitzen. Das Mehl mit 1 Esslöffel Butter verkneten und in die Brühe rühren. Mit einem kräftigen Schuss Madeira sowie Salz und Pfeffer abschmecken. Die Sauce sollte sämig-cremig sein (bei Bedarf mit Butterflocken aufschlagen).

Zum Servieren den Huflattich auf vorgewärmten Tellern ausbreiten und die Mitte einen großen Löffel Sauce geben.

Austerntaschen

2 Dutzend Austern
Butter
250 g Blätterteig (Teigplatten aus dem Kühlregal)
1 Ei, verquirlt
Semmelbrösel
1 Bund Petersilie, fein zerkleinert

Die Austern öffnen, dabei das Austernwasser auffangen.

In einer Pfanne etwa 1 Esslöffel Butter erhitzen und die Austern auf beiden Seiten ein paar Sekunden braten (sie sollen nur steif werden). In eine Schüssel geben und das Austernwasser zugeben. Im Kühlschrank 1 bis 2 Stunden ziehen lassen.

Den Blätterteig 2 mm dick ausrollen und in Rechtecke schneiden, auf die – unter Berücksichtigung eines etwa 1 cm breiten freien Randes – drei Austern hintereinander gelegt passen. Die Austern auf die zugeschnittenen Teigblätter verteilen und die Teigränder mit Wasser befeuchten. Als Abdeckung jeweils eine Teigplatte auflegen und die Ränder mit den Zinken einer Gabel zusammendrücken. Die Teigtaschen erst in Ei, dann in Semmelbröseln wenden und in reichlich Butter goldgelb ausbacken.

Kurz vor dem Servieren die Petersilie in etwas Butter braten.

Die Austerntaschen warm und mit der Petersilienbutter beträufelt servieren.

Wildschweinrücken in Burgunder gedämpft

Den Wildschweinrücken mit Salz und Pfeffer einreiben und mit allen Zutaten in eine Kasserolle geben. Zum Kochen bringen. Die Hitze verringern und das Ganze 1,5 bis 2 Stunden köcheln lassen, bis das Fleisch weich ist.

Den Backofen auf 220 °C Oberhitze (Gas Stufe 4) vorheizen.

Den Wildschweinrücken in einen Bräter geben und kurz beiseite stellen. Den Kochsud durch ein Sieb in einen sauberen Topf gießen, entfetten und aufkochen lassen. Die Hälfte des Sudes in einen anderen Topf geben und einkochen lassen, bis eine dicke, sämige Sauce entstanden ist. Mit dieser Sauce den Wildschweinrücken dick glasieren.

Den Braten in den vorgeheizten Ofen geben und bräunen; dabei immer wieder erst mit etwas flüssigem Kochsud, dann mit dem Sud, der sich im Bräter sammelt, übergießen.

Die Spargelspitzen in etwas Salzwasser garen und anschließend kurz in heißer Butter schwenken.

Zum Servieren den Wildschweinrücken in dünne Scheiben schneiden und auf einer vorgewärmten Platte anrichten. Mit Spargelspitzen garnieren.

Tipp: Gut dazu passen Herzogin-Kartoffeln.

1–1,5 kg Wildschweinrücken
Salz und Pfeffer
1 große Zwiebel, grob gewürfelt
2 große Möhren, in Scheiben geschnitten
2 Lorbeerblätter
2 Gewürznelken
1 TL Thymian
$^{1}/_{2}$ l Burgunderwein
$^{1}/_{4}$ l Fleischbrühe

Zum Garnieren:
Spargelspitzen

Ochsenschwanz mit Champignons

60 g Speck, gewürfelt
1 kg Ochsenschwanz, in Stücke geschnitten
1 gehäufter EL Mehl
350 ml Rotwein
350 ml Fleischbrühe
Salz und Pfeffer
80 g frische Schweineschwarte, blanchiert und in kleine Würfel geschnitten
2 Knoblauchzehen, zerdrückt
1 Kräutersträußchen (Bouquet garni)
Butter
100 g roher Schinken, in Würfel geschnitten
125 g Champignons, in Scheiben geschnitten
12 kleine Schalotten
2 EL fein zerkleinerte Petersilie

Den Speck in einer Kasserolle auslassen und darin die Ochsenschwanzstücke rundum kross anbraten. Das Mehl darüber stäuben und unter Wenden der Stücke rösten. 300 Milliliter Rotwein zugießen und aufkochen lassen. 300 Milliliter Brühe hinzufügen und den Sud zum Kochen bringen. Mit Salz und Pfeffer würzen. Schweineschwarte und Knoblauch zugeben und alles noch einmal gründlich mischen. Das Kräutersträußchen in den Sud legen. Die Hitze verringern und den Deckel fest auflegen. Das Ganze 3 Stunden schmoren lassen (bei Bedarf etwas kochendes Wasser zugießen, damit nichts anbrennt).

Schinken, Champignons und Schalotten in 1 Esslöffel Butter anbraten und in den Schmortopf geben. Das Ganze eine weitere Stunde garen lassen, bis das Fleisch sich von den Schwanzknorpeln löst.

Die Ochsenschwanzstücke herausnehmen und das Fleisch ablösen und in mundgerechte Stücke schneiden. Den restlichen Rotwein und die restliche Brühe in die Sauce rühren und diese mit Butterflöckchen aufschlagen. Die Fleischstücke wieder in den Topf geben. Mit Petersilie bestreuen und in der Kasserolle servieren.

Gebackene Ananasschnitte

Die Ananas in Stücke schneiden, einzuckern und mit etwas Arrak beträufeln. Aus Reismehl und Wasser einen Teig herstellen. Die Ananasstücke in Reisbackteig hüllen, in siedendem Fett backen und sofort auftragen.

1 Ananas
2 cl Arrak
300 g Reismehl
Zucker

Varianten: Statt des Reismehlteiges kann man auch Ananasscheiben mit Zucker und Arrak marinieren und im Wechsel mit steif geschlagener Sahne oder Baisers aufschichten.

KAPITEL VIII

Friedrich III.

Der 99-Tage-Kaiser

(Reg. 99 Tage im Jahr 1888)
18. Oktober 1831 Potsdam – 15. Juni 1888 Potsdam

»Charakterstärke und Geistesfähigkeit, namentlich Schärfe und Logik der Gedanken stehen nicht auf gleicher Höhe mit der Reinheit seines Herzens.«

Augusta über ihren Sohn Friedrich

Der neue Kaiser

Als Friedrich III. 1888 Kaiser wird, ist sein Tod nur noch eine Frage der Zeit. Seine Regierungszeit beläuft sich auf nur 99 Tage. Mit ihm verlöscht die Hoffnung auf eine dringend gebotene Liberalisierung Deutschlands. Die Kraft des Kaisers reicht nicht, um Reformen einzuleiten. Geprägt wird Fritz, wie er in der Familie genannt wird, durch zwei überdurchschnittlich intelligente Frauen: seine Mutter Augusta und seine begabte Gemahlin Viktoria.

Geboren wird der auf den Namen Friedrich Wilhelm getaufte Thronerbe am 18. Oktober 1831 als ältester Sohn von Prinz Wilhelm und Augusta von Sachsen-Weimar. Der soldatisch ambitionierte Wilhelm drängt auf eine militärische Karriere, die Mutter auf eine intellektuelle Ausbildung. Augusta verfolgt ehrgeizige Pläne für ihren Sohn. Zum Erzieher für Fritz wählt sie den Archäologen Ernst Curtius, der durch Ausgrabungen in Olympia weltweit Berühmtheit erlangt. Der Schüler wird seinem Lehrer als Geldgeber für die Entdeckungen verbunden bleiben. Neben Curtius und der ehrgeizigen Mutter ist für Prinz Friedrich das Erleben der 1848er Revolution in Berlin prägend. Nur knapp entgeht er den auf das Berliner Schloss abgefeuerten Gewehrkugeln. Während sein Vater Wilhelm im Exil weilt, absolviert Friedrich seinen Militärdienst bei der Garde. Anschließend besucht er, als erster Hohenzoller-Student überhaupt, Vorlesungen an der liberalen Universität Bonn. Der Militärdienst und mehrere Reisen verhindern jedoch einen Abschluss.

Dynastische Liebesheirat mit der englischen Kronprinzessin

Eine seiner Reisen führt Prinz Friedrich 1851 nach England zur Londoner Weltausstellung. Hier begegnet der junge Mann seiner zukünftigen Gemahlin. Es ist die erst zehnjährige englische Kronprinzessin Viktoria, die älteste Tochter der englischen Königin Viktoria und des Prinzgemahls Albert von Sachsen-Coburg und Gotha. Die wortgewandte Princess Royal Vicky, wie Viktoria genannt wird, ist ihrem Alter weit voraus und bezaubert den preußischen Prinzen. Fritz reist in regelmäßigen Abständen nach England und hält vier Jahre später um ihre Hand an. Die preußisch-englische Annäherung trifft sowohl in Preußen als auch in England auf breiten Widerstand. Die Londoner »Times« kritisiert die Hochzeitspläne der hoffnungsvollen englischen Kronprinzessin als Verbindung mit dem Thronnachfolger eines minderwertigeren Hofes. Preußen begegnet England traditionell mit Misstrauen und favorisiert das konservative Russland. Trotz allem findet die Hochzeit am 25. Januar 1858 in der Kapelle des Londoner St. James Palace statt. Eine gute Woche später trifft das Brautpaar in Berlin ein. Friedrich und Vicky führen eine ausgesprochen glückliche Ehe mit reichem Kindersegen. Friedrich ist 27 Jahre alt, als am 27. Januar 1859 sein Sohn und Erbe Wilhelm geboren wird. Vicky wird noch sieben weitere Kinder zur Welt bringen, von denen zwei jedoch früh sterben.

Viktoria wird in ihrer neuen Heimat nicht gerade freundlich empfangen. Man bezeichnet sie als Agentin der Großmacht England, als Vertreterin freidenkerischen und antipreußischen Gedankenguts. Hinter vorgehaltener Hand nennt man sie abschätzig »die Engländerin«. Nicht mit Gaben der Diplomatie ausgestattet, findet die Neu-Berlinerin die Etikette und das Zeremoniell in Preußen altertümlich und freudlos. Der jungen Frau widerstrebt es, nachmittags in Abendgarderobe dinieren zu müssen. Die Räume der Wohnung im Berliner Schloss erscheinen ihr zu dunkel, besonders aber stört Vicky die geringe Anzahl von Badezimmern.

Kronprinzessin Viktoria. Politisch liberal wie ihr Ehemann, stößt die »Engländerin« auf starke Vorbehalte am kaiserlichen Hof.

Als sie sich öffentlich über die mangelnde Hygiene und das steife Hofzeremoniell äußert, begegnet das Volk ihr erst recht mit Eiseskälte. Man vernimmt die Kritik und wendet sich von ihr ab. Weit mehr schadet ihr jedoch ihr politischer Gestaltungswille. Sie verfasst politische Denkschriften und studiert gemeinsam mit Friedrich die theoretische Literatur der englischen Nationalökonomen oder »Das Kapital« von Karl Marx. Vicky ist ihrem Gemahl zweifelsfrei überlegen, aber die Versuche, ihn politisch zu beeinflussen, nimmt man ihr übel. Freigeistige Frauen sieht man am Berliner Hof nicht so gerne. Die Zeiten der Sophie Charlotte sind vorbei. Insbesondere Bismarck zeigt sich als ständiger Widersacher der liberal eingestellten Prinzessin. So behauptet der spätere Ministerpräsident böse, Friedrich sei der sinnlichen Vicky sexuell verfallen.

Bismarck und Viktoria – beide scharfzüngig und schlagfertig – führen einen harten intellektuellen Kleinkrieg. Bismarcks eigene Sicht über die Kronprinzessin findet sich in seinen Erinnerungen: »Schon bald nach ihrer Ankunft in Deutschland, im Februar 1858, konnte ich durch Mitglieder des königlichen Hauses und aus eigenen Wahrnehmungen die Überzeugung gewinnen, daß die Prinzessin gegen mich persönlich voreingenommen war … In

Kronprinzenpalais, seit Friedrich II. die traditionelle Residenz der preußischen Kronprinzen Unter den Linden.

den ersten Jahren meines Ministeriums habe ich noch öfter bei ähnlichen Tischgesprächen beobachtet, daß es der Prinzessin Vergnügen machte, meine patriotische Empfindlichkeit durch scherzhafte Kritik von Personen und Zuständen zu reizen.«

Im Mai 1858 ist das idyllisch gelegene Schloss Babelsberg Sommerresidenz des Kronprinzenpaares. Als Königin Viktoria die beiden in Babelsberg besucht, notiert die Queen: »Alles ist sehr klein; das Schlösschen ist ein gotisches Bijou, voller Möbel, Blumen, die sie sehr hübsch zu arrangieren verstehen, Lampen und Gemälde. Außerdem finden sich eine Menge unregelmäßiger Erker, Türme und Treppen.«

Berliner Wohnsitz wird ab Winter 1858 das Kronprinzenpalais Unter den Linden. Nach der Geburt von Wilhelm zieht die junge Familie in das kostbar ausgestattete Neue Palais in Potsdam und ist sehr glücklich. 1859 schreibt Vicky: »Noch nie habe ich einen Sommer genossen wie diesen … Wir frühstücken draußen und essen auch draußen zu Abend.« Das Prinzenpaar lässt den Küchentrakt, der im Keller des Schlosses untergebracht ist, modernisieren und großzügig erweitern. An der Nordseite entstehen die Eiskeller zum Kühlen der Speisen, der so genannte Eishof. Zum Küchentrakt gehören ferner eine Blumenkammer, eine Abwaschkammer, die Silberputzbereiche, die Kaffeeküche, die Obstkammern,

Gegenüber: Speisezimmer im Neuen Palais, Lieblingswohnsitz Friedrichs III. Während seiner 99-Tage-Herrschaft in Friedrichskron umgetauft, wird das Schloss nach seinem Tod wieder in Neues Palais zurückbenannt.

Abendessen, einfach:
Kerbelsuppe mit frischem Spargel, große gesottene Krebse mit Garnierung von Petersilie, Rindslende mit saurem Rahm gebraten mit Salat, Kompott, Butter, Käse, Obst.

Gesellschaftsabendessen:
Artischockensuppe, Zander au four (in der Schüssel gebacken), Pökelzunge mit Leipziger Allerlei, junge Gans mit Salat und Kompott, Eis, Butter, Käse, Nachtisch.

der Weinkeller sowie Räume für den Kellermeister und das Personal. Ein unterirdischer Gang zum südlichen Bedienstetentrakt wird angelegt, damit das Essen über die Innentreppe in die Wohnräume gelangen kann. Unterhalb der festlichen Spiegelgalerie liegt der Anrichteraum mit seinen großen Wärmeschränken. Vicky ist eine Küchenperfektionistin. Ihre Kontrollgänge in den Vorratskammern sind berüchtigt. Sie öffnet die einzelnen Schränke und prüft die Qualität der Bestände. Zeitgenossen attestieren der Kronprinzessin eine exquisite Küche. Eine Gourmetzeitschrift schreibt: »Man verübelte ihr das (ihre Kontrollen) vielfach, aber den feinsten Tisch in Berlin führte seiner Zeit unstreitig die Kronprinzessin!« Als Vicky 1869 nach Cannes fährt, lässt sie ihren Koch extra nachkommen, weil der lokale Küchenchef ihren hohen Ansprüchen nicht genügt.

Mit dem Tod seines Onkels König Friedrich Wilhelm IV. steigt Friedrich Wilhelm offiziell zum Kronprinzen auf. Zu seinem umfangreichen offiziellen Aufgabenkatalog gehören nun die Teilnahme an zahlreichen Festlichkeiten, außerdem diverse Einweihungen und repräsentative Reisen. Im Volk ist der liberal denkende Prinz beliebter als sein knorriger Vater. Bei der Grundsteinlegung des Denkmals Friedrichs II. Unter den Linden bedenkt die Menge Wilhelm I. mit Schweigen, das Erscheinen seines Sohnes hingegen löst tosenden Applaus aus.

Als ihm sein Vater im Krisenjahr 1862 die Regierung übertragen will, lehnt Friedrich ab. Er weigert sich entschieden, die Nachfolge des Vaters anzutreten. Es wird eine einmalige Chance in seinem Leben bleiben. In der Folge bleibt Wilhelm I. dreißig weitere Jahre an der Regierung, unter ihm zementiert Reichskanzler Bismarck die konservativen Verhältnisse in Deutschland. Als politisch bedeutungsloser »König im Wartestand« erwägt Kronprinz Friedrich zeitweilig sogar die Emigration.

Unten:
Gut Bornstedt. Auf dem Mustergut betätigen sich Friedrich und seine Frau »Vicky« als mit verschiedenen Auszeichnungen bedachte Landwirte.

Gut Bornstedt

Das Gut Bornstedt, ein idyllisch am See gelegenes Gutshaus, wird 1867 alternativer Sommerwohnsitz des Kronprinzenpaares. Im Winter leben Friedrich und Vicky im Berliner Kronprinzenpalais und im Sommer entweder im benachbarten Neuen Palais in Potsdam oder auf dem Gut Bornstedt. Hier entwickelt Friedrich Gutsherrenqualitäten. Er kümmert sich um die Feldwirtschaft, während sich seine Gattin intensiv mit dem Obst- und Gemüseanbau, aber auch

Gut Bornstedt. Das Kronprinzenpaar verlebt hier eine glückliche Zeit.

mit der Viehwirtschaft befasst. In einem Brief an die Mutter schreibt sie: »Hier auf unserer kleinen Farm sind wir alle sehr beschäftigt. Einen großen Teil des Heus haben wir eingefahren, und die Wolle geht auf den Markt nach Berlin.« Sie bittet die Queen, ihr zu einem geringen Preis Eber, Säue, Böcke und Schafe für Zuchtzwecke zukommen zu lassen, weil sie den faden Geschmack der heimischen Haustiere bemängelt. Für eine artgerechtere Fütterung engagiert sie deshalb englische Fachkräfte. Bornstedt wird bald zu einem anerkannten und prämierten Mustergut, das reiche Erträge abwirft. Die Versorgung der Küchen mit Butter, Eiern, Milch und Schlachtvieh ist sowohl im Neuen Palais als auch im Kronprinzenpalais durch das Krongut abgedeckt. Auch Tauben, Hühner, Enten und Puten werden gehalten und nach der Mast an der königlichen Tafel in Berlin oder Potsdam verspeist.

Die Speisen der Mark seit 1870

In der Zeit nach 1871 haben sich die Essgewohnheiten in Preußen geändert. Durch den Rückgang der Schafzucht isst man weniger Hammelkeule. Gab es im Jahr 1873 noch 25 Millionen Schafe, waren es 1912 nur noch 5,7 Millionen. Auch

Neues Palais.
Friedrich der Große baut das Palais als Prunkbau. Die Gebäude auf dem großen Gelände beherbergen neben dem Schlossmuseum auch Institute der Universität Potsdam.

Wild wie Damwild oder Hirsch und Wildschwein gehören nicht mehr zu den Alltagsspeisen. Das Gleiche gilt für Wildenten und Fasane. Vor allem aber Schnepfen, Kibitz- und Möweneier sind rare Delikatessen geworden. Die heimischen Fischbestände an Forellen, Schleien, Lachsen und Karpfen verringern sich, trotz der Fischzucht. Dagegen erfreuen sich Seefische wie Seelachs, Kabeljau und Haifische größerer Beliebtheit. Schweinefleisch wird zu dem meistgegessenen Fleisch in Preußen. Auch »Exotisches« wie norwegisches Rentierfleisch kommt häufiger auf den Tisch. Neuere Kühlmethoden erlauben den Verzehr von Kaviar im Sommer und Spargel im Winter. Aus der Mode geraten gebratene Äpfel, während exotisches Obst Massenware wird.

Im Winter finden in Berlin als Glanzpunkt des höfischen Lebens die Hofbälle, die Kostümfeste und die Cour statt. Preußisch korrekt verläuft deren Organisation. So werden Würdenträger und Diplomaten mit so genannten Vorfahrtkarten bedacht, um ihnen das langsame Vorrücken der Wagenreihe vor dem Schloss zu ersparen. Diener müssen die Mäntel in Empfang nehmen und in den Kutschen verstauen – Garderobenräume werden erst unter Wilhelm II. eingerichtet.

Am 8. Februar 1883 findet anlässlich der silbernen Hochzeit des Kronprinzenpaares ein grandioses Kostümfest statt. Als Motiv wird die Huldigung der

Kunst an die Mediceer gewählt. Die Kronprinzessin kostümiert sich als Bella Titiana, Kronprinz Friedrich Wilhelm erscheint als Earl of Surrey. Einblick in das festliche Ambiente bietet Marie von Bunsen, die als junge Frau Gast bei dem Mediceerfest war: »Alle die Hunderte warteten im Weißen Saal, dann hörte man das Aufschlagen des Oberhofmarschallstabes, es erschienen der ›Große Vorantritt‹, die Würdenträger des Hofes, die Kammerherren, schließlich die von allen Fürstlichkeiten gefolgten Majestäten. Grüßend schritten sie durch die tief sich neigende Schar. Besonders malerisch wirkten in den alten Gemächern die Gruppen beim Souper, ich saß in einer der tiefen Fensternischen, Zopfbildnisse ringsumher. Aber die Krone des Festes ist allen Tanzenden der berühmte Souperwalzer gewesen.«

Das Kostümfest findet zwei Wochen nach der privaten Feier statt. Das Souper am eigentlichen Tag der Silbernen Hochzeit, am 25. Januar, ist ausgesprochen luxuriös.

Der Fastnachtsball beschließt die Ballsaison. Wenn um Schlag Mitternacht die Feierlichkeiten für beendet erklärt werden, reicht man den Gästen zum Abschluss Pfannkuchen und edlen Punsch aus altem Rheinwein (auf einem Küchenzettel von 1880 finden sich die Angaben über die Zutaten und Kosten für die Bereitung des »Bischofs«).

Die große Schlossküche ist prächtig ausgestattet. Wertvolle Nickelgeschirre dekorieren die Wände der kaiserlichen Speisenküche, für jedes der Küchengeräte und Kochgeschirre sind Hüllen aus Leder vorhanden, für den Fall, dass eines der Geräte in die Reiseküche aufgenommen wird. Man unterscheidet die Mundküche und die große Schlossküche. In der Mundküche wirkt der Mundkoch privat für die kaiserliche Familie. Sie befindet sich im linken Flügel des Berliner Schlosses neben der Konditorei. Daran schließt sich die Brat- und Kochküche an, samt Anrichtebereich. In der Schlossküche, die im älteren Flügel des Schlosses liegt, werden die Gastmahle für die großen Hof- und Galagesellschaften zubereitet. Den größten Teil des Jahres bleibt sie geschlossen, nur in den Wintermonaten oder wenn hoher Besuch ansteht, herrscht hier Hochbetrieb. Dann engagiert man auch externe Köche, von denen jeder ein Meister für spezielle Speisen ist. In der Mitte des großen Küchensaales steht der Herd. Ferner gibt es ein eigenes Abwaschzimmer und große Wärmeschränke, damit die Speisen frisch und warm bleiben.

25. Januar 1883, Silberne Hochzeit

Potage à la tortue
Turbot garni aux huitres
Filet de bœuf à la jardiniére
Supréme de volaille aux truffes
Langouste à la jardiniére
Faisans rotis, salade
Fond d'artichauds à la moelle
Pannequettes à la crème
Gelée macedoine de fruits gemischt
Glace, Gaufrettes
Desserts

Berliner Kongress

Als der Kaiser durch ein Attentat verletzt wird, rückt Kronprinz Friedrich für sechs Wochen aus der politischen Bedeutungslosigkeit in die Stellvertreterrolle. Namentlich auf dem Berliner Kongress, der das wichtigste politische Ereignis Berlins darstellt und in dessen Mittelpunkt Bismarck als »ehrlicher Makler« zwischen den Großmächten einen drohenden Weltkrieg verhindert. Bei dem Kongressdiner am 17.6.1878 im Buffetsaal des Reichskanzlerpalais gibt es Delikatessen wie Kaiserinnen-Suppe, Gänseleber-Brocken, blau gesottene Forellen, russischen Rehziemer mit Trüffelsauce, Straßburger Krammetsvogel-Pastete, Wiener Enten, Krebssalat, Truthahn mit Wachteln, Kompott und Salat, Pariser Ananas-Törtchen, Türkische Bombe und Eis.

Am 8. Juli lädt das Kronprinzenpaar alle Kongressteilnehmer zur Jachtpartie. Vom Wannsee aus fährt die Gesellschaft mit dem königlichen Schiff nach Schloss Babelsberg, wo Equipagen bereitstehen, um die Gärten zu besichtigen. In den Räumen Friedrichs des Großen in Sanssouci ist das Diner angerichtet.

Nach dem Berliner Kongress fällt der ewige Kronprinz wieder in die politische Bedeutungslosigkeit. Stattdessen ist Prinz Friedrich kulturell als Protektor der königlichen Museen in Berlin tätig. Er beteiligt sich unter anderem an der Überführung des Pergamon-Altares nach Berlin.

1887 klagt der Kronprinz über Heiserkeit, und es zeigen sich erste Anzeichen einer Kehlkopferkrankung. Die Krankheit wird als Kehlkopfkrebs diagnostiziert, und die Ärzte streiten darüber, ob operiert werden soll oder nicht. Als die Schmerzen sich verschlimmern, stellen die Ärzte den Kronprinzen vor zwei Alternativen: eine große Operation, die den Verlust der Stimme zur Folge hat, oder einen Kehlkopfschnitt, der das Atmen erleichtert, aber den baldigen Tod bedeutet. Friedrich entscheidet sich für den Schnitt, denn ein Kaiser ohne Sprache will er nicht sein. Die Ärzte empfehlen ein wärmeres Klima, daraufhin begibt sich das Kronprinzenpaar auf Reisen in den Süden. Der Zustand Friedrichs verbessert sich zunächst, und sein Hofmarschall berichtet vom gesunden Appetit des Kronprinzen: »Sonst aß er gut in meiner Gegenwart, 2 Kotelette, eine Reisspeise, Butterbrot und Wein.«

Im März 1888 erhält Friedrich in San Remo Nachricht über seinen im Sterben liegenden Vater, Wilhelm I. Obwohl die Mediziner von einer Reise in das kalte Deutschland abraten, kehrt Friedrich nach Berlin zurück.

99 Kaisertage

Wilhelm I. stirbt am 9. März 1888. Der Wunsch des greisen Kaisers, seinen Sohn noch einmal zu sehen, erfüllt sich nicht. Der neue Kaiser, Friedrich III., trifft erst am 11. März in Berlin ein und wird am Bahnhof Westend von seinem Sohn Kronprinz Wilhelm und von Bismarck empfangen. An den Trauerfeierlichkeiten kann der geschwächte Kaiser nicht mehr teilnehmen. Seine Stimme ist gebrochen, er verständigt sich mit seiner Umgebung mittels handschriftlicher Notizen. Dennoch fürchten die Konservativen seinen Einfluss, sähen lieber den Bismarckbewunderer Prinz Wilhelm als Kaiser. Drei Tage nach ihrer Ankunft schreibt die Kaiserin Viktoria an ihre Mutter, Queen Victoria von England: »Augenscheinlich spannen sich alle Arten von Intrigen an, ehe wir zurückkamen. Einige sind über unsere Rückkehr froh, andere nicht; die meisten glaubten, Fritz würde nur zur Abdankung nach Hause kommen!«

Kaiser Friedrich III. in einer Fotografie von 1888.

Das Schloss Charlottenburg mit seinen beheizbaren Räumen wird Hauptwohnsitz des Kaiserpaares. Die Orangerie erweist sich als ideal für die kleinen Spaziergänge des Monarchen. Einmal am Tag wird der Kaiser in einem Ponywagen durch den Schlosspark gefahren. Politisch vermag Friedrich III. wenig zu bewirken. Bismarck verbleibt im Amt. Die Kaiserin ist bemüht, sich den Kummer nicht anmerken zu lassen, und verbreitet Optimismus. Graf Eulenburg, ein Freund des Kronprinzen Wilhelm: »Fast könnte man annehmen, die Kaiserin sei geistesgestört.«

Der Abschiedsbesuch der englischen Königin gerät zum Affront. Am 24. April wird ihr zu Ehren auf Schloss Charlottenburg ein Bankett gegeben. Doch ihr Schwiegersohn ist zu schwach, um daran teilzunehmen. Ihr Enkel, Kronprinz Wilhelm, straft sie mit Nichtachtung, der gesamte Hofstaat verhält sich eisigreserviert. Nur Bismarck macht Englands berühmter Regentin seine Aufwartung.

Der letzte öffentliche Auftritt Friedrichs III. erfolgt einen Monat später, anlässlich der Hochzeit seines Sohnes Heinrich mit Irene von Kassel. Nur mit Mühe übersteht er den Tag. Beim abendlichen Hochzeitsmahl ist er nicht anwesend.

Im Juni fahren Vicky und ihr todkranker Fritz mit dem Boot von Charlottenburg nach Potsdam. Der Kaiser möchte in seinem geliebten Geburtshaus sterben, dem Neuen Palais, das er in Friedrichskron unbenannt hat. Am 15. Juni

1888, nach nur 99 Tage währender Regentschaft, scheidet Friedrich III. aus dem Leben.

Kronprinz Wilhelm hat noch zur Todesstunde des Vaters die Umstellung des Neuen Palais mit bewaffneten Wachen veranlasst. Die eigene Mutter stellt er unter Bewachung, um sie angeblich daran zu hindern, geheime Dokumente und Staatspapiere fortzuschaffen. Der jetzige Kaiser Wilhelm II. wendet sich bewusst von den liberalen Anschauungen seiner Mutter und der gemäßigten Auffassung seines Vaters ab.

Vicky, die sich nach dem Tod des Gatten Kaiserin Friedrich nennt, wird das Wohnrecht im Schloss Friedrichskron, jetzt wieder in Neues Palais umbenannt, abgesprochen. Sie zieht sich mit ihren Tochtern aus dem öffentlichen Leben auf das Krongut Bornstedt zurück. In einem Brief an ihre Mutter wird der Kummer der Kaiserin Friedrich deutlich: »Ich bin nun mit meinen drei lieben Töchtern hierher auf unser kleines Gut geflohen ... Nun wird er begraben! Und aus dem lieben Haus, in dem er geboren wurde, in dem er gestorben ist, in dem wir fast dreißig glückliche Sommer verbracht haben, was wir als unser Heim betrachteten, hinausgetragen. Wie froh und stolz war er, als er es zum ersten Male sein Eigen nannte. Wieviel Pläne faßte er mit seiner Vervollkommnung und Verschönerung! Er hat nur kurze vierzehn Tage der Krankheit und Schwäche in ihm verbracht, aber er war von Liebe und Sorgfalt umgeben ... das ganze Volk fühlte mit mir, mit Ausnahme derjenigen, die uns nicht lieben und uns feindlich gegenüberstanden – dreißig Jahre lang. Sie haben nun die Macht!«

Krongut Bornstedt. Das Anwesen zählt zu den touristischen Höhepunkten jeder Potsdamrundfahrt. Im Bildvordergrund exerzieren Mitglieder der Potsdamer Riesengarde e.V. in historischen Uniformen.

Gedünsteter Chicorée

6 schlanke Chicorée
(oder 3 dicke, halbiert)
100 g Speck, in kleine Würfel geschnitten
2 Bund Suppengrün
1/4 l Fleischbrühe
Mehl

Zum Garnieren:
Frische Chicoréeblätter
Paprikastreifen
Dill
Petersilie

Den bitteren Strunk des Chicorées herausschneiden. In einer großen Pfanne den Speck auslassen. Das Suppengrün gleichmäßig in der Pfanne verteilen und den Chicorée darin einbetten. Die Brühe zugießen und zum Kochen bringen. Die Hitze verringern und den Deckel auflegen. Das Ganze 5 bis 10 Minuten garen, bis der Chicorée knackig-weich ist. Den Chicorée herausnehmen und warm halten.

Für eine Sauce das Suppengrün mit der Brühe durch ein feines Sieb streichen. Etwas einkochen lassen und eventuell mit Mehl andicken. Oder nach Belieben nur die Brühe mit Mehl sämig rühren.

Den Chicorée in einer Schüssel oder auf einer vorgewärmten Servierplatte anrichten. Mit frischen Chicoréeblättern, Paprikastreifen, Dill und Petersilie garnieren. Die Sauce separat dazu reichen.

Windsor-Salat

3 Stangen Staudensellerie
150 g Champignons
300 g gekochtes Hühnerfleisch
100 g Trüffel
300 g gepökelte Rinderzunge
300 g geräucherter Lachs
1 kleines Glas Piccalilli
(englisches Senfgemüse)
1 Glas Mayonnaise

Zum Garnieren:
2 große rosa Champignons
Geräucherter Lachs

Sellerie und Champignons in feine Scheiben schneiden, Hühnerfleisch, Trüffeln und Senfgemüse würfeln und Rinderzunge und Lachs in feine Streifen schneiden. Alle Zutaten in einer großen Schüssel vorsichtig, aber gründlich mischen.

Zum Servieren, den Salat auf einem Bett aus in feinen Scheiben geschnittenen Champignons anrichten und mit Röllchen aus dünn geschnittenem Räucherlachs garnieren.

Barsche auf Walliser Art

Die Fischfilets waschen, gut trocknen und mit etwas Salz und Pfeffer einreiben. Nacheinander in Mehl, in dem verquirlten Ei und großzügig in Semmelbröseln wenden. Die Panade vorsichtig andrücken. Die Filets in reichlich Butter goldbraun braten.

Für die Sauce die Bouillonwürfelchen mit möglicht wenig Wasser in einem Topf auflösen. Die Butter nach und nach gründlich unterrühren. Den Senf einrühren. Mit einem Spritzer Weinessig und frisch geriebener Muskatnuss abschmecken. Zum Schluss die Petersilie unterheben.

Zum Servieren den Fisch auf vorgewärmte Teller legen und einen Löffel der sämigen Sauce daneben setzen.

Tipp: Wem die Sauce zu streng schmeckt, kann sie mit etwas Weißwein und Sahne mildern.

4 Barschfilets
Salz und Pfeffer
2 EL Mehl
2 Eier, verquirlt
Semmelbrösel
Butter
Für die Sauce:
100 g Tafelbouillon (Fleischextrakt in Würfeln), fein gewürfelt
125 g ungesalzene Butter, gewürfelt
1 TL Senf
Weinessig
Muskatnuss
1 El fein zerkleinerte Petersilie

Überbackener Hummer

Das Hummerfleisch in mundgerechte Würfel schneiden, in eine Schüssel geben und ein wenig Zitronensaft darüber träufeln. Kurz beiseite stellen.

Aus dem Mehl und 35 Gramm Butter eine goldgelbe Mehlschwitze zubereiten. Den Fischfond und die Hummerjus unterrühren. Mit Cayennepfeffer abschmecken.

Die Sauce in eine Auflaufform geben und die Hummerwürfel dicht an dicht hineinsetzen. Den Parmesan mit den Semmelbröseln mischen und in einer gleichmäßigen Schicht über die Hummerwürfel geben. Reichlich Butterflöckchen obenauf setzen und das Ganze im Backofen goldgelb überbacken. In der Form servieren.

400 g gekochtes Hummerfleisch
Zitronensaft
40 g Mehl
Butter
1/4 l Fischfond
1 EL Hummerjus
Cayennepfeffer
1 Eigelb, verquirlt
8 g frisch geriebener Parmesan
3 EL Semmelbrösel

Barbenschnitten auf russische Art

1 Salatgurke
Essig
Salz und Pfeffer
4 Barbenfilets, enthäutet
Zitronensaft
Butter
¹⁄₄ l Fischfond
2 Blätter Gelatine, eingeweicht
200 g sehr fein gewürfeltes Suppengemüse, in Salzwasser blanchiert

Zum Servieren:
1 Kästchen Gartenkresse
Remouladensauce, mit frisch geriebenem Meerrettich verfeinert

Die Gurke schälen und in zentimeterdicke Scheiben schneiden. Das weiche Innere ausstechen. In eine Schüssel geben und so viel Essig hinzufügen, dass sie vollkommen bedeckt sind. Eine kräftige Prise Salz und Pfeffer zugeben. In der Lake ziehen lassen, bis die Gurkenscheiben eine weiche Konsistenz angenommen haben. Herausnehmen und gut abtropfen lassen.

Die Fischfilets in Stücke schneiden, die ungefähr die Größe einer Gurkenscheibe haben. Leicht salzen und mit etwas Zitronensaft beträufeln. In einer Pfanne reichlich Butter zerlassen und darin die Filets unter Wenden garen. Herausnehmen und auf Küchenpapier abkühlen und abtropfen lassen.

Für ein Gelee den Fischfond erhitzen und darin die ausgedrückte Gelatine auflösen.

Mit dem Fischgelee einen dünnen Spiegel auf eine Servierplatte ziehen. Die Gurkenscheiben im Kreis anordnen und mit dem Suppengemüse füllen. Die Fischstückchen obenauf setzen und das Ganze mit dem Fischgelee glasieren. Im Kühlschrank durchkühlen lassen.

Zum Servieren die Platte mit Kresse garnieren. Die Remouladensauce separat dazu reichen.

Florentiner Poularde

1 Poularde (Masthuhn)
1 Suppenhuhn
2 Bund Suppengrün, grob zerkleinert
Salz
1 Eigelb
1/4 l Sahne
200 g Spinat, blanchiert
Pfeffer

Poularde, Suppenhuhn, Suppengrün mit einer kräftigen Prise Salz in einen großen Topf mit kaltem Wasser geben. Zum Kochen bringen, dann die Hitze verringern und das Geflügel köcheln lassen. Nach gut 1 Stunde die (noch nicht vollkommen gare) Poularde herausnehmen. Das Suppenhuhn eine weitere Stunde köcheln lassen, bis das Fleisch vollkommen weich ist.

Die Poularde etwas abkühlen lassen und die beiden Bruststücke vorsichtig abheben. Das Ganze kurz beiseite legen.

Den Backofen auf 200 °C (Gas Stufe 2) vorheizen.

Das Fleisch vom Suppenhuhn lösen und mit dem Eigelb, der Sahne und dem Spinat im Mixer zu einer Farce verarbeiten. Mit Salz und Pfeffer abschmecken. Mit zwei Drittel der Farce die Poularde füllen. Mit der restlichen Farce die Bruststücke von beiden Seiten bestreichen und wieder auf die Poularde setzen (mit Zahnstochern fixieren).

Die Poularde gut mit Alufolie abgedeckt im Backofen etwa 15 bis 20 Minuten fertig garen (das weiße Fleisch soll nicht braun werden). (Man kann auch die Poularde in dem Geflügelkochsud fertig garen.)

Die Poularde im Ganzen servieren und erst am Tisch tranchieren.

Tipp: Gut dazu passen gekochter Reis und eine Sauce allemande (helle Sauce aus Geflügel- und Champignonfond, mit süßer Sahne und Butter aufgeschlagen).

Braten aus feinem Roastbeef

2 kg Roastbeef mit Fettschicht
Schwarzer Pfeffer
Butter
1 Bund Suppengrün, zerkleinert
1/4 l Wein
1/4 l Fleischbrühe
1 Knoblauchzehe, zerdrückt
2 cl Madeira
Mehl
Salz

Vom Fettdeckel des Roastbeefs der Länge nach die Hälfte abschneiden und würfeln. Die restliche Fettschicht auf dem Fleisch rautenförmig einritzen, ohne ins Fleisch zu schneiden. Das Roastbeef rundum mit schwarzem Pfeffer einreiben und beiseite legen.

Die Fettwürfel mit 1 Teelöffel Butter in einen Topf geben und darin das Suppengrün anschwitzen. Den Wein zugießen und aufkochen lassen. Die Fleischbrühe hinzufügen und das Ganze 15 Minuten köcheln lassen. Mit Salz und Pfeffer abschmecken. Die Brühe durch ein Sieb in eine Schüssel abgießen.

In einer Kasserolle 2 Esslöffel Butter erhitzen und darin das Fleisch mit dem Knoblauch rundum anbraten. Die abgegossene Brühe hinzufügen und das Ganze – zugedeckt – 45 Minuten schmoren lassen.

Den Backofen auf 200 °C (Gas Stufe 3) vorheizen.

Das Roastbeef auf den Rost des Backofens legen und die Fettauffangschale darunter schieben. Etwa 20 Minuten braten und dabei häufig begießen: anfangs mit dem Sud aus Schmortopf, dann mit dem Bratsud aus der Fettauffangschale. Das Fleisch sollte innen noch rosa sein (das ist es, wenn es auf Druck mit einem Gabelrücken elastisch nachgibt). Den Braten vor dem Aufschneiden 10 Minuten ruhen lassen.

Den restlichen Sud in der Kasserolle zum Kochen bringen (dabei den Bratansatz vom Boden lösen) und den Madeira hinzufügen. Durch ein feines Sieb in einen kleineren Topf abgießen und mit etwas Mehl andicken. Mit Salz und Pfeffer abschmecken.

Zum Servieren das Roastbeef in dünne Scheiben schneiden und auf vorgewärmten Tellern anrichten. Etwas Sauce darüber träufeln. Die restliche Sauce separat dazu reichen.

Rinderzunge auf Matrosenart

Die Zunge in reichlich kochendes Salzwasser geben. Die Hitze verringern und die Zunge etwa 2 Stunden köcheln lassen, bis sie weich ist. Herausnehmen, etwas abkühlen lassen, dann enthäuten und quer zur Faser in feine Scheiben schneiden.

Für eine Sauce die Butter zerlassen und die Zwiebelringe darin goldbraun braten. Mit Rotwein ablöschen und unter Rühren auf die Hälfte einkochen lassen. Sherry und Fleischfond zugeben und ebenfalls etwas einkochen lassen. Mit Stärkemehl andicken.

Zum Servieren die Zungenscheiben auf einer Servierplatte anrichten und die Sauce darüber geben (durch ein Sieb gießen, wenn man die Zwiebeln nicht mitservieren will). Mit Mixed Pickles und Petersilie garnieren.

1 gepökelte Rinderzunge (etwa 1 kg schwer)
Salz
2 EL Butter
1 große Zwiebel, in feine Ringe geschnitten
1/4 l Rotwein
60 ml Sherry
1/8 l Fleischfond
Stärkemehl
Zum Garnieren:
Mixed Pickles
Frische Petersilie

Melba-Pfirsiche

½ l lauwarmer Läuterzucker
4 große Pfirsiche, geschält und entsteint
1 Vanilleschote, halbiert
300 g Vanilleeis
200 g pürierte Erdbeeren

Die Früchte mit der Vanilleschote in den Läuterzucker legen und darin über Nacht ziehen lassen.

Zum Servieren jeweils eine Pfirsichhälfte in ein Glasschälchen setzen und eine kleine Kugel Vanilleeis in die Höhlung geben. Die zweite Hälfte obenauf legen. Mit Erdbeerpüree garnieren.

Tipp: Falls die Pfirsiche sich nicht glatt abschälen lassen, die Früchte kurz in heißes Wasser tauchen und dann die Schalen abziehen.

Dessert nach Art der Princess

In einem Topf die Milch mit dem Zucker, der Vanilleschote und dem Salz zum Kochen bringen. Die Hitze verringern und 10 Minuten unter Rühren ganz sanft köcheln lassen. Die Vanilleschote herausnehmen und die Mischung mit der Weizenstärke zu einer Creme andicken.

Die Kirschen mit der Creme füllen, am besten mit Hilfe einer Spritztüte, deren Tülle einen millimeterdünnen Durchmesser hat.

Den Rotwein erwärmen und darin die ausgedrückte Gelatine auflösen und daraus jeweils einen Spiegel auf vier große Glasteller gießen. Zum Verfestigen in den Kühlschrank geben.

Zum Servieren in die Baiserschalen etwas Aprikosenmarmelade streichen. Creme einfüllen und ein dickes Sahnehäubchen sowie einige gefüllte Kirschen setzen. Mit Maraschino beträufeln. Die Baiserschalen im Kreis auf den Rotweingeleespiegel legen und den Spiegel mit der restlichen Sahne und den restlichen Kirschen garnieren.

$^1/_2$ l Milch
100 g Zucker
1 Vanilleschote
1 Prise Salz
50 g Weizenstärkemehl
$^1/_4$ l Rotwein
300 g entsteinte Kirschen
3 Blatt Gelatine, eingeweicht
150 g Aprikosenmarmelade
8 fertige Baiserschalen
$^1/_4$ l Schlagsahne, steif geschlagen
2 cl Maraschino (Kirschlikör)

KAPITEL IX

Wilhelm II.

Der letzte deutsche Kaiser

(1888–1918)
27. Januar 1859 im Kronprinzenpalais zu Berlin –
4. Juni 1941 Haus Doorn, Holland

»Ehrgeiz, Rücksichtslosigkeit, krankhafte Überschätzung seiner Persönlichkeit wie seiner Stellung haben die guten Eigenschaften seines Herzens verkümmert, aber nicht allzu selten traten sie echt und wohltuend zutage.«

Marie von Bunsen über den letzten Kaiser

Das »persönliche Regiment« Wilhelms II.

Im Juni 1888 wird Wilhelm II. nach der nur 99 Tage währenden Regierungszeit seines Vaters mit neunundzwanzig Jahren deutscher Kaiser und König von Preußen. Eitelkeit und Selbstherrlichkeit prägen seine Politik. Seine Mutter, Kaiserin Victoria, notiert bereits vor seiner Thronbesteigung: »Wilhelm hält sich schon ganz für den Kaiser – und zwar für einen absoluten und autokratischen.« Nach außen wirkt der junge Herrscher selbstsicher, ja arrogant. Nach innen ist er von Minderwertigkeitskomplexen geplagt. Neben sich duldet der Landesherr keine Rivalen, und so entlässt der wenig selbstbewusste Hohenzoller 1890 den mächtigen alten Reichskanzler Bismarck.

Sein »persönliches Regiment« stellt sich als eine Verschmelzung von antiquiertem Gottesgnadentum und theatralischem Machtgehabe dar. Als Ziel strebt der letzte Kaiser an, für Deutschland einen Platz an der Sonne zu erobern. Steckenpferd des Herrschers ist die Flotte, die er in Konkurrenz zur Seemacht England systematisch aufrüstet, zum Missfallen des englischen Königshauses. Auch Frankreich und Russland bringt das »Fabeltier Europas«, als das er wegen seiner rastlosen Lebensweise und Vorliebe für Kostüme und Uniformen wahrgenommen wird, gegen sich auf. Bismarcks mit Bedacht geführtes System des Gleichgewichts der Mächte und der territorialen Saturiertheit Deutschlands zerstört der sich selbst überschätzende Monarch mit brachialer Gewalt. Mit seiner imperialen Politik und stetiger Aufrüstung steuert der sendungsbeflissene Kaiser konsequent auf den Ersten Weltkrieg zu, dem Millionen Menschen zum Opfer fallen. Dabei hat alles hoffnungsvoll begonnen.

Drill in Jugend und Kindheit

Mit über hundert Salutschüssen wird am 27. Januar 1859 die Geburt des Prinzen Wilhelm gefeiert. In seinem Geburtsjahr ist Friedrich Wilhelm IV. noch König, sein Großvater Wilhelm Prinzregent. Wilhelms Vater, Prinz Friedrich, steht an zweiter Stelle in der Thronfolge. Die Geburt des Thronfolgers verläuft problematisch: Infolge eines ärztlichen Kunstfehlers kommt der kleine Prinz mit einem verkrüppelten, verkürzten linken Arm zur Welt. Das Geburtstrauma belastet den Thronfolger wie seine Mutter gleichermaßen. Victoria setzt den Sohn therapeutischen Torturen wie Elektroschocks aus. Auch muss Willy, wie er genannt wird, seinen Arm mehrmals in den Leib eines frisch geschossenen Hasen legen. All das hinterlässt seelische Störungen bei dem Kind und macht ihn zu einem Menschen mit nur geringem Selbstbewusstsein.

Verhängnisvoll wirkt sich die Berufung des calvinistischen Lehrers Dr. Georg Hinzpeter als Prinzenerzieher aus. Victorias ehrgeiziges Ziel ist es, aus ihrem Sohn einen »liberalen Friedrich den Großen« zu machen. Der anspruchsvolle Gymnasiallehrer Hinzpeter verlangt von seinem Schützling Enthaltsamkeit und eiserne Disziplin. Zum Frühstück gestattet der Lehrer seinem jungen Schüler bisweilen nur trockenes Brot. Wilhelm selbst beschreibt ihn später als den »pedantischen und herben Mann mit der hageren dünnen Figur und dem Pergamentgesicht«. Obwohl der Prinz über eine schnelle Auffassungsgabe verfügt, überanstrengt ihn das täglich zwölfstündige Unterrichtspensum dermaßen, dass er sein Leben lang konzentriertes Arbeiten meiden wird.

Wilhelm gebärdet sich als egozentrisches, aggressives und launisches Kind, das eine ausgeprägte Sprunghaftigkeit an den Tag legt. Als der fünfzehnjährige Hohenzollernspross, fern von zu Hause, ein bürgerliches Gymnasium in Kassel besucht, wird die Entfremdung zwischen dem liberalen Kronprinzenpaar und dem Sohn offenkundig. Der Halbwüchsige wendet sich dem konservativen Großvater zu, der inzwischen Kaiser ist und den sein Enkel abgöttisch verehrt. Seinen Eltern, die im Wartestand politisch im Abseits stehen, tritt er störrisch, besserwisserisch und arrogant entgegen. Politisch orientiert sich der junge Thronfolger an der Bismarckschen Politik, die den zukünftigen Kaiser fasziniert. Selbstherrlich weist er die väterliche Kritik am Reichskanzler zurück. Die Entzweiung mit den Eltern wird auch durch seine Brautwahl begünstigt, obwohl die zukünftige Frau Wilhelms zunächst das volle Einverständnis der Eltern findet.

Wilhelm wählt Auguste Victoria von Schleswig-Holstein-Sonderburg-Augustenburg, die Tochter eines liberalen Studienfreundes des Vaters, zur Braut. Zur Überraschung des Hofes, denn weder schön noch weltgewandt, ist sie auch dynastisch keine ebenbürtige Partie. Die glanzvolle Vermählungsfeier findet am 27. Februar 1881 im Berliner Schloss statt. Auguste, von ihrer Familie Dona genannt, lebt sich schnell ein und genießt ihr Leben an der Seite des künftigen Kaisers. »Sanftmütig, still, bescheiden und vor allem fromm, am liebsten mit einer Handarbeit beschäftigt, ohne irgendeinen politischen Einfluss.«, wird Dona von Wilhelms II. Biografen J. A. de Jong beschrieben.

Der junge Wilhem in stolzer Pose, noch ohne den für ihn charakteristischen Schnurrbart.

Auguste Victoria wird Mutter von sieben Kindern, sechs Prinzen und einer Prinzessin. Sie ist eine Frau, die ihrem Mann nicht widerspricht und bewundernd zu ihm aufblickt. Wilhelm hält sich indes mehrere Mätressen, die er vor seiner Frau geheim hält. Da Donas Gemahl, vom Volk mit dem Spitznamen »Reisekaiser« bedacht, ständig unterwegs ist, verbringt das Paar höchstens einhundert gemeinsame Tage im Jahr.

Der Reisekaiser

Im Volksmund heißt es: »Wilhelm I. war der greise Kaiser, Friedrich III. der weise Kaiser und Wilhelm II. der Reisekaiser.« (Ein Kölner Denkmal zeigt den letzten Hohenzollernkaiser mit einem Koffer!) In Berlin und Potsdam hält sich der rastlose Monarch nie längere Zeit auf. Mehr als die Hälfte des Jahres befindet sich der Landesherr auf Reisen.

Er besitzt vier luxuriöse Sonderzüge, eine komfortable Automobilflotte und mehrere Jachten. Die Reisen des Monarchen sind kostspielig und sein Gefolge üppig. So lässt er sich von einem Leibarzt, Kammerdienern, einem Garderobier, Leibjägern und sogar vom Hoffriseur begleiten. Mit auf Reisen geht auch der Arbeitsstab des Kaisers, bestehend aus Räten, Kabinettsmitgliedern, Kanzleidienern, Sekretären, Schreibern und Chiffreuren. Seine Majestät genießt jede Art von öffentlichen Auftritten auf Reisen, wie zum Beispiel die markigen Reden bei Grundsteinlegungen. Besonders am Herzen liegen ihm Denkmäler für seinen Großvater Wilhelm I. Vergeblich bemüht sich Wilhelm II., für ihn den Beinamen »der Große« durchzusetzen.

Wilhelm ist ein Meister der Inszenierung. Er liebt pathetische Auftritte in stets neuen Kostümierungen, die er mehrmals am Tag wechselt. Der Kaiser achtet darauf, dass immer die Sonne scheint, wenn er sich in der Öffentlichkeit zeigt. Bei schlechtem Wetter sagt er feste Termine auch kurzfristig ab. »Majestät brauchen Sonne«, heißt es. Als »Kaiserwetter« ist dieses Phänomen bis heute in unserem Wortschatz erhalten geblieben.

Kaiser Wilhelm II.
Das deutsche Staatsoberhaupt in der feldgrauen Uniform des Oberbefehlshabers des Reichsheeres.

Theatralische Hofhaltung

Der Glanz liebende Kaiser verändert auch das Hofleben. Im Gegensatz zu seinem bescheidenen Großvater Wilhelm I. entpuppt sich der Enkel als verschwenderisch und anspruchsvoll. In den Wohnsitzen von Wilhelm II. und Auguste spiegelt sich beider Repräsentationslust wider – aus unterschiedlichen Motiven. Der Kaiser liebt die Inszenierung als Ausdruck seines Machtanspruchs, die Kaiserin bewundert den Luxus. Im Winter bewohnt das Kaiserpaar die erste Etage des alten, ehrwürdigen Berliner Stadtschlosses. Im Sommer residieren Auguste und Wilhelm im prunkvollen Neuen Palais in Potsdam. Wilhelm II. verletzt seine trauernde Mutter, indem er das Sterbezimmer des Vaters, Friedrich III., im Neuen Palais pietätlos zum Durchgangszimmer zwischen Billardzimmer und kaiserlichem Vortragszimmer umfunktioniert. Der neue Chef des Hauses Hohenzollern investiert große Summen, um die Schlösser und Liegenschaften des Familienbesitzes mit technischem Komfort (sanitären Einrichtungen, Dampfheizungen und Elektrizität) auszustatten. Auch ist Wilhelm der erste auf dem Hohenzollernthron, der für alle königlichen Schlösser ein Porzellan in einheitlichem Dekor durch das Oberhofmarschallamt bestellen lässt. Hergestellt wird das Service von der Königlichen Porzellan-Manufaktur (KPM).

Wilhelm II. verfasst zudem eine neue, komplizierte Hofordnung mit nicht weniger als zweiundsechzig Rangabstufungen. Zeitgenossen empfinden den neuen Ton bei Hofe als künstlich. So kommentiert Marie von Bunsen die Änderungen bei Hof: »Der Hof unter Wilhelm II. zeigte größeren Luxus, eine anspruchsvollere, etwa bei der historisch kostümierten Wache eine etwas theatralische Aufmachung, aber er war weniger elegant und weit weniger ›Große Welt‹. Besonders die Kaiserin Auguste, die an einem bescheidenen Hof aufgewachsen ist, entwickelt eine Affinität zum Luxus. Sie trägt kostbare Pelze, elegante Mode aus Paris und teure Parfums.«

Tagesablauf und die Lieblingsspeisen des Kaisers

Hofmarschall Robert Graf von Zedlitz-Trützschler berichtet über den Tagesablauf des Kaisers im Jahr 1910: »Jetzt wird spät aufgestanden, zwischen 9 und 10 Uhr vormittags mit drei warmen Gängen stark gefrühstückt, dann ausgefahren, und ein kurzer Spaziergang, eventuell mit dem Reichskanzler oder Staatssekretär des Äußern, folgt. Von 12 Uhr an Vorträge, um 1 Uhr Frühstück, danach

wieder Ausfahrt, dann eine bis zwei Stunden Schlaf. Um 8 Uhr Abendtafel mit Gästen oder Theater. Jedenfalls daran anschließend Gespräche bis 12 und 1 Uhr nachts.« An diesem Bericht erkennt man die mangelnde Arbeitsmoral des Kaisers. Manchmal drängt ihn der Tatendurst, an anderen Tagen verkriecht er sich im Bett. So steht er auch unterschiedlich auf, zwischen sechs Uhr dreißig und zehn Uhr früh. Aktenarbeiten erledigt der Herrscher schluderig und unkonzentriert. Sein nervöses Wesen verhindert jede Regelmäßigkeit. Um sich in den Tag einzustimmen, liest Wilhelm bei der Morgentoilette durchweg positive Presseartikel über seine Person, die ihm eifrige Diener vorlegen. Anschließend begibt er sich zum Frühstückstisch, wo seine Gemahlin Dona ihn bereits erwartet. Die Kaiserin hat schon am Vorabend mit dem kaiserlichen Oberhofmarschall den Speiseplan für den Tag, der meist die Lieblingsgerichte des Kaisers enthält, besprochen. Änderungswünsche vermerkt sie auf dem Küchenzettel.

Prächtig gestaltet sich das Ambiente bei den Mahlzeiten des Kaiserpaares. In der Winterresidenz, dem Berliner Schloss, frühstückt das Ehepaar in dem mit grüner Seide tapezierten Salon der Kaiserin. Kostbare Gemälde aus dem Besitz von Friedrich dem Großen, zum Beispiel die »Einschiffung der Cythera« von Watteau, zieren den Raum. In den Sommermonaten leben Wilhelm und Auguste

im Potsdamer Neuen Palais. Gefrühstückt wird im so genannten Silberzimmer, das seinen Namen den silberbeschlagenen Holzverzierungen an den Wänden und den mit silbrigen Stoffen bezogenen Sitzmöbeln verdankt. Gegessen wird im kleinen familiären Kreis. Nur der Oberhofmarschall darf eintreten, um die Termine mit dem Kaiser zu koordinieren.

Das erste Frühstück bildet für den Kaiser die Hauptmahlzeit und besteht aus einer leichten warmen Küche. Dazu trinkt er Tee, während seine Gattin Kaffee bevorzugt. In der Regel besteht die Mahlzeit aus einem Fisch- und einem Fleischgericht, die mit Gemüse und Kartoffelpüree kombiniert sind. Zum Beispiel gebratene Seezunge und Eierkuchen mit Huhn. Anschließend wird warmes Gebäck gereicht. Die Dekoration des Frühstückstischs entspricht der höfischen Etikette der Zeit: Ein kunstvoll arrangiertes Blumenbouquet steht in der Mitte des Tisches. Eine dezente Farbigkeit der Tischdecken und des Geschirrs lockern die sonst strenge, auf reinweiß ausgerichtete Tafelausstattung bei der ersten Mahlzeit auf. Die Seitenlänge der quadratischen Servietten misst 30 Zentimeter, somit sind sie wesentlich kleiner als die doppelt so großen Souper- und Dinerservietten. Stoff und Farbe der Servietten müssen mit dem Tischtuch übereinstimmen.

Neues Palais, Grottensaal. Im muschelverzierten Grottensaal feiert die kaiserliche Familie das Weihnachtsfest. Jeder Hohenzoller hat seinen eigenen geschmückten Christbaum.

Das zweite Frühstück fällt üppiger aus. Um Punkt 13.15 wird das so genannte Luncheon eingenommen. Eine Suppe eröffnet die Mahlzeit, ein Fischgericht schließt sich an. Nun tischt die königliche Küche zwei aufeinander folgende Fleischgerichte auf. Anschließend kommen kleinere Zwischengerichte auf den Tisch. Zum Abschluss reicht man Kompott, Salat, süße Speisen und Käsegebäck.

Am frühen Abend, gegen sechs Uhr, gibt es ein kleines Essen. Das private Diner mit einigen Gästen findet um halb neun Uhr statt. Hierbei geht es fast bürgerlich bescheiden zu. Einem kleinen Vorgericht folgen ein Fisch- sowie ein Fleischgericht mit frischem Gemüse und Kompott. Als Nachtisch kommt eine süße Speise auf die Tafel. Manchmal setzt man den Abend vor dem Kamin mit Bier fort.

Am liebsten mag Wilhelm II. gebundene Speisen mit Reis, außerdem Forel len, Seezungen, Rehrücken und Poularden. Käsestangen dürfen nie fehlen. An Getränken liebt der Kaiser leichte Rheinweine, zudem Champagner, wobei er die die Marke Heidsieck Monopole bevorzugt. Zu den Lieblingsgetränken des Kaisers zählen auch Erdbeerbowle, Apfelwein und vor dem Schlafengehen ein großes Glas Pfirsichmus mit Apfelsinensaft.

Wilhelm II. – ein schlechter Gastgeber

Die Gäste an der Tafel müssen sich auf ein merkwürdiges, wenig gastfreundliches Verhalten des nervösen Monarchen einstellen. Seine Tochter Viktoria Luise berichtet: »Mein Vater aß nur sehr wenig. Da er sich so wenig vorlegen ließ, war er auch so gut wie nie mit dem Essen beschäftigt. Umso intensiver wandte er sich der Konversation mit seinen Gästen zu. Manch einer ist da zu kurz gekommen. Wenn die Teller gewechselt wurden, hatte der Gast dem Essen noch gar nicht richtig zusprechen können. Man glaubte gelegentlich, der Gast sei hungrig wieder aufgestanden, und ich erinnere mich, dass auch schon einmal gesagt wurde, der Betreffende habe sich auf dem Rückweg im Bahnhofsrestaurant satt essen müssen.«

Wilhelm verzehrt nicht viel in der Öffentlichkeit, und was ihm serviert wird, verspeist er im Eiltempo. Der Kaiser isst wegen seines verkürzten Arms mit einem Spezialbesteck, der so genannten Kaisergabel. Die dreifach gezinkte Gabel ist an der einen Seite verbreitert und als Messer angeschliffen. Die Kaisergabel begleitet Wilhelm auch auf Reisen. Der Hohenzoller beherrscht sein Besteck mit schlafwandlerischer Präzision. Auch hieraus erklärt sich das Tempo des Kaisers beim

Essen. Der geringe Appetit des Kaisers zur Mittagszeit verwundert wohl niemanden: Jeden Morgen setzen die kaiserlichen Köche eine gehaltvolle Bouillon auf, die ein Huhn und ein Pfund mageres Rind mit Kerbel enthält. Der Kaiser nimmt sie ganz alleine zu sich, wenn er von seinem Ausritt zurückkommt.

Die Privatsoupers fallen bescheidener aus als die offiziellen Mittagstafeln und Soupers. Da der Kaiser das zweite Frühstück bevorzugt, findet die Mittagstafel im privaten Rahmen nur selten statt. Sie besteht aus vier Gängen – den Auftakt kann eine Weimarsche Graupensuppe bilden, gefolgt von gebackener Seezunge, einem Schmorbraten mit Gemüse, und als Abschluss lässt man sich Apfelkuchen munden.

Ein aufwändigeres Speisenangebot erwartet die Gäste bei Familienfeiern oder Diplomatendiners. Statt des zweiten Frühstücks serviert man an der königlichen Mittagstafel zwölf Gänge, die zu 24 Mark pro Gedeck berechnet werden. Der erste Gang besteht aus einer Suppe, etwa einer Frühlings-, Kaiser- oder Viktoriasuppe, der sich ein Fischgericht, beispielsweise Steinbutt, gedämpfter Zander oder Seezunge auf Admirals-Art, anschließt. Dann reicht man ein feines Fleischgericht wie zum Beispiel Schinken in Burgunder, Schmorfleisch und Gemüse, Wildrücken nach Rossini oder garnierte Kalbsnierenstücke. Als vierter Gang wird den Gästen Hummer- oder Krebsauflauf oder Parfait von Gänseleber in Champagner vorgesetzt. Jetzt folgen Geflügel oder Wild, etwa kalte Enten mit Salat oder Rehschnitten mit Oliven, danach Gemüse und Salat, zum Beispiel getrüffelte Spargelspitzen oder frische grüne Bohnen. Als Dessert erfreuen Sahnespeise oder Eiscreme, wie zum Beispiel die Hohenzollernbombe, Erdbeersahneeis oder Ananas-Sahne-Speise. Käsestangen und diverse Naschereien beschließen das Menü.

Nach Aufhebung der Tafel begibt sich die Gesellschaft in den Salon, wo man den Mokka sowie bereits in Gläser eingeschenkte Weine und Liköre reicht. Das Diner ist jetzt offiziell zu Ende, und ein Teil der Gäste geht. Während des Mokkas lüften die Diener den Speiseraum und decken die Tafel neu mit kleinen Tellern. Den noch Anwesenden wird Konfekt, Obst und Torte serviert. Dazu trinkt man Bier, Bowle oder Punsch.

Bei Familientafeln sind bis zu 80 Personen, bei den Galadiners etwa 150 Gäste geladen. Festliche Abendgarderobe ist auch an der Mittagstafel Pflicht. Die Kleidervorschriften sind streng unter Wilhelm II. Erstaunlich ist die knappe Bemessung der Zeit für ein Zwölf-Gänge-Menü. Nur knapp zwei Stunden bleiben den Gästen, die Delikatessen herunterzuschlingen. Bei der um 1900 bereits veralteten

Königliche Mittagstafel
Berlin, den 18. Januar 1901,
Stadtschloss
200. Jahrestag der Gründung
des Königreiches Preußen

Kraftbrühe
Steinbutten
Schmorfleisch mit Gemüse
Getrüffelter Wildauflauf
Hummerschnitten
Kapaunen, Früchte, Salat
Mandarinen-Bombe
Nachtisch

Königliche Frühstückstafel
5. Juni 190, Marienburg

Kaisersuppe
Steinbutten auf
holländische Art
Kalbsrücken garniert
Schinkenauflauf mit
Edelpilzen
Straßburger Pudding
Junge Enten, Früchte, Salat
Stangenspargel
Erdbeer-Sahne-Speise
Käsestangen
Nachtisch

Königliche Mittagstafel
Berlin, den 18. Januar 1896,
Stadtschloss
25. Jahrestag der
Kaiserproklamation

Pommersche Suppe
Gedämpfte Seezungen
mit Austern
Rehrücken garniert
Getrüffelte Hühnerbrüste
Hummern in Gallert
Wachteln, Früchte, Salat
Artischocken mit Mark
Makronen-Sahnen-Speise
Käsestangen
Nachtisch

Servierart à la française werden mehrere Gerichte gleichzeitig gereicht, was ein gemächlicheres Essen ermöglicht. Wilhelm II. aber bevorzugt das Servieren à la russe, bei dem man die Speisen einzeln und nacheinander kredenzt. Die Gäste müssen sich beim Dinieren nun wahrlich beeilen, um mit dem hastigen Serviertempo Schritt zu halten.

Das deutsche Sendungsbewusstsein Wilhelms II. macht auch vor den Details nicht Halt. So verbietet er die auf Französisch abgefassten Tisch- und Speisekarten an seiner Tafel. Nur bei Diplomatendiners erlaubt er französische Menükarten. Zu seinem Ärger folgt man an den übrigen deutschen Fürstenhöfen nicht seinem Beispiel. Allerdings findet er im Innungswesen Verbündete im Geiste: Die Fleischerinnung greift die Idee der »Verdeutschung der Speisekarte« auf. Das Kotelett soll künftig als Rücken oder Sattel, das Gulasch als Pfefferfleisch verkauft werden. Das Entrecôte wird prosaisch in Mittelrückenstück umgetauft, Aspik und Gelee in Fleischauszug.

Wilhelm II. und das Hotel Adlon

Hotel Adlon. Mit Hotelgründer Percy Adlon verbindet Wilhelm II. eine persönliche Freundschaft.

»Was haben ein Kaiser und ein Hotelier gemeinsam? Sie haben ständig Gäste im Haus«, lautet ein beliebtes Bonmot Wilhelms II. Von Anfang an ist der Kaiser ein Förderer der Idee, in Berlin ein Luxushotel der Extraklasse zu bauen. Den Hotelier Percy Adlon unterstützt er, indem er den Abriss des denkmalgeschützten Schinkel-Palais für den Hotelneubau genehmigt. Auch verschafft Wilhelm II. seinem Freund Percy günstige Kredite. Als das Hotel Adlon 1907 in unmittelbarer Nähe des Brandenburger Tores eröffnet wird, hält der Monarch höchstpersönlich bei bestem »Kaiserwetter« die Festrede. In dem mit Blumen und Fahnen geschmückten Festsaal werden 2000 Essen serviert.

Künftig zählt der Hofstaat zu den besten Kunden des Adlon. Die hochherrschaftlichen Gäste des Landesherrn nächtigen nur noch selten im alten Schloss, sondern in den Suiten des modernen Hotels. Auch die Galabankette des Hofes werden entweder im Adlon veranstaltet oder zumindest von der Hotelküche zubereitet und für 20 Mark pro Kopf an den Hof geliefert. Spott über die Hotelverpflegung des Kaisers, besonders von Pariser Zeitungen, bleibt nicht aus.

Doch Wilhelm II. will so Missbräuchen in seiner Hofküche einen Riegel vorschieben. Da bei den verschwenderisch gestalteten Festessen regelmäßig teure Lebensmittel im Wert von bis zu 15.000 Mark unverbraucht bleiben, hat das kaiserliche Küchenpersonal bis zur Adlon-Lösung die übrig gebliebenen Speisen und Weine unter der Hand an vornehme Bürger und Restaurants verkauft! Dieses Problem kennt man auch andernorts. So berechnet der Küchenchef am Wiener Hof unter Kaiser Franz Joseph von Österreich, dass die kaiserliche Tafel jährlich eine Million Mark kostet, davon aber 400.000 Mark zwecklos ausgegeben werden.

Tafelkultur um 1900

Um 1900 wandelt sich die Tafelkultur: Die vormals runden Speisetische bei Festbanketten werden jetzt hufeisenförmig aufgestellt. Eine weiße Decke aus Fries oder Filz zur Geräuschdämmung wird unter das reinweiße Tischtuch gelegt. Die Tischbedeckung darf nicht gerafft, sondern nur den natürlichen Faltenwurf aufweisen und lediglich etwa 30 Zentimeter Überhang haben. Beim Tafelgeschirr darf lediglich der Rand dezent dekoriert sein. Weißes Geschirr mit Goldrand erfreut sich zurzeit Wilhelms II. bei Hof großer Beliebtheit. Weiß, Silber und Kristalltöne sind die einzig erlaubten Farben. Das Kristall bildet zusammen mit dem Silber die klassischen Elemente der Tafeldekoration. Auch der Blumenschmuck wird dezenter. Die vormals beliebten Tafelläufer sind seit 1900 ein Tabu.

Zu Beginn des Mahls steht auf dem Platz eines jeden Gastes nur ein Teller mit Serviette, Tischkarte und Brötchen. Bei den quadratischen Servietten mit 60 Zentimetern Seitenlänge muss das Monogramm sichtbar sein. Rechts vom Teller liegen Messer, Gabel und Löffel, links das kleine Besteck, oberhalb des Tellers stehen drei Gläser für Rotwein, Weißwein und Schaumwein. Die Gläser müssen gut geschliffen und hauchdünn sein. In der Serviermethode hat sich seit 1700 einiges geändert. »Service à la francaise«, das gleichzeitige Auftragen aller Gerichte eines Ganges, wird ab Ende des 19. Jahrhunderts durch den »Service à la russe« ersetzt. Bei der russischen Serviermethode kommen die Gerichte nicht nur nacheinander aufgetragen, sondern bereits in der Küche tranchiert und auf Platten oder in Schüsseln herumgereicht beziehungsweise fertig angerichtet auf dem Teller serviert.

Wilhelm und die Offiziere

In seiner Militärzeit hat sich Wilhelm II. einen schneidigen Soldatenton angeeignet, der oft steif und unfreiwillig komisch anmutet. Der für theatralische Symbolik empfängliche Kaiser wechselt bis zu sechsmal am Tag seine Uniformen! Die Uniform repräsentiert für ihn die Macht des Staates. Im Neuen Palais ist ein großer Saal im Anschluss an das Ankleidezimmer nur den Uniformen des Kaisers vorbehalten. Am liebsten umgibt sich Wilhelm II. mit Offizieren. Überhaupt hegt der Hohenzoller eine ausgeprägte Vorliebe für Männergesellschaften. Der Monarch weilt häufig als Gast bei den traditionellen Bierabenden in Berlin und Potsdam. Des Kaisers Lieblingsbier, verrät die zeitgenössische Presse, ist das bayerische helle Pschorrbräu. Wenn Wilhelm im Kasino eines seiner Regimenter zu Mittag isst, besteht er auf die Einhaltung der Militärordnung: Auch sein Essen darf, nicht mehr als 2,50 Mark kosten. Mit den Offizieren genehmigt sich der Monarch auch gerne mal einen Korn. Dazu raucht er eine gute Zigarre.

Unten:
1892 hält Kaiser Wilhem II. in Stettin die Taufrede für die Staatsjacht Hohenzollern, hier vor den norwegischen Fjorden zu sehen.

Ganz unten:
Der luxuriöse Speisesaal der Hohenzollern. Im Reichstag gab es hitzige Debatten über die Finanzierung der kostspieligen Jacht.

Jahresplan des Kaisers

Das »Kaiserliche Jahr« hat stets die gleiche rituelle Abfolge mit den Defiliercours, den Krönungs- und Ordensfesten, Militärparaden und Herbstmanövern, den Festspielen und Kieler Wochen, den Nordland- und Mittelmeerreisen sowie den Bällen und den Jagden. Die ersten beiden Monate werden traditionell in Berlin verbracht, bis die Ballsaison am Aschermittwoch endet. Anschließend begibt sich der Kaiser auf Reisen. Im Juni nimmt Wilhelm II. an der Kieler Woche teil. Direkt anschließend im Juli und Anfang August geht der Herrscher mit der Jacht »Hohenzollern«, einem seiner Lieblingsschiffe, auf die alljährliche Nordlandreise entlang der Fjorde von Norwegen und Finnland. Ein oder zwei Kriegsschiffe flankieren stets die schneeweiße Jacht. In manchen Jahren hat Wilhelm II. mehr Zeit auf der »Hohenzollern« als an Land verbracht. Die Reisebegleiter, meist altgediente Militärs,

sind jedes Jahr dieselben. An Deck geht es burschikos zu. So müssen sich die Gäste mit merkwürdigen Turnübungen beschäftigen oder sich Klapse auf das Hinterteil gefallen lassen.

Der Proviant wird in Berlin geladen. Die Verpflegung an Bord ist luxuriös. Die Mahlzeit besteht aus acht Gängen. Die ersten drei Gänge bestehen aus Kraftbrühe, Zanderschnitte in Rheinwein und Lammrücken garniert, es folgen Salmi von der Schnepfe als leichteres Zwischengericht sowie Poularde mit Früchten und Salat. Dann erwartet die Mittagsgäste ein fruchtiges Gericht: Orangen-Auflauf mit Fruchtsauce. Als Abschluss werden Chester-Cakes und ein Nachtisch serviert.

Nach der Nordlandfahrt im Herbst finden traditionell die Jagden und Manöverbesichtigungen statt. Weihnachten verlebt die kaiserliche Familie privat in Potsdam im Neuen Palais.

Vom Platz an der Sonne in den Ersten Weltkrieg

Wilhelms politisches Steckenpferd ist die Außenpolitik. Hier scheint größerer Ruhm zu winken als im mühseligen klein-klein der Innenpolitik. Deutschland soll neben England Weltmacht werden, um jeden Preis.

Begnügte sich Bismarck noch mit wenigen Kolonien in Afrika und in der Südsee, betreibt Wilhelm II. eine imperiale Politik großen Stils. Am unberechenbaren außenpolitischen Zickzackkurs von »Europas Fabeltier«, wie Wilhelm II. wegen seiner Sprunghaftigkeit und Kostümierungslust belächelt wird, zerbricht das ausgeklügelte Bismarcksche Bündnissystem. War Deutschland bislang gut Freund mit allen europäischen Großmächten, mit Ausnahme Frankreichs, das seit dem deutsch-französischen Krieg 1871 auf Revanche sinnt, treibt das Land zunehmend in die außenpolitische Isolation. Nach der Nichtverlängerung des Rückversicherungsvertrags sucht Russland die Allianz mit Frankreich, die sich 1904 um England erweitert. Die See- und Kolonialmacht fühlt sich vom systematischen Aufbau der deutschen Kriegsflotte provoziert. Deutschland fühlt sich eingekreist, doch genau genommen ist das Kaiserreich Opfer einer selbst verschuldeten Selbstausgrenzung.

Der 28. Juni 1914 wird zum Schicksalstag des alten Europas. Die Ermordung des habsburgischen Thronfolgerpaares in Sarajewo durch serbische Nationalisten setzt einen unheilvollen Mechanismus aus diplomatischen Drohgebärden und militärischen Bündnisverpflichtungen in Gang, an dessen Ende der Ausbruch des Ersten Weltkriegs steht. Deutschland erklärt am Abend des 1. August Russland den Krieg, am 3. August folgt die Kriegserklärung an Frankreich. Einen Tag später macht sich Deutschland mit dem Einmarsch in das neutrale Belgien dessen Schutzmacht England zum Feind. Als die ersten Regimenter (über zwei Millionen Menschen werden einberufen) an die Front marschieren, kennt der Jubel der Bevölkerung keine Grenzen. »Weihnachten sind wir wieder zu Hause«, lautet die Parole. In den Kaffeehäusern und Restaurants der Hauptstadt wird bereits der Sieg gefeiert. Patriotismus erfüllt das Land. Kaum einer rechnet mit einem langen Krieg. Doch es kommt anders. Als am 11. November 1918 Deutschland erschöpft um Waffenstillstand bittet, liegt es mit fast allen Staaten der Erde im Streit. Bis dahin sind weltweit 10 Millionen Gefallene und Hungertote sowie 20 Millionen Verwundete zu betrauern.

Ernüchterung herrscht im Umfeld Wilhelms II., die harte Wirklichkeit zeigt sich in einem unvermeidbaren Zweifrontenkrieg. Die Tradition verlangt vom Kaiser, persönlich in den Krieg zu ziehen, und so bricht Wilhelm II. zum Großen Hauptquartier nach Koblenz auf. Nur liegen die operativen Befugnisse von Anfang an bei den Generälen. Dem Landesherrn fehlt es an Nervenstärke und militärischem Sachverstand. Seine Umgebung beschreibt den Kaiser als verstört und körperlich mitgenommen. Ungewöhnlich viel Zeit verbringt er apathisch im Bett.

Man verheimlicht Wilhelm die brutale Realität des Krieges, stilisiert Teilerfolge zu Siegen, nur um den Monarchen bei Laune zu halten. Er selbst beschreibt es treffend: »Der Generalstab sagt mir gar nichts und fragt mich auch nicht. Wenn man sich in Deutschland einbildet, dass ich das Heer führe, so irrt man sich sehr. Ich trinke Tee und säge Holz und gehe spazieren, und dann erfahre ich von Zeit zu Zeit, das und das ist gemacht, ganz wie es den Herren beliebt.«

Speisen im Ersten Weltkrieg

Von Koblenz wird das Große Hauptquartier nach Luxemburg und dann in das französische Charlesville-Mézières verlegt. Entsprechend der Kriegssituation muss man sich mit relativ bescheidenen Tafelfreuden begnügen. Gemäß einer vom 5. Mai 1916 datierenden Menükarte werden dem Kaiser Aal grün mit Gurkensalat, Pfirsich-Pudding sowie Butter und Kekse serviert. In Bad Kreuznach, wo das Große Hauptquartier im dritten Kriegsjahr weilt, sagt sich hoher Besuch an. Der apostolische Nuntius Eugenio Pacelli, der spätere Papst Pius XII., wird erwartet. Während in der darbenden Heimat jedem Erwachsenen magere drei Scheiben Brot als Tagesration zustehen, fällt das am 29. Juni 1917 gegebene Gastmahl, das auf einer mit mattroten Kletterrosen geschmückten Tafel auf den Tisch kommt, üppig aus. Zunächst wird Rheinlachs mit Tomatentunke gereicht, im zweiten Gang gedämpfter Kopfsalat und gemischte süße Früchte. Der vom Kaiser überaus geschätzte Käseauflauf beschließt das Essen. Getrunken werden Rheinwein und Cabinett Steinberg, ein Rotwein.

Am 12. Mai 1918, das Große Hauptquartier ist mittlerweile ins belgische Spa umgezogen, wird Österreichs junger Kaiser, Karl I., bewirtet. Der Gast speist in der Villa Neubois gemeinsam mit Wilhelm II. Neben Pilaff von Seezungen und Hühnerkoteletts stehen Blumenkohl mit holländischer Tunke (Sauce hollandaise) auf dem Küchenzettel. Als Nachtisch gibt es Champagner-Gallert, eine besondere Delikatesse. Zum Essen wird 1911er Kiedricher Auslese ausgeschenkt.

Revolution und Abdankung Wilhelms II.

Seit dem Kriegseintritt der USA 1917 ist der Kampf für Deutschland aussichtslos. Trotzdem hofft die Heeresleitung auf ein militärisches Wunder und verlängert die Leiden der kriegsmüden Bevölkerung. Als im Oktober 1918 die in Wilhelmshaven liegende Kriegsflotte den Befehl zum Auslaufen erhält, um die englische Kriegsflotte anzugreifen, meutern die Matrosen. Für eine verlorene Sache wollen sie »fünf Minuten vor Schluss« ihr Leben nicht mehr opfern. Der Aufstand weitet sich zur Revolution aus und erfasst ganz Deutschland. Doch Wilhelm II. will nicht auf seine Herrscheransprüche und auf die 200 Jahre alte Krone verzichten. Darum stellt ihn Reichskanzler Max von Baden vor vollendete Tatsachen. Am 9. November verkündet von Baden ohne Rücksprache die Abdankung des Kaisers. Wilhelm tobt vor Wut, fügt sich dann aber seinen Beratern, die ihn zur Flucht ins niederländische Exil drängen. Am 28. November 1918 verkündet Wilhelm II. seinen offiziellen Thronverzicht als deutscher Kaiser und preußischer König.

Die Niederlande weisen dem Flüchtling einen Aufenthaltsort in der Provinz Utrecht zu. In der von protestantischen Adelsfamilien geprägten Region kauft Wilhelm 1919 das Haus Doorn. Hier erfährt er vom Auslieferungsersuchen der alliierten Siegermächte, die den Ex-Kaiser als Kriegsverbrecher anklagen wollen. Das im Ersten Weltkrieg neutral gebliebene Holland gewährt dem Hohenzollern jedoch weiterhin Asyl. Am 11. April 1921 stirbt die Wilhelms Gemahlin Auguste Victoria, doch bereits ein Jahr später nimmt der Witwer Hermine von Schönaich-Carolath, geborene Prinzessin Reuss, zur Frau. Die Hochzeit wird auf Haus Doorn gefeiert.

Selbstredend ist im Doorner Exil an eine Entfaltung der einstigen kaiserlichen Pracht nicht mehr zu denken. Allerdings ermöglicht die Weimarer Republik dem Ex-Monarchen eine standesgemäße Lebensführung, indem sie ihm eine großzügige Apanage gewährt und ihm Teile seines konfiszierten Vermögens zurückerstattet. Wilhelms Lebensstil nähert sich bürgerlichen Verhältnissen. Sein Zeitvertreib besteht aus Holzhacken, Lesen und langen Spaziergängen. Den seltenen Besuch langweilt er mit den stets gleichen Geschichten von der guten alten Zeit. Die Speisegewohnheiten werden ebenfalls schlichter. Zwar gibt es nach wie vor bedruckte Menükarten, doch bestehen die privaten Essen in der Regel nur noch aus drei Gängen. Ist Besuch zu bewirten, werden höchstens noch fünf Gänge aufgetischt. Es kommt aber auch vor, dass der Hohenzoller nur kaltes Fleisch, Salat und Bratkartoffeln zu sich nimmt, wie es etwa vom zweiten Weihnachtsfeiertag 1921 überliefert ist. Ein guter Gastgeber ist Wilhelm auch im Alter nicht. Sein Flügeladjutant Sigurd von Ilsemann schreibt in seinen Memoiren, dass er Gäste möglichst früh zum Aufbruch drängen sollte.

Preußens letzter König und Deutschlands letzter Kaiser stirbt am 4. Juni 1941 auf Gut Doorn. Im Mausoleum des Doorner Parks findet Wilhelm II. seine letzte Ruhe. Selbst bei seinem letzten Gang scheint der eitle Monarch noch ein Gespür für einen imposanten Auftritt zu haben: Er wird in der vollen Uniform eines preußischen Feldmarschalls bestattet.

Selbstredend herrscht bestes Kaiserwetter.

Gegenüber:
Kaiser Wilhelm im holländischen Exil. Er verbringt seine Zeit am liebsten mit Lesen, Holzhacken oder Spaziergängen.

Getrüffelte Gänseleberpastete in Aspik

¼ l dunkler Fleischfond
3 Blätter Gelatine, eingeweicht
500 g Gänseleberpastete
300 g Trüffeln

Für einen Aspik den Fleischfond erwärmen und darin die ausgedrückten Gelatineblätter auflösen. Mit dem Aspik auf einem großen Teller (oder einer Servierplatte) einen Spiegel ziehen und erkalten lassen.

Die Leberpastete in 5 mm dicke Scheiben schneiden und rund ausstechen (Durchmesser etwa 3 cm). Die Trüffeln ebenfalls in hauchfeine Scheiben schneiden. Die Pasteten- und Trüffelscheiben dachziegelartig entlang des Tellerrandes anordnen. Eine dünne Schicht Aspik über die Scheiben gießen. Nun in der Mitte abwechselnd Pasteten- und Trüffelscheiben auftürmen und jeweils etwas Aspik dazwischen geben. (Man kann auch einen zweiten Kranz legen.) Den Teller mindestens 1 Stunde im Kühlschrank durchkühlen lassen.

Tipp: Der Aspik erstarrt schneller, wenn man den Teller beim Anrichten auf zerstoßenes Eis setzt.

Warme Chesterkanapees

6 Scheiben Toastbrot
300 g Chesterkäse, fein gerieben
150 g Butter
1 Eigelb
Cayennepfeffer
100 Gramm geklärte Butter

Die Brotrinde abschneiden, die Brotscheiben leicht toasten und vierteln.

Den Käse mit der Butter vermengen. Das Eigelb nach und nach zugeben, bis ein streichfester Brei entstanden ist (je nach Größe des Eies braucht man nicht das ganze Eigelb). Kräftig mit Cayennepfeffer würzen.

Den Backofen auf 200 °C (Gas Stufe 3) vorheizen.

Die Brotstücke mit der Käse-Butter-Mischung sehr dick bestreichen. Die geklärte Butter kurz erhitzen und auf ein tiefes Backblech geben. Die Kanapees nebeneinander auf das Blech setzen und goldgelb überbacken. Heiß servieren.

Krebsschwänze nach Bordelais-Art

80 g Butter
1 Zwiebel, fein gewürfelt
1 Möhre, fein gewürfelt
1/2 Sellerieknolle, fein gewürfelt
1 cl Kognak
1/8 l Bordeaux
1/4 l Fleischbrühe
Salz und Pfeffer
Reis
8 Krebsschwänze
Zum Servieren:
2–3 EL Krebsbutter, zerlassen

Die Hälfte der Butter in einer Pfanne erhitzen und darin die Zwiebel-, Möhren- und Selleriewürfelchen unter Rühren braten, bis die Zwiebeln glasig sind. Mit Kognak ablöschen. Den Wein zugießen und aufkochen lassen. Die Fleischbrühe hinzufügen und das Ganze etwa auf die Hälfte einkochen lassen. Mit Salz und Pfeffer abschmecken. Die Sauce durch ein Sieb passieren und mit der restlichen Butter cremig aufschlagen.

Den Reis in einer Reisrandform garen.

Zum Servieren den Reisrand auf eine Servierplatte stürzen und mit Krebsbutter beträufeln. Die Krebsschwänze in der Mitte des Reisrandes anordnen und etwas Sauce darüber geben. Den Rest der Sauce separat reichen.

Hecht in Rotwein

800 g Hechtfilets, enthäutet und entgrätet
Salz und Pfeffer
Butter
200 ml Rotwein
1 Würfel Fleischextrakt

Den Backofen auf 200 °C (Gas Stufe 3) vorheizen. Die Filets salzen und pfeffern und in Alufolie, die dick mit Butter bestrichen ist, einschlagen. In eine Kasserolle geben und im vorgeheizten Ofen etwa 15 bis 20 Minuten garen.

Den Fisch herausnehmen und die Alufolie entfernen. In einer Pfanne 2 bis 3 Esslöffel Butter erhitzen und darin die Filets auf beiden Seiten rasch bräunen. Herausnehmen und warm stellen. Für die Sauce den Rotwein in die Pfanne gießen, den Fleischextrakt einrühren und das Ganze auf die Hälfte einkochen lassen, bis die Sauce eine dickliche Konsistenz hat.

Zum Servieren die Hechtfilets auf vorgewärmte Teller geben und mit der Sauce beträufeln.

Sterlet nach russischer Art

1 kg Sterlet (Störart)
Salz
1 großes Stück Gaze oder Mull (oder ein dünnes weißes Küchentuch)
600 ml Weißwein
600 ml Fischfond
1 große Möhre, fein gewürfelt
1 kleine Zwiebel, fein gewürfelt
Salz und Pfeffer
50 g Butter

Zum Garnieren:
1 Zitrone, in feine Scheiben geschnitten
12 Krebsschwänze

Den Backofen auf 200 °C (Gas Stufe 3) vorheizen. Den Fisch waschen, trocknen, mit Salz einreiben und in die Gaze hüllen. Fisch, 400 Milliliter Weißwein, 400 Milliliter Fischfond, Möhren- und Zwiebelwürfel in einen Topf geben und zum Kochen bringen. Die Hitze stark verringern und den Fisch 15 Minuten sieden lassen.

Den Fisch aus dem Sud nehmen und in eine flache Kasserolle legen, nachdem die Gaze entfernt wurde. Jeweils die Hälfte des restlichen Weins und Fischfonds zugießen und das Ganze in den vorgeheizten Ofen geben. Den Fisch 15 bis 20 Minuten garen, dabei in kurzen Abständen immer abwechselnd mit dem nun noch verbliebenen Wein und Fischfond begießen.

Den Fischsud um mehr als die Hälfte einkochen und durch ein Sieb passieren. Mit Salz und Pfeffer abschmecken und mit Butterflöckchen cremig aufschlagen.

Zum Servieren den Fisch auf eine vorgewärmte Servierplatte legen und mit etwas Sauce beträufeln. Mit Zitronenscheiben und Krebsschwänzen garnieren.

Seezungenfilets nach Art von Wilhelm II.

2 große Kartoffeln
½ l Weißwein
8 Seezungenfilets
Salz
60 g Mehl
Butter
2–3 EL Krebsbutter
300 g gegartes Krebsfleisch, in kleine Würfel geschnitten
2 große Steinpilze, in kleine Würfel geschnitten
Muskatnuss
100 g Trüffel, fein gehobelt

Die ungeschälten Kartoffeln im Backofen bei 200 °C (Gas Stufe 3) etwa 1 bis 1,5 Stunden backen, bis sie weich sind (die Garzeit richtet sich nach der Dicke der Kartoffeln).

Die Fischfilets waschen, gut trocknen und mit Salz einreiben. Den Weißwein in eine Kasserolle geben und darin die Fischfilets 10 bis 15 Minuten weich garen. Herausheben und warm halten.

Aus dem Mehl und 50 Gramm Butter eine goldgelbe Mehlschwitze zubereiten und mit dem Fischsud auffüllen. Die Hälfte der Sauce in einen anderen Topf geben, noch etwas Fischsud einrühren und mit der Krebsbutter schaumig aufschlagen (die Sauce färbt sich durch die Krebsbutter rötlich).

Für ein einfaches Krebsragout 2 Esslöffel Butter in einer Pfanne erhitzen und darin die Pilze weich garen. Mit Salz, Pfeffer und einem Hauch frisch geriebener Muskatnuss abschmecken. Das Krebsfleisch hinzufügen und schwenken, bis es erwärmt ist.

Die Kartoffeln halbieren und aushöhlen.

Zum Servieren die Kartoffeln mit dem Krebsragout füllen, auf vorgewärmte Teller setzen und mit einem Fischfilet abdecken. Auf das Filet etwas von der Krebsbuttersauce träufeln. Jeweils ein zweites Fischfilet auf den Teller geben, mit der hellen Sauce überziehen und großzügig Trüffelspäne darüber streuen.

Hamburger Gans mit Apfel-Ananas-Füllung

1 küchenfertige Gans
Salz und Pfeffer

Für die Füllung:
2 Äpfel, geschält, entkernt und in Würfel geschnitten
½ frische Ananas, geschält, und in Würfel geschnitten (ohne den inneren harten Kern)
100 g Butter

Die Gans waschen, gut trocknen und innen wie außen mit Salz und Pfeffer einreiben.

Den Backofen auf 200 °C (Gas Stufe 3) vorheizen.

Für die Füllung die Butter in einer Pfanne zerlassen und darin die Apfel- und Ananaswürfel schwenken, bis sie mit Butter überzogen sind. Die Gans mit der Fruchtmischung füllen und verschließen (am besten zunähen).

Die Gans in einen Bräter geben und 2 bis 2,5 Stunden im vorgeheizten Backofen braten, bis sie durchgegart ist (der bei einem Einstich mit einem spitzen Messer austretende Saft muss klar sein). Während der ersten Stunde der Garzeit alle 20 Minuten unterhalb der Keulen und Flügel in die Haut einstechen, damit das Fett ausbrät. Dann die Gans mehrfach wenden und immer wieder mit dem Bratsud übergießen. (Überschüssiges Fett aus dem Bräter schöpfen.) Gegen Ende der Garzeit die Temperatur auf 250 °C (Gas Stufe 5) schalten und die Gans mit der Brust nach oben kräftig bräunen.

Zum Servieren die Gans tranchieren und mit jeweils einer Portion der Füllung auf vorgewärmten Tellern reichen.

Gänsebraten mit Steinpilzen

Die Gans waschen, gut trocknen und innen wie außen mit Salz und Pfeffer einreiben.

Den Backofen auf 200 °C (Gas Stufe 3) vorheizen.

Für die Füllung die Butter in einer Pfanne erhitzen und darin die Steinpilze sowie die Schalotten anschwitzen. Abkühlen lassen.

Die Pilz-Schalotten-Mischung mit den restlichen Zutaten für die Füllung sehr gründlich mischen und damit die Gans füllen. Die Gans verschließen (am besten zunähen).

Nun die Gans zubereiten wie in dem Rezept der Hamburger Gans links beschrieben.

Zum Servieren die Gans tranchieren und mit jeweils einer Portion der Füllung auf vorgewärmten Tellern reichen.

1 küchenfertige Gans
Salz und Pfeffer

Für die Füllung:
3 EL Butter
800 g frische Steinpilze, geputzt und in Scheiben geschnitten
3 Schalotten, in feine Ringe geschnitten
125 g Oliven, entkernt und fein gewürfelt
125 g altbackenes Weißbrot ohne Rinde, eingeweicht und ausgedrückt
100 g Sardellenbutter, schaumig gerührt
1 Ei
1 Gänseleber, sehr fein zerkleinert
3 EL fein zerkleinerte Petersilie
Salz
Schwarzer Pfeffer aus der Mühle

Menükarte für das Galadiner im Schloss zu Berlin anläßlich des 25. Jahrestags der Kaiserproklamation.

Gefrorene Ananasmousse

Die Ananas schälen, den harten inneren Kern entfernen. Das Fruchtfleisch im Mixer pürieren. In einen Topf geben und mit dem Zucker und 200 Milliliter Wasser zum Kochen bringen. Die Hitze verringern und das Ganze 5 bis 6 Minuten köcheln lassen. Kalt werden lassen.

Die Sahne steif schlagen und unter das kalte Ananaspüree heben. Die ausgedrückte Gelatine in etwas warmem Wasser auflösen und unter die Mousse rühren. In eine Schüssel füllen und ins Tiefkühlgerät stellen. Nach gut 1 Stunde die Mousse kräftig durchrühren, dann weiter gefrieren lassen.

Beim Servieren die Ananasmousse in Portionsschälchen füllen und mit Ananasstückchen und Erdbeeren garnieren. Nach Belieben ein Sahnehäubchen darauf setzen.

1 frische Ananas
120 g Zucker
200 ml Schlagsahne
4 Blätter Gelatine, eingeweicht

Zum Garnieren:
Ananasstücke
Erdbeeren
Steif geschlagene Sahne

Kardinal-Pfirsiche

Die Pfirsiche schälen, halbieren, in eine flache Schüssel legen und mit Zucker bestreuen. Reichlich Maraschino darüber geben und die Früchte ein paar Stunden ziehen lassen.

Zum Servieren jeweils eine dicke Kugel Erdbeereis in eisgekühlte Glasschälchen geben und eine Pfirsichhälfte obenauf setzen. Die Früchte mit Johannisbeergelee überziehen und mit einem Sahnhäubchen garnieren.

2 Pfirsiche
2 EL Zucker
Maraschino (Kirschlikör)
Erdbeereis
Johannisbeergelee, leicht erwärmt
250 ml Schlagsahne

Stammbaum der Hohenzollern

Wilhelm II.
(1859–1941)
Kaiser 1888–1918
1. oo 1881 Auguste Viktoria von Schleswig-Holstein (1858–1921)
2. oo 1922 Hermine von Reuß (1887–1947)

Charlotte
(1860–1919)
oo Bernhard v. Sachsen-Meiningen
(† 1928)

Heinrich
(1862–1929)
oo 1888 Irene v. Hessen-D.
(† 1953)

Viktoria
(1866–1929)
oo Adolf zu Schaumburg-Lippe
(† 1916)

Sofie
(1870–1932)
oo Konstantin I. v. Griechenland
(† 1923)

Margarete
(1872–1954)
oo Friedrich Karl v. Hessen-Kassel
(† 1940)

Friedrich III.
(1831–1888)
Kaiser 1888
oo 1858 Viktoria von Großbritannien
(1840–1901)

Luise
(1838–1923)
oo 1857 Großherzog Friedrich I. von Baden
(1826–1907)

Friedrich Wilhelm IV.
(1795–1861)
König 1840
oo 1823 Elisabeth von Bayern
(1801–1873)
1.

Wilhelm I.
(1797–1888)
König 1861
Kaiser 1871
oo 1829 Auguste von Sachsen-Weimar
(1811–1890)
1.

Charlotte
(1798–1860)
oo 1817 Zar Nikolaus I.
(1796–1855)
1.

Karl
(1801–1883)
oo Maria v. Sachsen-Weimar
(1808–1877)
1.

Alexandrine
(1803–1892)
oo Paul Friedrich v. Mecklenburg-Schwerin
(1800–1842)
1.

Luise
(1808–1870)
oo Friedrich d. Niederlande
(1797–1881)
1.

Albrecht
(1809–1872)
1. oo Marianne d. Niederlande
(1810–1883)
2. oo Rosalie v. Rauch
(1829–1879)
1.

Friedrich Wilhelm III.
(1770–1840)
König 1797
1. oo 1793 Luise von Mecklenburg-Strelitz (1776–1810)
2. oo 1824 Auguste Fürstin von Liegnitz (1800–1873)
2.

Friederike
(1767–1820)
oo Friedrich v. England
(1763–1827)
1.

Wilhelmine
(1774–1837)
oo 1791 König Wilhelm I. der Niederlande
(1722–1843)
2.

Auguste
(1780–1841)
oo Wilhelm II. v. Hessen-Kassel
(1777–1847)
2.

Friedrich Wilhelm Karl
(1783–1851)
oo Marie Anna v. Hessen-Homburg
(1785–1846)
2.

Friedrich Wilhelm II.
(1744–1797)
König 1786
1. oo 1765 o|o 1769 Elisabeth von Braunschweig-Wolfenbüttel (1746–1840)
2. oo 1769 Friederike von Hessen-Darmstadt (1751–1805)

Wilhelmine
(1709–1758)
oo 1731 Friedrich Markgraf von Bayreuth
(1711–1763)

Friedrich II., der Große
(1712–1786)
König 1740
oo 1733 Elisabeth Christine von Braunschweig-Wolfenbüttel
(1715–1797)

Friederike Luise
(1714–1784)
oo Karl v. Brandenburg-Ansbach
(1712–1757)

Philippine Charlotte
(1716–1801)
oo Karl I. v. Braunschweig-Wolfenbüttel
(1713–1780)

Sophie
(1719–1765)
oo Friedrich Wilhelm v. Brandenburg-Schwedt
(1700–1771)

Luise Ulrike
(1720–1782)
oo 1744 König Adolf Friedrich von Schweden
(1710–1771)

August Wilhelm
(1722–1758)
oo 1742 Luise von Braunschweig-Wolfenbüttel
(1722–1780)

Amalie
(1723–1787)

Heinrich
(1726–1802)
oo Wilhelmine von Hessen-Kassel

Ferdinand
(1730–1813)
oo 1742 Luise von Schwedt
(† 1820)

Luise Dorothee Sophie
(1680–1705)
oo Friedrich I. v. Hessen-Kassel (Schweden)
(1676–1751)
2.

Friedrich Wilhelm I., der Soldatenkönig
(1688–1740)
König 1713
oo 1706 Sophie Dorothea von Hannover
(1687–1757)
2.

Friedrich (III.) I.
(1657–1713)
Kurfürst 1688
König in Preußen 1701
1. oo 1679 Elisabeth von Hessen-Kassel (1661–1683)
2. oo 1684 Sophie Charlotte von Hannover (1668–1705)
3. oo 1708 Sophie Luise von Mecklenburg-Schwerin (1685–1735)
2.

Phillip Wilhelm
(1669–1711)
Markgrafen von Schwedt
1788 erloschen
2.

Albrecht
(1673–1731)
Brandenburg-Sonnenburg
1762 erloschen
2.

Friedrich Wilhelm, der große Kurfürst
(1620–1688)
Kurfürst 1640
1. oo 1646 Luise Henriette von Nassau-Oranien (1627–1667)
2. oo 1668 Dorothea von Holstein-Glücksburg
(1636–1689)

Verzeichnis der Rezepte

VORSPEISEN, SUPPEN UND BEILAGEN:

FISCH, KRUSTENTIERE UND MEERESFRÜCHTE:

FLEISCH UND WILD:

NACHSPEISEN:

Die Schlösser

Die Zahlen in den Klammern verweisen auf Abbildungen

Für allgemeine Informationen:
Stiftung preußischer Schlösser und Gärten Berlin Brandenburg
Besucherzentrum an der Historischen Mühle
Postfach 60 14 62
14414 Potsdam
Telefon: 0331/96 94-202
Telefax: 0331/96 9-107
E-Mail: besucherzentrum@spsg.de
Webseite: www.spsg.de
Öffnungszeiten:
1. März bis 31. Oktober, 8.30–17 Uhr,
1. November bis 28. Februar, 9–16 Uhr

Schloss Babelsberg
Park Babelsberg
(167, 173)
14482 Potsdam
Telefon: 0331/9694250
Öffnungszeiten:
20. Juli bis 19. Oktober,
Dienstag bis Sonntag 10–17 Uhr

Krongut Bornstedt
(190, 191, 197)
Ribbeckstr. 6–7
14469 Potsdam
Tel. +49 (0)331 550650
Fax +49 (0)331 5506515
E-Mail: info@krongut-bornstedt.de
Webseite: www.krongut-bornstedt.de
Öffnungszeiten: täglich ab 10 Uhr

Schloss Caputh
(2, 26–27)
Straße der Einheit 2
14548 Schwielowsee
Telefon: 033209/70345
Telefax: 033209/71883
Öffnungszeiten:
15. Mai bis 17. Oktober:
Dienstag bis Sonntag 10–17 Uhr
letzter Einlass 17 Uhr
Montag geschlossen.
18. Oktober bis 14. Mai: nur Samstag, Sonntag und an Feiertagen 10–16 Uhr
letzte Führung 16 Uhr

Schloss Charlottenburg
(18, 19)
Spandauer Damm 20–24
14059 Berlin
Telefon: 030/32091–440
Öffnungszeiten:
Altes Schloss:
ganzjährig geöffnet 9–17 Uhr
Samstag und Sonntag 10–17 Uhr
letzte Führung 16 Uhr,
Montag geschlossen
Neuer Flügel:
ganzjährig geöffnet 10–18 Uhr
Samstag und Sonntag 11–18 Uhr
letzter Einlass 17.30 Uhr
Montag geschlossen
Charlottenburg, Belvedere im Schlosspark
Spandauer Damm 20–24
14059 Berlin
Telefon: 030/320 91 445
Öffnungszeiten:
1. April bis 31. Oktober:
10–17 Uhr letzter Einlass 16.30 Uhr
Montag geschlossen
1. November bis 31. März:
Dienstag bis Freitag 12–16 Uhr
letzter Einlass 15.30 Uhr
Samstag und Sonntag 12–17 Uhr
letzter Einlass 16.30 Uhr
Montag geschlossen
Charlottenburg, Mausoleum im Schlosspark
Spandauer Damm 20–24
14059 Berlin
Telefon: 030/32091446
Öffnungszeiten:
1. April bis 31. Oktober,
Dienstag bis Sonntag 10–17 Uhr,
letzter Einlass 16.45 Uhr
Montag geschlossen
Charlottenburg, Neuer Pavillon (Schinkel-Pavillon) im Schlosspark
Spandauer Damm
14059 Berlin
Öffnungszeiten:
ganzjährig geöffnet, 10–17 Uhr
letzter Einlass 16.30 Uhr
Montag geschlossen

Jagdschloss Grunewald
Hüttenweg 100
14193 Berlin-Zehlendorf (Dahlem)
Telefon: 030/8133597
Telefax: 030/8149348
Öffnungszeiten:
Mai bis 31. Oktober,
Dienstag bis Sonntag 10–17 Uhr
Im Winter, Samstag bis Sonntag 10–16 Uhr

Schloss Königs Wusterhausen
(41, 44)
Schlossplatz 1
15711 Königs Wusterhausen
Telefon: 03375/211700 (Kasse)
Telefax: 03375/211702
Öffnungszeiten:
Dienstag bis Sonntag (nur mit Führung)
April bis Oktober: 10 Uhr–17 Uhr (letzte Führung)
November bis März: 10 Uhr–16 Uhr (letzte Führung).
Montag geschlossen

Marmorpalais
Neuer Garten, Marmorpalais
(95, 96, 102, 103)
Im Neuen Garten
14469 Potsdam
Telefon: 0331/96 94 246
Öffnungszeiten:
1. April bis 31. Oktober,
Dienstag bis Sonntag 10–17 Uhr
letzter Einlass 17.00 Uhr
Montag geschlossen
1. November bis 31. März,
nur Samstag und Sonntag 10–16 Uhr
letzte Führung 16 Uhr

Oranienburg, Schlossmuseum
Schlossplatz 1
16501 Oranienburg
Telefon: 03301/537437
Telefax: 03301/537439
Öffnungszeiten:
1. April bis 31. Oktober,
Dienstag bis Sonntag 10–17 Uhr
Montag geschlossen. 1. November bis 31. März, nur Samstag und Sonntag 10–16 Uhr,
letzte Führung 16 Uhr

Schloss Paretz
(120–121)
Parkring 1
14669 Paretz
Telefon: 033233/73 610
Telefax: 033233 / 73 613
Öffnungszeiten:
Samstag und Sonntag 11–16 Uhr
letzte Führung 16 Uhr
Besichtigung nur mit Führung

Schloss auf der Pfaueninsel
(104, 125)
Nikolskoerweg
14109 Berlin
Telefon: 030/80 58 68 30
Öffnungszeiten:
1. April bis 31. Oktober,
Dienstag bis Sonntag 10–17 Uhr
letzte Führung 16.30 Uhr
Montag geschlossen
Betriebszeiten der Fähre: November bis Februar: 10–16 Uhr, März und Oktober: 9–17 Uhr, April und September: 8–18 Uhr
Mai bis August: 8–20 Uhr

Schloss Rheinsberg
(67, 68–69)
Mühlenstraße 1
16831 Rheinsberg
Telefon: 033931/726-0
Telefax: 033931/726-26
Öffnungszeiten:
1. April bis 31. Oktober,
Dienstag bis Sonntag 9.30–17 Uhr;
letzter Einlass 17 Uhr
1. November bis 31. März,
Dienstag bis Sonntag 10–16 Uhr;
letzte Führung 16 Uhr
Montag geschlossen

Schloss Sanssouci
(45, 53, 71, 73, 74, 76–77, 141, 142, 144, 145, 149, 150, 153, 189, 192, 214–215)
Maulbeerallee
Potsdam
Gruppenpreise und -reservierungen unter Telefon: 0331/96 94 200, -201
Öffnungszeiten:
1. April bis 31. Oktober,
Dienstag bis Sonntag 9–17 Uhr;
letzte Führung 17 Uhr
1. November bis 31. März,
Dienstag bis Sonntag 9–16 Uhr,
letzte Führung 16 Uhr
Montag geschlossen
Schloss Sanssouci ist nur innerhalb einer Führung zu besichtigen; Kartenverkauf jeweils für den laufenden Tag.

Schloss Sanssouci – Damenflügel:
15. Mai bis 17. Oktober, nur Samstag und Sonntag 10–17 Uhr,
letzter Einlass 17 Uhr

Schloss Sanssouci – Schlossküche:
15. Mai bis 17. Oktober, Dienstag bis Sonntag 10–17 Uhr,
letzter Einlass 17 Uhr

Sanssouci, Bildergalerie
Im Park Sanssouci 4
14469 Potsdam
Öffnungszeiten:
15. Mai bis 17. Oktober,
Dienstag bis Sonntag 10–17 Uhr
letzter Einlass 17 Uhr,
Montag geschlossen

Sanssouci, Neue Kammern
Park Sanssouci
14469 Potsdam
Öffnungszeiten:
1. April bis 14. Mai, nur Samstag, Sonntag, Feiertage 10–17 Uhr
letzter Einlass 17.00 Uhr
15. Mai bis 17. Oktober,
Dienstag bis Sonntag 10–17 Uhr
letzter Einlass 17 Uhr
Montag geschlossen

Sanssouci, Neues Palais
Am Neuen Palais
14414 Potsdam
Telefon: 0331/96 94-255
Gruppenanmeldungen beim Besucherzentrum:
Tel: 0331/9694 200,-201
Fax: 0331/9694 107
Öffnungszeiten:
1. April bis 31. Oktober, 9–17 Uhr
letzter Einlass 17.00 Uhr
Freitag geschlossen
1. November bis 31. März, 9–16 Uhr
letzte Führung 16 Uhr
Freitag geschlossen

Königswohnung:
1. April bis 31. Oktober nur mit Führung
Führungen: 11 und 14 Uhr
Freitag geschlossen

Pesne-Galerie:
1. April bis 31. Oktober, nur Samstag und Sonntag, letzter Einlass 17 Uhr

Sanssouci, Schloss Charlottenhof
Geschwister-Scholl-Straße 34a
14471 Potsdam
Telefon: 0331/96 94 228
Öffnungszeiten:
15. Mai bis 17. Oktober,
Dienstag bis Sonntag 10–17 Uhr
letzte Führung 17 Uhr,
Montag geschlossen

Sanssouci, Belvedere auf dem Klausberg
Potsdam
Öffnungszeiten:
1. April bis 31. Oktober, 10–17 Uhr
Montag geschlossen

Sanssouci, Friedenskirche
Potsdam
Öffnungszeiten:
1. Mai bis 31. Oktober, täglich geöffnet

Sanssouci, Orangerieschloss und Turm
An der Orangerie 3–5
14469 Potsdam
Telefon: 0331/96 94 280
Öffnungszeiten:
15. Mai bis 17. Oktober,
Dienstag bis Sonntag 10–17 Uhr
letzte Führung 17 Uhr,
Montag geschlossen
Öffnungszeiten Turm:
1. April bis 14. Mai, Samstag, Sonntag und Feiertage 10–17 Uhr,
letzter Einlass 17 Uhr
15. Mai bis 17. Oktober,
täglich 10–17 Uhr
letzter Einlass 17 Uhr,
Montag geschlossen

Schloss Schönhausen
Schloss Niederschönhausen
Tschaikowskistr. 1
13156 Berlin
Das Schloss ist zurzeit nur unregelmäßig für Besucher zugänglich, aber der schöne Park lädt zum Verweilen ein.

Jagdschloss Stern
(50)
Informationen unter:
www.jagdschloss-stern.de
Telefon: 0331/96 94-240

Dankwort
Ein besonderer Dank der Autorin geht an Patrick Callendar für zahlreiche inhaltliche Anregungen und sein Engagement. Den zügigen Abschluss dieses Buches ermöglichte das geduldige Korrekturlesen von Karin Baur, Anno Fricke, Cornelia Marx und Zoppe Voskuhl. Peter Marxen opferte manche Stunde bei der Rezeptauswahl. Die professionelle Rezeptfassung diverser Gerichte steuerte Jörg Stuhm bei. Für die hervorragende EDV-Betreuung besonderen Dank an Claus Mang.
Gewidmet meinen Eltern.

Der Verlag und die Fotografin möchten sich bei folgenden Personen für die Unterstützung und die vielfältige Hilfe bei den Fotoaufnahmen im Krongut Bornstedt (Potsdam) bedanken:
Herrn Cees Zonnevelde vom Krongut Bornstedt, Potsdam
Frau Constanze Brunn der Königlichen Porzellan-Manufaktur, Berlin (Porzellan)
Herrn Ulrich Ackermann von Robbe & Berking, Flensburg (Besteck)
Herrn Thomas Abraham von M & A, Abraham Inneneinrichtungen, Potsdam (Dekostoffe)

Ein besonderer Dank des Verlags geht an Prinz Franz Friedrich von Preußen für sein Engagement und seine tatkräftige Unterstützung bei der Entstehung dieses Buches.
Für den Stammbaum auf Seite 236 herzlichen Dank an den Lieske Verlag.

Bildnachweis
Archiv für Kunst und Geschichte, Berlin-Brandenburg: Umschlagbild (vorne), S. 114, 208, 212, 218, 225
Geheimes Staatsarchiv, Berlin: S. 82, 106
Klaus Kramer: S. 220
Krongut Bornstedt: S. 190, 191, 197
Privat: S. 195
Sabine Jellasitz: Umschlagbild (hinten), alle Foodfotos und S. 15, 51, 206
Stiftung preußischer Schlösser und Gärten, Berlin-Brandenburg: S. 2, 4–5, 6, 8, 10, 11, 12–13, 16, 17, 18, 20, 23, 26–27, 36, 38, 40, 41, 42, 43, 44, 45, 46, 47, 50, 52, 53, 62, 64, 65, 66, 67, 68–69, 71, 73, 74, 76–77, 81, 90, 95, 96, 98, 99, 100, 102, 103, 104, 118, 119, 120, 121, 122–123, 124, 135, 128, 138, 140, 141, 142, 144, 145, 147, 149, 150, 153, 162, 166, 167, 168, 173, 174, 184, 187, 188, 189, 192, 211, 214–215

www.collection-rolf-heyne.de

Umschlaggestaltung: Hauptmann und Kompanie Werbeagentur, München – Zürich
Buchgestaltung: Elisabeth Petersen, München
Foodfotografie: Sabine Jellasitz
Foodstyling: Dirk Mecke und Manfred Krowas, mit Unterstützung des Küchenteams von Krongut Bornstedt, Potsdam
Redaktion: Renate Weinberger
Litho: Lorenz und Zeller, Inning

Druck und Bindung: Polygraf Print, Presov

Printed in Slovakia

ISBN 3-89910-242-8